ARTURO BAREA

Spanientrilogie

EUROPA
VERLAG

Spanientrilogie

ARTURO BAREA
Die endlose Straße

Übersetzt von Joseph Kalmer

Europa Verlag
Hamburg · Leipzig · Wien

Inhalt

ERSTER TEIL

1. Das Zelt	7
2. Die Trasse	25
3. Tetuan	45
4. Der Feigenbaum	63
5. Vor der Aktion	83
6. Aktion	95
7. Krankenurlaub	121

ZWEITER TEIL

1. Neues Spiel	145
2. Angesichts des Meeres	157
3. Die Kaserne	177
4. Abschied vom Heer	195
5. Staatsstreich	217
6. Villa Rosa	237
7. Die endlose Straße	255

Kapitelübersicht aller drei Bände	271

Spanientrilogie

BAND 2

Die endlose Straße

Erster Teil

I.
DAS ZELT

Ich sitze auf einem Stein, der glatt ist wie ein nackter Schädel, den Millionen von Regentropfen blankgescheuert haben. Er ist von weißlicher Farbe und voller Poren. Er glüht in der Sonnenhitze und schwitzt bei Feuchtigkeit. Dreißig Meter entfernt steht der alte Feigenbaum, dessen Wurzeln sich wie die Venen eines kräftigen alten Mannes schlängeln. Seine verkrümmten Äste sind mit großen, fleischigen Blättern bedeckt, die eine kleeblattähnliche Form haben. Auf der anderen Seite des Baches, jenseits der kleinen Schlucht, ziehen sich die verstreuten Überreste der Kabyla den Berghang hinauf.

Vor wenigen Monaten hat hier noch eine Gruppe von Hütten gestanden, die aus Stroh und Baumästen zusammengefügt waren. Ihre ganze Einrichtung bestand lediglich aus einigen strohgeflochtenen Matten. Eine lag gleich am Eingang, und auf ihr ließen die Besucher beim Eintreten die absatzlosen Pantoffel, die Babutschen, zurück, um sich dann drinnen auf einer zweiten um die Teetassen zu hocken. Längs der Wände waren einige größere Matten zum Schlafen hergerichtet. Strohhütten und Strohmatten und weiter nichts: das war die Siedlung der Kabylen. Ihr Brot war eine Art von flachen Kuchen aus Korn, das sie zwischen Steinen zerrieben und auf erhitzten Steinen gebacken hatten – ziemlich schwärzliche Kuchen, die von angesengten Strohsplittern starrten. Beim Essen blieben einem die scharfen Grannen der trockenen Weizenähren in der Kehle hängen und bissen dort mit hunderten scharfen Zähnen.

Morgen für Morgen, wenn die Kabyla erwachte, traten die Männer einzeln aus ihren Hütten, und einer wie der andere begann den Tageslauf damit, seinen bedauernswerten kleinen

Esel zu verprügeln. Dann saß er auf, und seine Babutschen schleiften, weil der Esel so klein war, auf dem Boden. Hinter ihm her lief seine Frau mit einer Traglast, immer und ewig mit einer Traglast. Alle drei zogen sie zum flachen Teil des Berghangs, und dort saß der Mann ab. Die Frau löste die Riemen, an denen sie den hölzernen Pflug auf den Schultern getragen hatte, und schirrte den Esel vor. Daneben schirrte sie demütig sich selbst vor den Pflug unter das Joch, und der Mann prüfte die Knoten im Geschirr von Esel und Frau. Dann nahm er den Pfluggriff fest in die Hand, und langsam Schritt haltend begannen Frau und Esel mit der Arbeit. Der Esel zog die Seile mit dem Kummet, die Frau zog an ihnen, wie sie über ihren schlaffen Brüsten gekreuzt waren. Sie arbeiteten langsam, pflanzten ihre Füße tief in den Boden und sanken bei jedem Halt in die Knie.

Die Herren der Kabyla begannen ihren Tag im Sattel, auf nervösen kleinen Pferden mit dicken Mähen. Sie hängten sich ihre Schußwaffen um und verschwanden in den Bergen. Nur Hühner, Schafe und Kinder blieben in der Kabyla, spielten miteinander zwischen den Hütten, pickten, weideten, wälzten sich im Staub, alle voller Dreck und mit Unrat beschmiert, alle von der Sonne gebräunt.

Vor ein paar Monaten aber war die Kabyla dem Erdboden gleichgemacht worden. Es geschah aus so kurzer Entfernung, daß die Artillerie keine Distanzmesser brauchte. Der Hauptmann, der die Batterie führte, sagte nur: »Wozu? Schießt einfach drauf zu, wie man einen Stein nach einem Hund wirft!«

Schon bei der ersten Granate war alles zusammengefallen. Das Stroh der Hütten flammte in lodernden Spänen auf. Die Kinder flohen bergan zwischen die Felsen. Die Hühner und die Schafe liefen auseinander, wie es ihnen der Instinkt befahl. Die Frauen stießen durchdringende Schreie aus, die im ganzen Tal widerhallten. Die Herren der Kabyla ließen ihre Pferde steigen und schwangen ihre Gewehre in der Luft. Dem Zerplatzen einiger Granaten folgte rasch die Infanterie, die den Berg hinaufmarschierte und den Weiler besetzte. Die

Soldaten fingen die Hühner und Schafe ein, die bei Sonnenuntergang von allen Seiten her zu den kläglichen Resten der Gehöfte zurückkehrten. Sie steckten Lagerfeuer an und verzehrten ihre Abendmahlzeit. In der Luft wirbelten die Brustfedern der Hühner, trieben langsam im Kreise und landeten manchmal sanft in irgendeiner Eßschale. Die Operation war völlig planmäßig verlaufen. Bei Anbruch der Nacht war nichts mehr übrig als einige Haufen qualmenden Strohs und zwei oder drei von der ersten Granate zerfetzte Kinder, in der Luft treibende Hühnerfedern und – als lockendes Festmahl für die Fliegen – an Kreuzpfähle gehängte Schaffelle. Der Platz, an dem einst die Kabyla gestanden hatte, roch nach Jute von den tausend Sandsäcken, die die Brustwehr bildeten; er roch nach gebratenem Fleisch, nach Pferden und nach Soldaten, verschwitzten Soldaten mit Läusen in allen Nähten und Falten.

Der General, der die Kabyla erobert hatte, saß in seinem Zelt. Auf dem Tisch vor ihm flackerte das Endchen eines brennenden Kerzenstumpfs neben einem Tablett, auf dem zwei Flaschen Wein und ein paar Gläser standen. Die Offiziere der Einheiten, die an der Eroberung beteiligt waren, betraten das Zelt, einer nach dem anderen, und jeder einzelne meldete seine Verluste an Toten und Verwundeten. Jeder von ihnen hatte zwei oder drei Tote und zehn oder zwölf Verwundete. Der Adjutant saß neben dem General und schrieb alles auf. Der General bot jedem Offizier ein Glas Wein an. Sie verließen das Zelt und träumten von den Auszeichnungen, die ihnen die Verlustliste bringen würde. Die ganze Nacht durch schnarchte der General, wie so ein alter Trunkenbold schnarcht, der mit offenem Mund schläft, während seine Zähne daneben in einem Glas Wasser schwimmen.

Am nächsten Morgen kamen die Notabeln der Kabyla. Sie brachten einen Stier und schnitten ihm vor den Augen des Generals, dessen Lider noch aufgedunsen waren vom Schlaf und Wein, die Kehle durch. Der Stier brüllte, daß es gegen alle Täler und gegen alle Felsen dröhnte. Der General hielt eine Rede und hegte bloß den einen Wunsch: schnell wieder schlafen zu dürfen. ‚Warum kommt dieses Gesindel so früh am Morgen daher?' dachte er. Und der Adjutant überreichte den Herren der Kabyla einen Sack voll Silbermünzen.

Inzwischen waren seit dieser glorreichen Schlacht, in der eine heldische Armee einen großen Sieg über die Kabyla errungen hatte, schon Monate vergangen. Die Kabyla besteht nur noch aus ein paar rauchgeschwärzten Flecken. Und jetzt bin ich hier. Das Tal gleicht einem Ameisenhaufen. Hunderte von Menschen graben den Boden um und ebnen die Schollen für die Anlage einer breiten Straße, die um den Fuß des Berges herumführen und für die Kabyla einmal von großem Nutzen sein soll. Das alles ist gut und recht, aber die Kabyla wird daraus gewiß keinen Vorteil mehr ziehen, denn sie ist nicht mehr vorhanden. Aber die Leute reden davon, in diesen Bergen gebe es Eisen und Kohle. Vielleicht werden bald ein Bergwerk und eine dazugehörige Stadt an die Stelle der Kabyla treten, vielleicht auch ein Hochofen. Die Straße entlang wird ein mit Erz und Steinkohle beladener Zug laufen. Die Berber aus der alten Kabyla werden zurückkehren; sie werden Weißbrot ohne rauhes Stroh zu essen haben. Sie werden im Eisenbahnzug reisen, Ruß und Kohlenstaub wird sie überschütten. Sie werden in die Stadt ziehen und sich auf dem Jahrmarkt vergnügen. Sie werden auf dem Karussell fahren und die Bude besuchen, in der man gegen Entrichtung einer Kupfermünze einen Ball gegen den Kopf eines Negers werfen kann, der aus dem Loch eines sackleinenen Vorhangs herausschaut. Sie werden vor Gelächter kreischen über die Grimassen, die der Neger schneidet, und befriedigt werden sie in den Schacht zurückkehren.

In den Bergen wird ein großes Gebäude aus Zement errichtet werden – und es wird darin von Soldaten wimmeln. Wenn die Berber mit dem Bergwerk und dem verbeulten Nigger einmal nicht mehr zufrieden sein sollten, werden die Soldaten ihre Maschinengewehre in Stellung bringen.

Das alles steht noch bevor, und vielleicht werde ich es gar nicht mehr sehen. Aber die Trasse der Straße muß hier am

Fuß der Kabyla vorbei und über den Platz führen, an dem der alte Feigenbaum steht. Weil seine Wurzeln sehr tief laufen, wollen wir den Baum morgen mit Hilfe einer halben Dynamitpatrone sprengen. Unter dem Stamm bohren wir ein Loch, das unmittelbar in sein Herz führen wird. Und heute haben wir seine letzten Feigen gegessen. Sie waren süß wie alter Honig.

Córcoles und ich fuhren in einem der vier Lastautos, die mit Material für die Hámara-Stellung beladen waren, zum Zoco el Arbaa. Unter dem Kommando Herreros, eines Feldwebels, der sich am Ende seiner Dienstzeit zum stehenden Heer gemeldet hatte, wartete dort ein Zug Soldaten auf uns. Dieser Herrero war ein alter Afrikasoldat von dürrem, knochigem Körperbau. Sein gutlauniges, von der Sonne versengtes Gesicht ließ fein gezeichnete Züge erkennen. Wir schlossen Freundschaft miteinander, während wir einige Flaschen deutschen Biers tranken, das in Marokko billiger ist als das spanische. Die zwanzig Soldaten des Zuges fingen an, alle Lasten von den Autos auf die Maultierkolonne umzuladen, die das gesamte Material zur Stellung auf dem Hámaraberg hinaufbringen sollte. Ich staunte, was alles in den vier Kraftwagen verstaut worden war: Gips, Kalk, Zement und Ziegel, Eisenstangen, Bretter und Sandsäkke. Die Soldaten kamen und gingen. Geschickt warfen sie die Ziegel von Hand zu Hand, und es sah aus, als wollten jene, die oben auf den Lastautos standen, die andren steinigen. Von Zeit zu zeit schauten sie sich verstohlen um, um einen raschen Blick nach mir zu werfen.

Kritisch musterten sie den neuen Feldwebel, auf dessen Ärmelaufschlag noch ganz neue Silberlitzen glänzten; sie waren erst vor zwei Wochen aufgesetzt worden. »Wie der wohl sein mag?« flüsterten sie einander zu.

Córcoles und ich machten uns mit dem ersten beladenen Maultierzug auf den Weg, während Herrero mit zwei Soldaten zurückblieb, um sich um den Rest zu kümmern. Córcoles stellte sich an die Spitze der Kolonne und bat mich, die

Nachhut zu übernehmen, damit es keine Nachzügler gebe. So ritt ich, ganz für mich allein, hinter allen andren her. Mit Neugier betrachtete ich die Landschaft. Die Männer vor mir unterhielten sich über mich. Ich fühlte das beinahe wie einen körperlichen Druck, aber es weckte keine Gegenregung in mir. Ich schaute mir die Landschaft an.

Zur Linken sah ich die endlose Kette kahler Ganitberge, die die Küste Afrikas von Río Martín bis Alhucemas begleiten. Zur Rechten reihten sich in weiter Ferne die grünen Berge des Dschebel Alam. Wir ritten durch eine Talsenke, die nichts anderes war als ein breites Sandbett, in das sich während der großen Regenzeit von den Bergen herab die Sturzbäche ergossen. Der grauweiße Granit und der gelbe Sand schimmerten und glitzerten in der Sonne mit scharfen Lichtpunkten, aber die grünen Berge ließen das Auge sanft ausruhen. Vor uns schlossen rötliche Hügel das Sandbett ein. Einer davon war der Hámara.

Nach zwei Marschstunden langten wir an seinem Fuß an. Wir waren fast erstickt von der Hitze und dem Staub, den die Hufe der Maultiere aufwirbelten. Ein Bach zog einen Halbkreis um den Berg, dessen Steilhang jäh aus dem Wasser emporstieg. Am Rande des Baches hatten Menschenfüße und Pferdehufe, naß vom Überqueren der Furt, Massen von Schlamm aufgehäuft, und der Saumtierpfad war schlüpfrig. Die Kuppe des Berges erschien flach, als wäre der Gipfel mit einem Messer abgeschnitten worden. Da oben auf dem runden Plateau befand sich unsere Stellung: eine meterhohe Steinmauer, die rostiger Stacheldraht umzäunte; drinnen wimmelte es von schmutzigen Zelten aus Selgeltuch, daneben standen zwei kleine Holzhütten. Das war meine erste Bekanntschaft mit Hámara.

Córcoles beaufsichtigte die Männer beim Abladen; ich ging zum Hauptmann, Meldung erstatten. Da ich den Boden nicht kannte, stolperte ich über halb im Unkraut verborgene Zelttaue und mußte zwei bis drei überflüssige Umwege machen. Die Soldaten hinter meinem Rücken lachten, und ich war in ziemlich gereizter Stimmung, als ich das Zelt des Hauptmannes betrat.

»In Ordnung«, sagte er, »gehen Sie ins Feldwebelzelt und ruhen Sie sich aus bis zum Essen! Ich werde Sie dann in die Kompanie einteilen.«

Im Zelt stieß ich auf einen anderen Feldwebel.

»Du bist also der Neue? ... Manzanares, da ist Feldwebel Barea!«

Die Ordonnanz war ein winziger kleiner Mann, offensichtlich sehr beweglich und flink. Seine elastischen Züge erweckten den Eindruck, als wäre sein Gesicht aus Kautschuk. Er sprach mit reinstem Madrider Akzent: »Alles in Ordnung! Hier haben Sie Ihr Bett. Kein König hat ein besseres. Und wenn Sie sonst was haben wollen, sagen Sie mir's nur.«

»Na, gibt's denn nichts zu trinken bei euch?«

»Oh, eine ganze Masse! Was Sie wollen: Wein, Bier, Schnaps, Kognak, alles, nur kein Wasser. Vom Wasser bekommt man Sumpffieber. Ist verboten. Taugt nur zum Waschen.«

»Bring mir das Kühlste, was du hast!«

Er brachte mir eine Flasche Wein, die im Nu mit einem grauen Überzug kondensierter Feuchtigkeit bedeckt war. Der Wein war fast eiskalt.

»Habt ihr denn Eis hier?«

»Aber woher denn, Herr Feldwebel! Die Sonne kühlt die Flasche.«

In meiner Ahnungslosigkeit mußte ich lachen. Um fünf Uhr nachmittags war die Sonne sengend heiß, und das Zelt glich einem Backofen. Der Feldwebel stellte mir die üblichen Fragen nach der Außenwelt und beantwortete meine Fragen nach der Stellung auf übliche Weise. Gab es was Neues in Tetuan? Ich hatte keine Ahnung, ich kam frisch von Ceuta. Er war zwei Jahre nicht in Ceuta gewesen. In Hámara gab es vier Feldwebel: Córcoles und Herrero, die ich schon kennengelernt hatte; einen namens Julián, der draußen auf der Trasse war, und ihn hier, den dienstführenden Feldwebel dieser Woche. Zusätzlich war er für diesen Monat Verpflegungsfeldwebel. Er hieß Castillo. Um sechs Uhr nachmittags war Essenszeit. Dann erschien die Ordonnanz und meldete Castillo, daß er beim Hauptmann erscheinen solle. Ich blieb allein zurück und starrte das Zelt an, meine künftige Wohnung.

In der Mitte stützte ein etwa vier Meter hoher Pfosten die Zeltleinwand, die sich zu einem Kegel streckte, dessen Basis einen Durchmesser von knapp sechs Metern hatte. Die Gewehre und Tornister der vier Feldwebel waren um den Pfosten gruppiert. Als Eingang diente eine Lücke in der Zeltbahn. Gegenüber der Öffnung standen ein zusammenklappbarer Tisch und ein halbes Dutzend Sitze, die roh aus Ästen gezimmert waren. Die Anordnung von sieben Betten ähnelte den Speichen eines Rades; die Kopfenden drückten gegen die abschüssige Plachenwand des Zeltes, die Fußenden waren auf die Mitte zu ausgerichtet. Jedes Bett war aus sechs kräftigen Ästen gefügt, die einfach in den Boden gerammt waren; sie liefen oben gabelförmig aus und trugen einen Rahmen aus weiteren vier Ästen, auf den ein Stück Drahtnetz genagelt war. Auf jedem Drahtnetz lagen ein Strohsack und ein mit Stroh gefülltes Kopfpolster, zwei Bettlaken und eine Decke. Neben jedem Bett stand eine Kiste oder ein Koffer. Aber es waren sieben Betten, und wir waren unser fünf.

Das Hornsignal rief zum Essen. Ich knöpfte meine Jacke zu und ging hinaus. Zwei ungeheure Kessel standen auf dem freien Platz außerhalb des Feldlagers. Eine Doppelreihe, die Korporäle an der Spitze, stellte sich langsam zur Schlange an. Auf der andren Seite, jenseits der Schlange, stand ein riesiger Holzbau, offensichtlich ein Lagerhaus, daneben einige kaum zwei Meter hohe Strohhütten. Berber in verdreckten, zerfetzten Burnussen krochen durch die niedrigen Eingänge und stellten sich um die Hütten herum.

Herrero stand vor der Doppelreihe von etwa hundert Mann und verlas die Standesliste. Als er fertig war, wartete er, bis Hauptmann Blanco in Begleitung eines Leutnants und eines Fähnrichs aus seinem Zelt trat. Herrero brüllte: »Stillgestanden! Keine Veränderung, Herr Hauptmann!«

Der Hauptmann rief mich an seine Seite, in Front zu der Doppelreihe. »Feldwebel Barea ist zur Kompanie eingeteilt worden und heute zu uns eingerückt.« Er wandte sich an mich: »Geben Sie der Kompanie den Befehl, sich zu rühren!«

»Kompanie – rührt euch!«

Ich war vorgeführt worden. Hernach stellte der Hauptmann mich dem Leutnant Arriaga und dem Fähnrich Mayorga vor.

Während das Essen ausgeteilt wurde, machte mich Córcoles mit dem letzten der vier Feldwebel, Julián, bekannt. Die beiden bildeten ein seltsames Paar. Córcoles war groß, hager, ein Zigeunertyp mit Kraushaar, nervös und lebhaft! Julián war kleiner und sehr rundlich, mit der Stimme einer Soubrette, glatten apfelroten Wangen und schlaffem Haar.

Die Soldaten nahmen ihre Blechnäpfe und setzten sich zum Essen auf den Boden. Dann stellten sich die Berber auf, die einen mit verrosteten und verbeulten alten Eßschalen, die anderen mit leeren Konservenbüchsen. Der Koch gab jedem einen Schöpflöffel voll; die Berber machten sich zu ihren Hütten davon, hockten sich dort hin, und die meisten von ihnen aßen mit den Fingern, nur ganz wenige besaßen kurze Armeelöffel.

Ich schaute sie alle an, und sie alle schauten mich an. Sie flüsterten einander ihre Eindrücke zu, und ich hatte das Gefühl, einige würden gern herankommen und mich befingern, um mehr herauszufinden, als mit den Augen an mir zu erkennen war. Das neugierige Glotzen dieses Menschenhaufens ärgerte mich. Ich spürte deutlich, daß Mißtrauen dahintersteckte.

Nach dem Essen befahl mich der Hauptmann in sein Zelt.

»Von morgen an übernehmen Sie die Arbeitsleitung! Nach den Instruktionen, die ich aus Tetuan erhalten habe, verstehen Sie einiges von Topographie. Stimmt das?« Er sprach etwas arrogant und schielte mich an. Der Hauptmann schielte ganz entsetzlich.

»Jawohl, ich verstehe ein wenig von Topographie, Herr Hauptmann.«

»Und von Buchhaltung?«

»Jawohl, Herr Hauptmann. Das schon besser.«

»In Ordnung. Von morgen an übernehmen Sie die Material- und Lohnverrechnung und die Bauleitung. Als mein Adjutant natürlich.«

»Jawohl, Herr Hauptmann.«

»Sie können gehen.«

»Aber ich möchte ...«

»Sie können gehen.«

»Zu Befehl, Herr Hauptmann!«

Völlig benommen verließ ich das Zelt. Vor zehn Monaten bin ich in Madrid noch Zivilist gewesen. Inzwischen war ich dann zuerst Gemeiner und danach Korporal, hatte von einem zivilen zu einem militärischen Büro hinübergewechselt und wie früher mit Papier und Ziffern gearbeitet. Von einem Tag zum anderen fand ich mich nun im Herzen des Kleinen Atlas, in einer Frontstellung, betraut mit der Leitung des Baues einer Straße, deren Endziel ich nicht einmal ahnte, und mit der Buchhaltung von öffentlichen Arbeiten, von der ich nichts verstand. Überdies war ich ein Feldwebel, das heißt ein Wirbel im Rückgrat der Armee oder vielmehr – soviel wußte ich bereits – Mitglied einer Kaste, die von oben her von den Offizieren getreten wird und von unten her von den Soldaten. Was, zum Teufel, sollte ich morgen früh tun?

Ich ging zu unserem Zelt zurück. Auf einem der sieben Betten lag ein Zivilist, der sich, als ich eintrat, auf dem Ellbogen aufrichtete. Er war ein stämmiger Mann, dabei ziemlich fett. Seine Hosen standen halb offen, und er war nur mit einem ärmellosen Unterhemd bekleidet, das den dicken schwarzen Haarpelz auf seiner Brust sehen ließ. Seine breiten Hände hielt er über dem Bauch verschränkt. Schwarze Haarbüschel wuchsen auf seinen Wurstfingern; seine Schuhsohlen waren mit dicken, viereckigen Nägeln beschlagen, und die roten Socken hingen lose herab. Er zeigte auf eine Kiste voller Bierflaschen

am Fuß des Bettes: »Greifen Sie zu, aber es ist nicht sehr kalt.«
Ich schenkte mir ein Glas Bier ein und stürzte es hinunter. Wer
war dieser Kerl, dieser Zivilist im Feldwebelzelt? Er richtete
sich im Bett auf. Sein Bauch bildete drei Fettfalten.

»Ich denke, wir kennen einander noch nicht. Ich bin José
Suarez, sie nennen mich alle Señor Pepe. Der Bausteinlieferant. Ich bin sicher, wir beide werden miteinander gut auskommen.«

»Ich nehme an, daß wir gut auskommen werden. Warum
auch nicht?« Ich stellte mich vor.

Aber der Mann war gesprächig. Er stand vom Bett auf,
hielt seine Hosen mit beiden Händen fest und setzte sich mir
gegenüber an den Klapptisch. Er suchte in einer ungeheuren
Zigarrentasche herum und wählte eine Zigarre aus, nachdem
er eine oder zwei mit den Fingern geprüft hatte.

»Rauchen Sie diese hier! Sie ist ausgezeichnet.«

»Es tut mir leid, aber ich rauche nur Zigaretten.«

»Ich auch. Aber die Zigarren braucht man fürs Geschäft.«
Er grinste verschlagen und zwinkerte mit den Augen.

Wir zündeten uns Zigaretten an und verstummten, während wir einander betrachteten. Schließlich sagte er:»Ich nehme an, Sie sind über alles im Bilde.«

Ich fing an zu lachen. Es klang etwas gezwungen. »Menschenskind, ich habe keine Ahnung! Wie wir in Madrid sagen,
ich bin soeben aus meinem Dorf hierhergekommen. Vorge-
stern war ich in Ceuta, heute bin ich hier, ohne jemals vorher
als Feldwebel in einer Kompanie gedient zu haben, ganz zu
schweigen von diesem Straßenbaugeschäft hier. Und zu alledem kenne ich keinen einzigen Menschen hier. Kurz und gut
– ich bin einfach über gar nichts im Bilde.«

Die Ordonnanz kam mit einem Imbiß und einer weiteren mit Dunst beschlagenen Flasche. Hinter dem Rücken des
Dicken zwinkerte er mir zu.

»Das habe ich mir gedacht«, sagte der andere. »Und darum
bin ich heilfroh, daß wir uns hier allein getroffen haben. Wir
brauchen nicht mehr als fünf Minuten, und alles wird erledigt

sein. Ich habe Ihnen schon gesagt, daß ich der Bausteinlieferant bin. Ich habe eine Arbeitskolonne von Berbern; die einen brechen die Steine, die andern sind Steinklopfer. Die Kompanie versorgt mich mit Dynamit, und ich bezahle dafür. Und dann bezahlt mich die Kompanie pro Kubikmeter Stein. Sie haben das Dynamit zu verbuchen und zu vermerken, wie viele Kubikmeter ich liefere. Am Monatsende wird die Rechnung beglichen. Manchmal helfen meine Berber Ihren Leuten beim Planieren des Bodens, und das kommt auf dasselbe heraus: so und so viele Kubikmeter Erde, so und so viele Pesetas.«

»Scheint mir nicht sehr schwierig zu sein. Ich glaube nicht, daß wir uns streiten werden.«

»Keinesfalls. Es ist auch genug da für zwei. Ich gebe gewöhnlich ein Drittel vom Gewinn.«

»Wem denn?«

Er blickte mich verständnislos an. »Wem glauben Sie wohl? In diesem Fall doch Ihnen.«

»Meinen Sie denn, die Rechnungen werden nicht stimmen?«

»Die Rechnungen werden vollkommen stimmen. Niemand wird an ihnen etwas auszusetzen haben. Es ist Ihres Amtes, sie als richtig zu befinden. Der Hauptmann nimmt das andere Drittel.«

»Der Hauptmann ist also mit von der Partie?«

»Ohne ihn könnten wir nichts machen. Gehen Sie nur hin und fragen Sie ihn!«

»Ich werde mich hüten. Wenn er mir was zu erzählen hat, kann er ja zu mir kommen.«

Ich mußte ziemlich scharf geantwortet haben, denn Señor Pepe verstummte. Dann redeten wir hin und her, über alles und nichts. Nach einem Weilchen knöpfte er sich die Hosen zu und ging. »Muß mal schaun, wie's dem Jungen geht!« sagte er. Wer, zum Teufel, war der Junge? Zehn Minuten später schickte der Hauptmann nach mir.

»Machen Sie die Zeltklappe zu und setzen Sie sich einen Augenblick!« Er blickte mich mit jedem Auge gesondert an.

»Ich nehme an, Sie haben die Sache mit Pepe erledigt.«
»Er hat mir einiges gesagt, Herr Hauptmann. Aber eigentlich habe ich ihn nicht verstanden. Wie Ihnen bekannt ist, weiß ich so gut wie nichts von den Dingen hier.«
»Schon gut, schon gut! Darum habe ich Sie ja kommen lassen. Ich werde es Ihnen erklären. Sie wissen, daß der Staat alle öffentlichen Arbeiten entweder durch Auftragserteilung oder in eigener Regie durchführt. Bei der Erteilung eines Auftrags wird ein bestimmter Preis ausgehandelt, und der Beauftragte bekommt den vereinbarten Betrag. Wird's in eigener Regie durchgeführt, dann wird zunächst ein Kostenvoranschlag gemacht; die Heeresverwaltung übernimmt die alleinige Leitung der Arbeiten und bezahlt Löhne und Material. Nun liegt es wohl auf der Hand, daß die Straße hier nicht von einem Beauftragten gebaut werden kann, weil sie durch feindliches Gebiet führt. Sie wird in eigener Regie gebaut. Wir zahlen die Löhne und kaufen das Baumaterial. Wir entwerfen die Pläne und führen die Arbeit aus. Die Heeresbauabteilung in Tetuan ist für die technische und die administrative Seite verantwortlich. Jeder hier wird für seine Arbeit mit einer Zulage bezahlt. Die Soldaten erhalten zwei Pesetas fünfzig täglich. Die Feldwebel sechs und wir Offiziere zwölf. Das bedeutet einen großen Vorteil für alle Beteiligten. Die Soldaten bekommen eine Peseta fünfzig in bar, der Rest wird zur Aufbesserung der Verpflegung verwendet. Also ist es unnötig, etwas von ihrem Essen oder der Ausrüstung abzuzwicken. Das Ganze ist sehr bequem und einfach.«

Er machte ein Pause und holte aus einer Kiste eine Flasche Kognak und zwei Gläser.

»Ich möchte nicht erst den Burschen rufen. Fahren wir fort! Ich rede ganz offen mit Ihnen, damit wir einander wirklich verstehen. Die Kompanie hat einen eigenen Fonds, in den alles fließt, was wir an unserem Voranschlag einsparen. Zum Beispiel: Die Kompanie hat einen Stand von einhundertundelf Mann, aber nicht alle arbeiten. Manche sind krank, andere auf Urlaub, wieder andere zu dieser oder jener Arbeit abkommandiert. Da aber der Baukostenvoranschlag für hundertelf Mann vorsorgt, bekommen wir den Betrag für ihre Löhnung in bar. Die nicht arbeiten, werden nicht bezahlt, und der Löhnungsüberschuß geht in den Kompaniefonds. Das gleiche gilt für die Berber. Laut Voranschlag sind es vierhundert, aber es kommt nie vor, daß alle da sind. Wir haben etwa dreihundertfünfzig hier. Nun muß aber einfach für vierhundert Rechnung gelegt werden, wir setzen also annähernd fünfzig marokkanische Namen auf die Liste, und alles geht wie geschmiert. Wer wird schon kommen, sie hier zu zählen? Die Berber verdienen fünf Pesetas täglich und können auf Pump soviel Brot beziehen, wie es ihnen beliebt. Aber das wird Ihre Sache sein. Was Pepe anbelangt, so ist das mehr oder weniger dasselbe. Er liefert uns Steine, und wir bezahlen dafür. Jeder Kilometer Straße braucht so und so viel Kubikmeter Stein. Aber wenn die Straße um fünf Zentimeter weniger breit ist, so bedeutet das ... Rechnen Sie's selbst aus. Fünf Zentimeter weniger sind pro Kilometer zweihundert Kubikmeter Stein weniger. In Wirklichkeit verrechnen wir etwas mehr. Außerdem helfen uns die Berber beim Planieren des Bodens, und wir bezahlen sie pro Kubikmeter. Es spielt keine Rolle, wenn wir etwas von der Arbeit, die unsere Leute leisten, auf die Rechnung der Berber tun.«

Er trank seinen Kognak.

»Es gibt noch eine Menge Einzelheiten, die ich Ihnen im Laufe der Zeit beibringen werde. Jetzt haben wir einander verstanden, ja?«

Ich wußte nichts zu antworten und ging.

Nach dem Abendbrot zog Señor Pepe ein Spiel Karten aus der Tasche und begann, nachdem er zweihundertfünfzig Pesetas in die Bank getan hatte, für Bakkarat auszuteilen. Ich lehnte es ab mitzuspielen und warf mich auf mein Bett.

»Hier spielen wir alle«, sagte er.

»Schon recht! Aber ich kann nicht meinen ersten Sold aufs Spiel setzen, noch ehe ich ihn bekommen habe.«

»Machen Sie sich doch keine Sorgen wegen des Geldes! Wieviel brauchen Sie?«

»Ich? Nichts. Ich sagte Ihnen ja, ich spiele nicht.«

»Ich gebe Ihnen hundert Pesetas als Geschenk. Setzen Sie sich zu uns!«

Ich setzte mich. Er teilte aus, und ich setzte die hundert Pesetas auf das erste Blatt, das er mir gegeben hatte.

»Aber hören Sie, so spielt man doch nicht! Wenn Sie verlieren, muß ich Ihnen gleich wieder hundert Pesetas geben.« Ich gewann die hundert Pesetas und zweitausend darüber. Señor Pepe hörte auf. »Machen wir Schluß für heute! Wir müssen das Geschäft besprechen.«

Pepes Sohn Pepito, der das siebente Bett in Besitz genommen hatte, ein breitknochiger Junge mit dem Gesicht eines Maurers im Sonntagsstaat, klatschte Beifall: »Bravo, Vater!«

Er sah wie ein vollendeter Idiot aus: wie ein mit allen Wassern gewaschener Gauner, der den Idioten spielt.

Señor Pepe wandte sich an meine Kameraden: »Barea hat gehört, was unter uns üblich ist. Und wir haben uns geeinigt. Ich glaube, er hat eine Unterredung mit dem Hauptmann gehabt. Das stimmt doch?«

»Ja, ich habe mir alles erzählen lassen. Aber ich bin nicht so sicher, daß wir uns geeinigt haben. Señor Pepe wird mir ein Drittel des Preises der Steine geben, die ich zusätzlich auf die Rechnung setzen soll.«

»Die Hälfte!« rief Córcoles.

»Sind Sie einverstanden, Don José?« fragte ich.

»Schön, die Hälfte für Sie alle zusammen natürlich.«

»Gut. Nun zum Hauptmann! Er hat mir erklärt, wie das mit der Löhnung und mit Señor Pepe gemacht wird, aber mir hat er nichts angeboten. Vermutlich steckt er alles selbst ein.«

Córcoles unterbrach mich.

»Natürlich wird dir der Hauptmann direkt nichts anbieten, aber das ist alles sehr einfach. Du kommst doch nie in die Lage, Löhne an genau vierhundert Berber und hundertelf

Mann auszuzahlen. Die Zahl muß immer etwas kleiner sein; wenn sie genau stimmte, würde das merkwürdig aussehen. Wir halten, sagen wir, einen Taglohn von zehn Berbern zurück; das sind dann fünfzig Pesetas täglich für uns fünf. Das gleiche geschieht mit Señor Pepes Stein- und Erdlieferungen. Von daher kommt unser Profit, an dem du beteiligt bist. Begreifst du nun endlich?«

»Und der Leutnant und der Fähnrich?«

»Der Leutnant ist ein Millionär und hat von der ganzen Schiebung keine Ahnung. Stell dir das vor: ein Mensch, der sein Gehalt nicht bezieht und es einfach der Mannschaftsküche spendiert! Der Fähnrich bekommt etwas von unserem Anteil und etwas von dem des Hauptmanns. Der ist sehr happig.«

»Der Hauptmann behält also alle Ersparnisse der Kompanie für sich?«

»Sei doch kein Esel! Kompanieersparnisse sind, was am militärischen Budget der Kompanie erspart werden kann. Was an den Arbeiten und Bauten erspart wird, teilt der Hauptmann mit der Heeresbauabteilung in Tetuan.«

»Dann steckt also auch der Major mit drin?«

»Hör mal, ohne den könnten wir überhaupt nichts machen. Stell dich doch nicht so blöd an!«

Wir verstummten. Ich kam mir wie ein Trottel vor. Die Karten lagen über den Tisch verstreut; mechanisch begann ich, sie zusammenzulegen.

»Ich sehe das als Raub an.«

»Das ist es auch«, sagte Córcoles. »Wir berauben den Staat.«

»Und wenn mir nun nicht nach Stehlen zumute wäre, was dann?«

Córcoles sah mich an, zuckte die Achseln und begann zu lachen. Aber mein Gesicht war gespannt und ernst. Er stand auf und nahm mich beim Arm.

»Verflucht heiß ist es hier. Komm, machen wir einen kleinen Spaziergang!«

Wir gingen zusammen hinaus und lehnten uns an die steinerne Brustwehr. Sie hauchte Feuchtigkeit aus. Die Felder lagen schweigend da und wurden vom Mondlicht gepflügt.

»Hast du im Ernst gemeint, was du sagtest?«

»Ja, Das ist eine faule Sache. Es ist Diebstahl.«

»Hör mal! Diebstahl ist es, wenn du jemand Geld wegnimmst. Aber das hier ist etwas ganz anderes. Das ist der Staat. Wenn wir wirklich jemand berauben, dann ist es der Staat, und der Staat plündert uns doch so und so aus. Glaubst du denn, du kannst vom Feldwebelsold leben, von neunzig Pesetas monatlich? Glaubst du denn, du kannst vom Sold mit der Feldzulage in Afrika leben, mit einhundertvierzig Pesetas? Du hast das Recht zu heiraten. Möchte sehen, wie du das anfangen willst – heiraten: mit hundertvierzig Pesetas im Monat!«

Er schaute zu den fernen Bergen hinüber und fuhr leiser fort: »Komm näher! Hör zu! Es ist nicht das allein. Es ist, wie wenn deine Hand von der Maschine erfaßt wird, und dann dein Arm, und dann du als ganzer. Du kannst nicht entrinnen. Und wenn du nicht bereit bist, für die andern und für dich zu stehlen, werden sie dir deinen Posten wegnehmen und dich versetzen. Werden dich irgendwohin schicken, wo du dich zu Tode hungern wirst oder wo eine Kugel auf dich wartet. Wenn du reden und protestieren willst, gibt es einfachere Mittel und Wege. Für irgendeinen Fehler, ein harmloses Versäumnis, das ja leicht übertrieben dargestellt werden kann, nehmen sie dir die Feldwebellitzen. Und dann gibt's noch etwas« – seine Stimme sank zu einem Flüstern herab –, »jeder kann das Opfer eines Unfalls werden. Auf dem Weg zum El Zoco gibt es Tag für Tag Heckenschützen. Überleg dir das also! Vielleicht hast du unsere Redensart noch nicht gehört: Hinter dem Eingang zu jeder Kaserne ist ein Nagel; daran hängen wir beim Eintritt in die Armee unser Menschsein auf; später, wenn wir entlassen werden, können wir uns holen, was davon übrigblieb, wenn noch was da ist.«

Wir kehrten ins Zelt zurück. Señor Pepe hielt noch einmal die Bank. Wir spielten bis zwei Uhr früh. Ich verlor alles. Wir legten uns zum Schlafen in unsere Betten. Die Radspeichen. In der Mitte stand der Pfosten, und an ihm lehnten die Gewehre. Einer nach dem andern begann zu schnarchen. Señor Pepe schnarchte: Es klang, wie wenn ein Schwein wäßrige Kartoffeln aus einem Trog schlabbert. Ich dachte an Córcoles und seinen Rat, an die Reise von Ceuta nach Hámara, an das verspielte Geld.

Das alles geschah während der ersten Junitage des Jahres 1920.

2. DIE TRASSE

Der Hornist blies um sechs Uhr zum Wecken, und alsbald brach das Lager, in dem sich in der Nacht nur die grauen Schatten der Wachtposten bewegt hatten, in lärmendes Leben aus. Männer riefen einander zu, und blecherne Geschirre klapperten gegen blecherne Trinkbecher. Die Leute stellten sich in Reih und Glied neben dem mächtigen Kaffeekessel und dem randvoll mit Brot gefüllten Korb auf und warteten, während sie Fuß bei Fuß auf der Stelle traten, weil die Morgenkühle des Gebirges ihre Füße fast erstarren ließ, bis der Küchenfeldwebel das Zeichen zum Ausschenken des Kaffees gab. Um sieben, nachdem die allgemeine Reinigung von Mann, Roß und Zelt beendet war, wurden die Arbeitsgruppen zusammengestellt. Nach der Standesverlesung marschierten die Leute den Berg hinunter, jeder mit einer Schaufel und einer Spitzhacke bewaffnet. Dann begannen nach und nach die Eingeborenen aufzutauchen; die einen krochen schläfrig aus ihren Hütten, andere kamen aus den nahegelegenen Siedlungen herbei. Viele von ihnen zogen es vor, im Lager zu schlafen, weil ihre Heimstätten weit entfernt oder nicht mehr vorhanden waren, aber auch weil sie hier mit dem reichlichen Abfall von der Feldküche als Nahrung rechnen konnten. Andere lebten ringsum in der Nachbarschaft und kamen mit Ledersäcken an, die sie an kreuzweise über die Brust gebundenen Stricken hielten. Diese Säcke enthielten ihren vollen Tagesproviant an Feigen, zu denen jeder noch das Kilo Brot in den Sack stopfte, das ihnen hier verabreicht wurde. Keiner von ihnen kehrte vor Anbruch der Nacht zu seinem Stamm zurück.

Die Eingeborenen standen unter dem Befehl eines Ältesten, des Vorarbeiters, der ihnen Anordnungen gab, für

Disziplin während der Arbeit sorgte, die Namen verlas und gelegentlich auch einen Übeltäter oder einen widerspenstigen Faulenzer mit dem Stock züchtigte. Sie fürchteten seine schwere Hand und setzten mit der Arbeit keinen Moment aus, aber jede einzelne ihrer Bewegungen war derart langsam und gemessen, daß das Heben oder Senken einer Spitzhacke oder das Wegschaffen einer Schaufel Erde etliche Minuten dauerte.

Señor Pepe war darüber verzweifelt und ließ öfter seine Reitpeitsche gegen die Rippen eines seiner Berber sausen, um ihm ein schnelleres Tempo beizubringen. Für uns spielte das Tempo der Leute so gut wie keine Rolle. Keiner von uns hatte ein Interesse an einem schnelleren Fortschreiten der Arbeit. Je rascher sie zu Ende käme, desto eher würde unsere Zulage ihr Ende finden. Den Soldaten behagte die Verwendung als Taglöhner mit Hacke und Schaufel beim Straßenbau gar nicht. Die sechshundert Mann, die über die vier Kilometer Trasse und die granitnen Steilwände des Steinbruchs verteilt waren, glichen eher einer qualligen Masse, die sich langsam unter der afrikanischen Sonne bewegte, als einer fleißig arbeitenden Kolonne am Straßenbau.

Der dienstführende Feldwebel kam nie zur Trasse hinunter. Gewöhnlich ging einer der anderen Feldwebel auf dem Zoco el Arbaa »einkaufen«. Der Hauptmann schlief den Kognak der vergangenen Nacht aus. Der Leutnant schlief, der Fähnrich schlief. Um sieben Uhr früh marschierten bloß drei Feldwebel an der Spitze des von Soldaten und Berbern gebildeten Zuges den Weg hinunter. Etliche Stunden später pflegte der Hauptmann oder einer der beiden Offiziere zu Pferde herabzukommen und die Trasse zu inspizieren. Danach gingen sie gewöhnlich jagen. Und ziemlich oft fuhr einer von ihnen nach Tetuan oder nach Tanger.

So blieb der Straßenbau automatisch an mir hängen. Ich hatte mich nicht nur um die Buchhaltung, sondern auch um die topographische Arbeit zu kümmern. Major Castelo in Tetuan hatte angeordnet, ich solle eine Karte des Terrains von

Xarca-Xertuta bis zum Zoco el Arbaa anlegen und den Verlauf der Straße nach bestem Wissen und Gewissen planen. Die Leute hatten zuvor im Flachland gearbeitet, und dort auf dem ebenen Boden hatten Fehler gar nicht unterlaufen können. Aber von Hámara an hatte die Trasse Hügel zu überqueren, und weiterhin führte sie ins Tal des Lau-Flusses hinunter. Da war eine sorgfältige Planung erforderlich. Ich benötigte dazu drei Wochen und verfiel während dieser Zeit allmählich der täglichen Routine, ohne daß ich es merkte. Danach aber war ich ein freier Mann. Ich hatte nichts zu tun, als während der acht Stunden Arbeit die Aufsicht zu führen.

Ich pflegte mich am Fuße des Hámaraberges auf einen glatten Stein zu setzen, der zwischen den Wurzeln eines alten Feigenbaumes aufragte. Von dort aus konnte ich die ganze Strecke, an der gearbeitet wurde, im Auge behalten. Manchmal kamen die beiden anderen Feldwebel oder der Älteste der Berber zu einer kurzen Beratung herbei, den größten Teil des Tages aber war ich allein, wenn man vom kleinen Hornisten der Kompanie absieht, der in der Nähe saß. Er mußte mich, wohin ich auch gehen mochte, stets begleiten, er mußte die Signale zur Rast und zum Sammeln geben und Botschaften zu den Leuten tragen. Wollten wir während der langen, leeren Stunden der Langeweile entrinnen, blieb uns nichts anderes übrig, als miteinander zu plaudern.

Aus seinem Alter und seinem Körperbau konnte ich schließen, daß er sich freiwillig zu unserer Abteilung gemeldet hatte, denn gewöhnlich wurden den technischen Truppen nur große Kerle und solche mit besonderen Qualifikationen zugeteilt. Dieser da war ein rundlicher kleiner Geselle von etwa zweiunddreißig Jahren, von ernstem und ruhigem Gehabe, aber mit lebhaften Bewegungen. Außerdem war er ein Meister in der Spitzbubenwissenschaft der Hornisten und Trommler. Hornisten, Trommler und Offiziersburschen sind wohl in jeder Armee, was die Bedienten in einem aristokratischen Wohnviertel sind: Sie verständigen sich durch eine Art Freimaurerzeichen und mit Hilfe einer eigenen Geheimsprache.

Sagt dir einer von ihnen, daß es besser sei, am heutigen Tage dem Hauptmann aus dem Weg zu gehen, dann empfiehlt es sich, seinem Rat unbedingt zu folgen.

Martín, der Hornist unserer Kompanie, war insofern fast ein Analphabet, als er einfach unfähig war, zu begreifen, was er las. Aber er war vollgepfropft mit dem, was er »afrikanische Wissenschaft« nannte. Diese reichte von der Fähigkeit, Zelttaue mit einem technisch einwandfreien Knoten festzumachen, bis zur Kunst, ein Feuer auch im heftigsten Wolkenbruch gut in Brand zu halten; zu ihr gehörten außerdem eine außerordentliche Geschicklichkeit im Ausbessern von Kleidern und Schuhen und eine Fertigkeit in der Herstellung von Uhrketten, Armbändern und Ringen aus Roßhaar, das Martín zu winzigen Ringen und Kettengliedern zu flechten und in kunstvollen Mustern zu weben verstand. Vor allem aber verstand er es, stets auf dem Laufenden zu sein und über jede Neuigkeit Bescheid zu wissen, sei sie öffentlicher oder privater Natur, von der Organisation der nächsten militärischen Operationen gegen den Raisuni bis zu den geheimsten Krankheiten des Generals.

Aus Tetuan hatte ich mir einen Haufen französischer Romane mitgenommen, die meisten mit Illustrationen; gewöhnlich nahm ich einen oder zwei dieser Bände zur Trasse mit, um mir so die Zeit zu vertreiben. Dies führte zu meinem ersten längeren Gespräch mit dem Hornisten. Eines Tages nämlich rückte er mit der Frage heraus: »Darf ich einen Blick auf die ‚Heiligen' da werfen, Herr Feldwebel?«

Eifrig blätterte er in dem Buch. Die Abbildungen dieser Romane zeigten zumeist Frauen, die den Augen eines primitiven Spaniers notwendigerweise verführerisch erscheinen mußten. Zufällig las ich damals gerade »Aphrodite« von Pierre Louys. Die Ausgabe war reich mit Stahlstichen geschmückt, die antike Szenen mit nackten Frauen zeigten. Seite um Seite geriet der Hornist in Ausbrüche wilde Erregung: »Herrgott, ist das ein Frauenzimmer! Mi Madre! Diese Brüste! Diese Schenkel!«

Dann schaute er sich eine Zeitlang die Textseiten an und sagte schließlich: »Was für Sachen da wohl erzählt werden ... Und Sie verstehen das alles, Herr Feldwebel?«

»Was glaubst du denn, was da zu lesen ist?«

»Na, da sieht ja wohl jedes Kind, worum es sich da dreht. Mit all diesen abgemalten Weibern da und auf französisch, na – halt allerhand Schweinereien! Was man so Pornographie nennt, alle die Dinge, die man im Bett macht und wie man sie machen soll. Einmal hab ich so ein Buch in Tetuan gekauft, für ganze zehn Pesetas, aber es ist mir später gestohlen worden. Darin waren alle die verschiedenen Stellungen erklärt. Und auch Postkarten gibt es da, die kosten eine Peseta das Stück. Aber wozu erzähle ich Ihnen das alles, Herr Feldwebel? Sie wissen ja mehr darüber als ich.«

Just in dem Augenblick kam Abdella, der Vorarbeiter, auf uns zu. Er war ein schöner Mann vom Berbertypus, mit kurzem schwarzem Bart und mandelförmigen Augen, nur waren seine sehr regelmäßigen Züge durch Pockennarben verunstaltet. Er trug keinen Burnus, sondern eine Uniform mit dem Abzeichen der technischen Truppe, einem silbernen Turm, auf dem Kragen. Ehe er noch – in seinem gewöhnlich tadellosen Spanisch mit langsam gewählten Worten – mich hatte anreden können, rief der Hornist ihm zu: »He, du! Ein verdammt feines Weibsstück!« Und er hielt dem anderen eine der Illustrationen vor die Nase.

Der Berber warf einen Blick auf das Buch und sprach mich auf französisch an: »Sie sprechen also französisch, Herr Feldwebel?«

»Ja, wo hast denn du es gelernt?«

»In Tanger, bei den Franzosen. Ich diente bei den Goumiers und hernach bei den spanischen Regulares, und die letzten Jahre war ich bei der technischen Truppe. Das ist alles.«

Martín schaute überrascht von einem zum anderen.

»So, wahr mir Gott helfe! Arabisch sprechen Sie auch, Herr Feldwebel?«

»Sei nicht so dumm. Das war französisch, die gleiche Sprache, in der diese Bücher hier geschrieben sind.«

Der kleine Zwischenfall hatte verschiedene recht unerwartete Folgen. Martín verbreitete unter den Männern die Nachricht, daß ich französisch sprach, und ihre Abneigung gegen mich – die natürliche Abneigung gegen den neuen Feldwebel – nahm noch zu. Abdella freundete sich mit mir an und suchte mich unter dem einen oder anderen Vorwand im Schatten des Feigenbaumes auf. Der Hornist sah seine Plauderstündchen durch Abdella eingeschränkt und war ihm feind; dabei bemühte er sich krampfhaft, sich meine Freundschaft zu sichern und mich von jedem Kontakt mit dem Berber abzuschneiden. Meine Kameraden aber, die übrigen Feldwebel, wurden neugierig, und ihre Besuche wurden häufiger. Schließlich traf sich ein kleiner Kreis regelmäßig unter dem Feigenbaum. Und von dort aus begann ich nun Beziehungen zur Umwelt herzustellen. Ich fing nun überhaupt erst an, wirklich zu sehen.

Alle vier oder fünf Minuten bemerkte ich, wie der Kabyle ständig die gleiche Prozedur wiederholte. Er ließ die Spitzhacke fallen und kratzte alle erreichbaren Teile seines Körpers wütend mit beiden Händen. Dann schüttelte er sich in den Falten seines Burnus wie ein Hund, der aus dem Wasser kommt. Manchmal rieb er seinen Rücken am Rand des frischen Einschnittes im Erdboden, ehe er die Arbeit wieder aufnahm. Ich ging zu ihm hin:»Was ist los mit dir?«

»Ich bin krank. Der ganze Körper juckt. Der ganze Körper ist sehr krank.«

Seine Hände waren knotig, gerötet, mit trockenen Schuppen bedeckt – Krätze, eine ganz häßliche Krätze. Ich wies auf seine Hände:»Ist der ganze Körper wie das da?«

»Ja, Herr, noch schlimmer.«

Er war eine erbarmenswerte Gestalt, groß, knochig, schwarz, haarig. Von den zahllosen Lagen Schweiß, die auf seiner Haut getrocknet waren, stank er wie eine Ziege. Seine nackten Beine und Füße – Füße wie die einer alten Henne

– waren mit Schuppen und eingefressenem Schmutz bedeckt, in eine Hornhaut eingekapselt. Sein glattrasierter Kopf war mit allerlei Narben, teils von der Krätze, teils von den Einschnitten besät, mit denen ihn ein barbarischer Haarschneider bedacht hatte. Seine Augen waren getrübt. Der Mann war nicht krank. Er war lediglich verdreckt und schmutzig. Er trug eine fürchterliche Last von Schmutz auf seinem Körper; sie hatte sich in allem Elend seines langen Lebens auf seiner Haut angesammelt.

»Willst du, daß ich dich heile?« fragte ich ihn.

Er starrte mich ganz verblüfft an.

»Ja.«

»Ich werde dir weh tun, sehr weh. Aber wenn du willst, werde ich dich kurieren.«

»Ja.«

Sein Ja klang wie das demütige Bellen eines verängstigten Hundes.

Wir hatten einen großen Vorrat von Schwefelsalbe und von dem, was wir »Hundeseife« nannten. Das war eine rote englische Seife mit dem durchdringenden Geruch von Karbolsäure. Ich bewaffnete mich mit Salbe und Seife, und noch am gleichen Nachmittag gingen wir nach der Arbeit zum Bach hinunter, der Kabyle, zwei einer Stammesgenossen und ich.

Ich sagte ihm, er solle sich ausziehen. Die beiden anderen rieben ihn mit Seife und Bachsand ab. Sie rieben so unbarmherzig, daß aus seiner krätzezerfressenen Haut das Blut aufspritzte. Dann schmierten sie ihn von Kopf bis zu den Zehen mit der Salbe ein. Wir steckten ihn in ein Paar alter Uniformhosen und eine Jacke. Der alte Burnus wurde verbrannt. Innerhalb von zwei Wochen war er geheilt.

Eines Tages brachte er mir einen Korb voll Feigen und zwei Hühnchen. Er schien völlig verwandelt zu sein, hatte sogar Fett angesetzt. Er grub die Erde viel schneller, und wann immer ich ihn ansah, lachte er wie ein Kind. Dann tauchten, etwas ängstlich, andere Kabylen auf. Sie zeigten mir die Krätzemale zwischen ihren Fingern und baten um die Salbe.

Manchmal brachten sie das Beste heran, was sich diese armen Teufel leisten konnten, und legten ein paar Eier oder ein Huhn, immer aber einige Dörrfeigen auf das Wurzelgeflecht des Feigenbaumes. Manchmal hörte auch einer von ihnen zu arbeiten auf und kam zum Feigenbaum, um heimlich mit mir zu reden. Dann stand er vor mir, fingerte am Saum seines Burnus herum und sagte schließlich: »Feldwebel, ich gehen. Werde nicht mehr arbeiten. Habe genug.«

»Was wirst du denn machen?«

Wieder fingerte er verlegen an den Falten seines Burnus herum.

»Dir ich Wahrheit sagen. Ich haben dreißig Duros. Ich mir Gewehr kaufen. Aber ich nie herkommen, um Feldwebel zu töten. Keiner von uns wird Feldwebel töten.«

»Wer soll dir denn das Gewehr verkaufen?«

»Wissen nicht? Die Franzosen. Gute Gewehr, mit Kugeln und dick wie das.« Und er zeigte die volle Länge seines Daumens. »Gute Gewehre. Dann ich ein Pferd und eine Frau bekommen.«

Sie gingen weg, glücklich lächelnd wie unartige Kinder, nachdem sie mir versichert hatten, daß sie mich nicht töten würden. Aber das Gewehr umschloß ihre gesamte Zukunft: ein Gewehr, um damit spanische Soldaten zu töten. Ihre Technik war einfach. Gegen Morgengrauen versteckten sie sich mit geladenem Gewehr in einer Schlucht und warteten auf den ersten einsamen Soldaten, um ihn umzulegen, zu berauben und dann rasch zu verschwinden. Die alten Remingtongewehre, welche die französische Regierung an gewissenlose Agenten verkaufte, fanden ihren Weg hierher. Die dicken Bleikugeln bewirkten beim Verlassen des Gewehrlaufs ein besonderes Geräusch, ein Geräusch, das in den Bergen widerhallte: pa ... cooo! Deshalb wurden die Heckenschützen »Pacos« genannt. Am frühen Morgen pflegten Kavalleristen zu zweit das Gelände zwischen den Stellungen zu erkunden: Diese Reiter galten den Pacos als das begehrteste Ziel. Ein glücklicher Schuß brachte ihnen ein Gewehr und ein Pferd dazu.

Eines Morgens am Ende meines ersten Monats in der Hámarastellung traf Major Castelo am Fuße des Berges ein. Er kam in einem jener sagenhaften Fordwagen, die auf deinem Feld mit aufgeworfenen Schollen womöglich noch besser liefen als auf der Straße. Kurz darauf, als ich wieder unter dem Feigenbaum saß, trat ein Soldat zu mir heran: »Melde gehorsamst, Herr Feldwebel, Befehl vom Major! Sie sollen zu ihm kommen.«

Der Major und die drei Offiziere unserer Kompanie standen neben dem Wagen. Auf dessen schwarzem Dach hatten sie meine Geländekarte ausgespannt. Major Castelo sah mich von oben bis unten an. Er war ein korpulenter, untersetzter Mann, mit jener anziehenden, kindlichen Beweglichkeit mancher dicken Männer, die sich bei jedem Schritt auf die Hinterbacken zu setzen scheinen. Seine kleinen Augen waren lebhaft, seine Hände sehr fein, seine Füße winzig, und seine Stiefel glänzten unwahrscheinlich inmitten all des Staubes um uns herum.

Er zeigte auf die Karte: »Haben Sie das gezeichnet?«

»Zu Befehl, Herr Major!«

»Gut. Kommen Sie mit uns!«

Ich setzte mich neben den Fahrer. Der Major und Don José, unser Hauptmann, saßen hinten im Wagen. Wir überquerten die Ebene und fuhren zum Zoco hinauf. Auf dem Gipfel verließen wir den Wagen und gingen zum Rand des Steilhanges. Castelo schickte den Fahrer zur Sappeurkompanie, die im Zoco stationiert war, um die nötigen Instrumente und vier Soldaten mit Maßpfählen zu holen. Wir schauten auf die Ebene hinaus und warteten. In der Ferne rundete sich der Gipfel des Hámara wie eine Frauenbrust über der Ebene. Sein vom nahen Bach genährtes Grün hob sich scharf vom Gelb der Ebene ab. Don José sagte: »Die Sonne sticht aber! Wir wollen zunächst eine Erfrischung zu uns nehmen.«

Castelo gab keine Antwort. Er wandte sich an mich: »Sie haben die Straße in einer fast geraden Linie trassiert, aber sie scheint mir zuviel Gefälle zu haben.« Dann drehte er sich wieder zu Don José. »Verzeihen Sie! Sie haben die Trasse in einer fast geraden Linie entworfen. Aber da Barea die Zeichnung machte ...«

»Ja, ja. Es spielt keine Rolle. Persönlich finde ich es so, wie es ist, besser. Sie wissen, Castelo, die kürzeste Verbindung zwischen zwei Punkten ist noch immer die Gerade.«

Er lachte ein dummes kleines Lachen, das Castelo mit einem Blick abschnitt.

»Glauben Sie nicht, Barea, daß es richtiger wäre, sie hier mit einer Kurve hinansteigen zu lassen, die sich dem Berghang anpaßt?«

»Vielleicht, Herr Major, aber es war ein Planierungsproblem. So wie ich den Abschnitt skizzierte, ist er, wie Sie sehen, etwa einhundert Meter lang. Mit einer Kurve hätte die Trasse vierhundert Meter mehr gebraucht, um zur gleichen Stelle zu kommen. Das würde mehr Erdarbeiten, mehr festen Unterbau und mehr Löhne bedeuten. Bei meinem Voranschlag würden wir etwa fünftausend Pesetas ersparen ...«

Der Wagen mit den Instrumenten war angelangt. Castelo gab Don José den Behälter mit dem Theodolithen. »Stellen Sie ihn, bitte, hier auf und spielen Sie die Libelle ein!« Er zeigte auf einen Punkt am Rand der Steilwand. Ein Soldat stellte den Dreifuß auf. Der Major erklärte jedem der Leute, wo sie sich mit den Visieren und den Meßpfählen hinzustellen hätten. Don José hatte den Theodolithen aus dem Behälter genommen und hielt ihn nun in den Händen. Einer der Leute nahm das Instrument und schraubte es an. Der Kapitän ließ es kreisen und schaute neugierig durch das Visier. »Fertig?« fragte Castelo.

»Sobald Sie wünschen, Herr Major!«

Castelo ging zum Instrument hin und drehte sich dann um: »Aber ich sagte Ihnen doch, daß Sie die Libelle einspielen sollen, Hauptmann Blanco!«

»Ganz richtig. Sie können den Hámara ausgezeichnet sehen.«

Castelo fragte mich, als ob ich ein Komplize wäre: »Wollen Sie ihn mal ausprobieren, Feldwebel?«

Ich stellte Libelle und Fadenkreuz ein. Castelo drehte sich wieder zu mir her. »Nehmen Sie den Neigungsmesser!«

Wir arbeiteten den ganzen Nachmittag, der Major und ich. Don José ging, Zigaretten paffend, neben uns auf und ab. Von Zeit zu Zeit fragte er: »Wie steht es? Ist alles in Ordnung?«

Wir kehrten in unsere Stellung zurück. Nach dem Abendessen ließ der Major mich rufen. Ich ging zum Zelt des Hauptmanns. Sie saßen in Hemdärmeln am Tisch, einander gegenüber, die Karte in der Mitte, eine Kiste mit Flaschenbier zu ihren Füßen.

»Nehmen Sie sich eine Flasche, wenn Sie wollen«, sagte de Major. »Lassen Sie Barea dort sitzen«, sagte er zum Hauptmann.

Ich setzte mich dem Major gegenüber. Er begann: »Da ist ein Fehler, aber es ist eine Kleinigkeit ...«

Wir verwickelten uns in eine lange Diskussion über das Gelände. Don José saß auf seinem Bett und betrachtete uns eine Zeitlang mit seinen Schielaugen. Dann lehnte er den Kopf ans Kissen und schlief ein. Er begann sanft zu schnarchen, wie ein Kessel vor dem Sieden.

Castelo war ein äußerst intelligenter Mensch. Seine Erläuterungen waren klar und einfach. Immer wieder zerstreute er meine Bedenken mit Leichtigkeit. Er kannte jeden Fußbreit des Terrains, und die Lektion, die er mir gab, war bewunderungswürdig. Wir korrigierten die Karte mit Bleistift. Schließlich legte er sie zusammen und nahm seine Jacke vom Stuhlrücken.

»Ich werde Ihnen von Tetuan aus eine Blaupause schikken.«

Er warf einen Blick auf Don José.

»Ich gehe.« Draußen vor dem Zelt warf er den Kopf herum: »Um Gottes willen, lassen Sie diesen Menschen nicht dreinreden. Wenn Sie irgendwelche Schwierigkeiten haben sollten, rufen Sie mich an. Ich werde es für Sie erledigen. Wo ist der Telefonist?«

Er gab den Befehl, mir das Telefon zur Verfügung zu stellen, wann immer ich mit ihm zu sprechen wünschte. Ich begleitete ihn zum Wagen und fragte ihn auf halbem Wege: »Herr Major, wie soll ich mich gegenüber dem Leutnant und dem Fähnrich verhalten? Ich glaube, Sie haben mich da in eine höchst verzwickte Lage gebracht.«

»Machen Sie sich keine Sorgen! Der Leutnant verläßt die Kompanie im Laufe des nächsten Monats. Geht zur Luftwaffe. Der Fähnrich? Daß ich nicht lache! Zwanzig Jahre brauchte der Kerl, um Fähnrich zu werden. Was versteht der schon von solchen Dingen?«

Als Don José von seiner Siesta aufwachte, fragte er mich: »Wie hat Ihnen der Major gefallen?«

»Sehr gut, Herr Hauptmann!«

»Ausgezeichnet. Ich nehme an, daß Ihnen alles klar ist. Handeln Sie nach Ihrem Gutdünken! Ganz offen gesagt, ich verstehe kein Wort davon. Und was hätte ich auch davon, wenn ich's verstünde?« Er machte eine Pause. »Morgen fahre ich nach Tanger.«

Martín, der Hornist, erzählte mir seine Geschichte sozusagen in Fortsetzungen. Gleich nach der Geburt hatten sie ihn in ein Findelhaus in Madrid gesteckt. Ein paar Tage vergingen, dann wurde er einer Ziehmutter anvertraut, die in einem gottverlassenen Dorf in den Bergen von León lebte. Er hatte Glück. Für gewöhnlich übergeben Wohltätigkeitsanstalten Findlinge Ziehmüttern auf dem Lande, die sich darum bewerben, weil der lächerliche Betrag, der für das Aufziehen eines Kindes bezahlt wird, in den Dörfern einen Reichtum bedeutet. Sie stopfen den Säugling mit Brotbrei voll und holen sich einen anderen, sobald ihr Findling der Dysenterie erlegen ist. Martíns Ziehmutter jedoch war eine Gebirglerin, die eine Fehlgeburt gehabt hatte. Das Kind starb, und sie konnte keine Kinder mehr haben. Sie nährte den Findling an ihrer eigenen Brust, und sie und ihr Mann liebten ihn wie einen Sohn. Die Verwandten haßten den Findling, und das ganze Dorf nannte ihn El Hospiciano, »den

Findling«. Als er fünfzehn Jahre alt war, starben seine Zieheltern kurz nacheinander. Ihre Verwandten nahmen das Grundstück, die zwei Maultiere und die alte Hütte, in der das Ehepaar gelebt hatte, in Besitz und schickten den »Findling« ins Findelhaus zurück. Dort mochte ihn niemand, und er seinerseits konnte sich dem Leben hinter verschlossenen Toren nicht anpassen. Er reichte um eine Anstellung als Hornist in einem Regiment ein, wo er als ein kleiner Junge unter lauter Männern wieder zum verwöhnten Kind wurde. Mit achtzehn Jahren meldete er sich als Freiwilliger nach Afrika und hatte es seither nie mehr verlassen. Nun war er schon beinahe zwanzig Jahre beim Regiment. Und was hatte er nicht alles gesehen!

»Was hast du denn für Zukunftspläne? Oder willst du dein ganzes Leben hier verbringen?«

»Aber woher denn, Herr Feldwebel! In drei Jahren bin ich pensionsreif. Ich kriege ein Ruhestandgehalt von fünf Reales täglich, und das, zusammen mit meinen Ersparnissen ... Tja, es wird wohl genug sein, um eine kleine Schenke in Madrid aufzumachen. Und heiraten will ich auch.«

»Hast du viel erspart?«

»Rechnen Sie sich's doch aus: alle die Handgelder für den freiwilligen Dienst. Wenn ich den Zivilistenrock anziehe, werden es alles in allem mehr als sechstausend Pesetas sein. Und wenn ich dazu noch anständig lesen gelernt hätte, wäre ich längst zum Korporal in der Regimentskapelle befördert worden. Und jetzt könnte ich als Trompeter dort schon Feldwebel sein und würde natürlich nicht abmustern.«

»Warum hast du denn nicht lesen gelernt?«

»Ich bring's einfach nicht zusammen. Ich werfe alle die Buchstaben und die Zahlen im Kopf durcheinander. Ich kann einfach nicht. Da drin steckt es. Ich habe einen zu harten Schädel.« Und er klopfte sich an den Kopf, als wollte er mich überzeugen, daß dort nichts eindringen könne.

Jedes Mannschaftszelt faßte zwanzig Mann. Sie schliefen auf Strohsäcken, die wie Speichen eines Rades auf dem nackten Boden ausgelegt waren. Manchmal zündeten sie eine Kerze an und stellten sie in die Mitte oder klebten sie an den Zeltpfosten. Und dann zogen sie ihre Jacken und Hemden aus und standen vom Gürtel aufwärts nackt da. Sie durchsuchten die Falten ihrer Uniformstücke und griffen die Läuse heraus, eine nach der anderen. Die Laus war Herr und Meister im Lager. Nichts in Marokko war frei von Läusen. Man erzählte sich, daß der General Dámaso Berenguer am Tage der Einnahme von Xauen sich beklagte, daß es zum Essen kein Fleisch gebe. »Fleisch?« sagte darauf General Castro Girona, steckte die Hand in die Achselhöhle und brachte zwischen seinen Fingern zwei oder drei Läuse zum Vorschein. »Das ist das einzige Fleisch, das es hier herum gibt, wenn du das haben willst ...«

Die Marokkaner im Gebirge schienen die Laus für ein heiliges Tier zu halten. Stundenlang wühlten sie mit den Händen in den Falten ihrer Burnusse und holten Läuse hervor, aber sie ließen sie auf den Boden fallen, ohne sie je zu töten. Sich hinsetzen hieß sich in die Gefahr begeben, von einem Schwarm freßgieriger Ungeziefers angefallen zu werden. An einer Stelle war das Bachbett erweitert worden, und die Mannschaft wurde angehalten, dort jeden Sonntag ein Bad zu nehmen. Später wuschen sie ihre Kleidungsstücke, die in der Sonne schnell trockneten. Am Sonntagmorgen war der Hámara von einem Stamm nackter Wilder bewohnt. Zu den Mahlzeiten zogen die Soldaten ihre von der Sonne durchwärmten Uniformen an. Und am Abend waren sie wieder mit Läusen besät. Ein stummer Kampf war das, in dem es keinen Sieger geben konnte.

Eines Abends sprach mich Manzanares an, unsere Ordonnanz. »Sie sind doch aus Madrid, Herr Feldwebel, nicht wahr?«

»Ja. Warum?«

»Oh, nichts! Bloß Neugierde. Habe in Madrid allerhand mitgemacht!« Er machte ein bedeutsames Gesicht, was bei seiner unscheinbaren Figur recht komisch wirkte, und fuhr fort: »Wissen Sie, wer ich bin?«

»Na, wer bist du also?« fragte ich und unterdrückte ein Lächeln.

»Erst hat man mich den Manzanares genannt, aber dann hängten sie mir den Spitznamen ,der kleine Graf' an. Weil ich drei Mädchen geheiratet habe, denen ich erzählte, ich sei der Sohn eines Grafen. Zwei in Barcelona und eine in Madrid.«

Ich schaute mir unsere Ordonnanz an. Entweder war er größenwahnsinnig oder er hatte zuviel Wein getrunken. »Schon gut«, sagte ich, »geh und laß mich in Ruhe!«

Als die anderen Feldwebel kamen, erzählte ich ihnen die Sache. Da sagte Córcoles: »Ich habe keine Ahnung, ob die Geschichte mit seinen Heiraten wahr ist. Aber soviel steht fest, Manzanares ist ein berühmter Taschendieb. Komisch, wie er herkam. Die Madrider Polizei konnte ihn nie auf frischer Tat erwischen, und deshalb beschloß einer der Inspektoren, seiner Laufbahn auf andere Art ein Ende zu machen. Er verhaftete Manzanares auf der Straße und brachte ihn aufs Revier. Man fragte ihn nach Namen, Alter, Wohnsitz und so weiter und kam schließlich zu seinem Beruf. Manzanares hatte Geld, zahlte pünktlich seine Miete, gab einen Haufen Geld für Weiber und Wein aus, aber er konnte nicht erklären, wo es herkam. ,Keinen Beruf' sagen Sie?' meinte der Inspektor. ,Nach dem Vagabundengesetz fünfzehn Tage Arrest.' Mehr konnten sie ihm nicht aufbrummen. Manzanares ging also ins Loch, bezog eine der Zellen für zahlende Häftlinge, bekam seine Mahlzeiten aus dem Restaurant und lebte zwei Wochen lang wie ein Fürst. Eines Nachts öffneten sie das Tor und ließen ihn auf die Straße hinaus. Zehn Minuten später wurde er von der Polizei angehalten und auf das gleiche Revier gebracht. Wieder fünfzehn Tage. Und so ging das monatelang weiter, bis es dann Manzanares eines Tages zu dumm wurde und er den Inspektor fragte: ,Was wollen Sie eigentlich von mir?' –, ,Wir wollen Sie erledigen.' Sie steckten ihn wieder in den Kotter, und dort überschlief er die Sache. Er schrieb einen

Brief an den Inspektor, in dem er sich erbot, sich als Freiwilliger für Marokko zu stellen, wenn sie ihn bloß in Ruhe ließen. Und er wurde aus dem Gefängnis direkt zu uns gebracht.«

»Und hier?« fragte ich.

»Bah! Er scheint es gelernt zu haben, wie man den Kabylen an Markttagen das Täschchen zieht. Aber das dicke Geld macht er beim Kartenspiel. Darin ist er ganz großartig.«

»Ich bergreife nicht, warum ihr ihn zur Ordonnanz gemacht habt!«

»Na, überleg doch einmal! Der Manzanares hat eine eigene Art von Philosophie. Da er hier der einzige akkreditierte Dieb ist, sagt er sich, er würde zur Verantwortung gezogen werden, sobald etwas verschwindet. Und seit er bei der Kompanie ist, ist keinem auch nur ein Knopf abhanden gekommen.«

Julián erzählte mir seine Geschichte selbst.

»Kennst du meinen Vater?«

»Weiß nicht. Ich glaube nicht.«

»Nein, nein, du mußt ihn kennen. Er ist der Hauptmann Beleno. Der Vorstand der Werkstätten in Ceuta.«

Ich lachte. Natürlich kannte ich ihn. Wer in Ceuta hätte ihn denn nicht gekannt? Aber Julián nahm mir das Lachen übel und sagte: »Da siehst du, du kennst ihn. Jeder kennt ihn. Also, ich bin sein Sohn.«

»Darauf wäre ich von selber nie gekommen. Er ist mager und knochig, und du bist eine kleine runde Kugel. Nimm mir's nicht übel, aber du bist wirklich ein Dickwanst!«

»Tja, jedenfalls nennen mich die Leute Feldwebel Fettkloß. Ich bin meiner Mutter nachgeraten, die wie ein Faßspund aussieht. Ja, also wenn ich hier bin, so ist das meines Vaters wegen.«

Juliáns Vater, Hauptmann Beleno, war als kräftiger junger Mann von zwanzig Jahren Schiffszimmermann in Malaga gewesen. Mit einer Säge, einer Axt und einem Breitbeil zimmerte er Fischerboote mit der gleichen primitiven Kunstfertigkeit und nach den gleichen Regeln, wie Griechen und

Phönizier das vor zweitausend Jahren taten. Mit Rücksicht auf sein Handwerk wurde er nach der Einberufung in die Pontonabteilung der technischen Truppen gesteckt. Im spanischen Heer sind jedem Regiment verschiedene Professionisten zugeteilt: Schmiede, Zimmerleute, Sattler und so weiter. Sie dienen nicht als gewöhnliche Soldaten, sondern als Vertragsarbeiter des Staates, sind aber der militärischen Disziplin unterworfen. Und da sie der Armee zugeteilt sind, rücken sie der Armeerangleiter entsprechend auf. Eben erst eingestellte Heeresarbeiter erhalten Feldwebelrang; im Laufe der Jahre rücken sie in Sold und Rang immer weiter und werden schließlich zu Hauptleuten befördert. Sie haben das Recht auf die Hauptmannsuniform, tragen aber gewöhnlich Zivilkleider und haben ihre festen Arbeitsstunden in der Kaserne.

Hauptmann Beleno jedoch legte seine Uniform niemals ab, es sei denn, daß seine Arbeit in der Werkstätte ihn dazu zwang. Er war berüchtigt wegen der militärischen Strenge, die er, der Titularhauptmann, gegenüber den Soldaten zeigte. Mehr als zwanzig Jahre hatte er in Ceuta gelebt. Und er träumte davon, daß sein Sohn erreichen sollte, was er nie erreicht hatte: eine ganze Kompanie richtiger Soldaten zu kommandieren. Julián wuchs unter Kasernenhofdisziplin auf. Während er Lesen und Schreiben lernte, wurden ihm gleichzeitig die ersten Grundsätze der Militärwissenschaft eingetrichtert – wie sein Vater sie verstand.

Als er siebzehn Jahre alt war, führte der Vater ihn in die Kaserne, ließ ihn in der Regimentskanzlei einige Papiere unterschreiben und hielt ihm dann eine feierliche Rede: »Mein Sohn, heute ist dein Leben entschieden worden. Arbeite hart, und du wirst in dreißig Jahren Hauptmann in der spanischen Armee sein wie dein Vater. Mehr als dein Vater, denn du wirst ein wirklicher Hauptmann sein, nicht nur so ein armer Arbeitsmann, wie ich einer bin!«

Die Offiziere, die den alten Mann schätzten, steckten den Jungen in eine Kanzlei und behielten ihn dort, bis er zum Feldwebel befördert wurde.

»Aber nun bin ich Feldwebel, und die Komödie ist zu Ende. Ich studiere jetzt für die Postbeamtenprüfung. Ich werde meine Entlassung einreichen, und sobald die Prüfungstermine ausgeschrieben sind, will ich abhauen. Zum Teufel mit meinem Vater und seinen Hauptmannssternen! Ich wollte, ich hätte das alles nie gesehen!«

»Ein Trottel bist du«, widersprach Herrero zornig. »Wenn's dich die gleiche Mühe gekostet hätte wie mich, Feldwebel zu werden! Aber natürlich, du hast nie unter Hunger zu leiden gehabt!«

»Ich glaube, er hat schon ganz recht, wenn er eine anständige Arbeit sucht und aus der Kaserne heraus will. Wenn meine drei Jahre erst zu Ende sind, will ich auch abmustern.«

»Warum hast du dich dann erst zum Feldwebel machen lassen?«

»Warum hast du's denn getan?«

»Ich? Um des lieben Fraßes willen. Als ich – zwölf Jahre sind es her – in die Kaserne kam, war ich halb verhungert. Und mein Rücken wurde blau und grün gedroschen. Wenn dir damals der Feldwebel eine Backpfeife verabreichte, dann tanzten dir die Sterne vor den Augen. Und ich bekam eine Menge Püffe ab. Ich konnte weder lesen noch schreiben noch sonst etwas. Aber es wurde mir erklärt, wenn ich was lernte, würde ich's zum Feldwebel bringen und brauchte dann nie wieder hinter den Maultieren herzugehen, zu graben und zu pflügen. Ja, es hat mich zwölf Jahre gekostet, aber ich bin stolz darauf. Und wenn Gott mir Gesundheit gibt, werde ich als alter Mann meine Pension haben und mich nicht ins Arbeitshaus setzen müssen.«

Pepito, Señor Pepes Sohn, schaute zu, als ich meinen Koffer für die Reise nach Tetuan packte. Ich mußte die monatliche Verrechnung liquidieren lassen und den Sold für die Arbeiter holen.

»Sie werden bummeln gehen, nicht wahr?« sagte er.

»Ich denke nicht daran. Die Huren von Tetuan interessieren mich nicht.«

»Sie haben sie eben noch nicht gesehen. Wenn man Geld hat, gibt's für jeden Geschmack etwas. Jede Art Frau ... Darüber reden wir, wenn Sie wieder da sind. Übrigens, weil wir schon von Tetuan reden, mein Vater gab mir das für Sie.« Er reichte mir einen Briefumschlag. Drinnen steckten fünfhundert Pesetas.

»Wofür ist das?«

»Na, was glauben Sie wohl? Für Sie, damit Sie sich unterhalten!«

Córcoles und ich machten die Reise zusammen. Auf dem Weg zum Zoco erzählte ich ihm von dem Zwischenfall. Er wurde ungehalten.

»Der alte Bankert! Schäbige fünfhundert Pesetas! Hätt er sie mir gegeben ...«

Im Zoco erwischten wir ein Lastauto, das uns nach Tetuan mitnahm. Castelo empfing mich überaus freundlich und warf einen Blick auf die Papiere mit der Unterschrift des Hauptmanns.

»Alles in Ordnung?«

»Alles, Herr Major!«

Er unterschrieb schnell die einzelnen Seiten und übergab sie mir. »Geh zum Zahlmeister, der wird's dir auszahlen! Komm hierher zurück, ehe du abfährst!« Er war zum »Du« übergegangen.

Ich bekam das Geld und kehrte in sein Zimmer zurück. Der Major hatte den Bauplan auf dem Tisch ausgebreitet. Er zeigte auf einen Punkt am Fuße des Hámaraberges, wo zwischen zwei parallelen Linien die Trasse der Straße eingezeichnet war.

»Was ist das hier?«

»Ein alter Feigenbaum, Herr Major! Ein großartiger Baum. Würde uns harte Arbeit kosten, ihn aus dem Weg zu räumen. Ich glaube, er ist mindestens fünfhundert Jahre alt.«

»Ein Bohrloch und eine Dynamitpatrone, das genügt.«

Er zündete sich eine Zigarette an, steckte die Hand in die Schreibtischlade und holte ein Papier und einen Briefumschlag hervor.

»Und jetzt ruhe dich aus und unterhalte dich gut! Ich gebe dir achtundvierzig Stunden Urlaub. Das Geld kannst du, wenn du willst, hier beim Kassier lassen, und nun steig los, wohin du Lust hast! Ich empfehle dir Luisas Etablissement. Das hier ist für dich, damit du dich unterhalten kannst.«

Dieser Briefumschlag enthielt eintausend Pesetas.

3.
TETUAN

Während der ersten fünfundzwanzig Jahre dieses Jahrhunderts war Spanisch-Marokko ein Schlachtfeld, ein Bordell und eine riesige Kneipe.

Córcoles und ich verließen die Kommandantur zusammen. Ich sollte nun ins Leben von Tetuan eingeführt werden.

»Gehen wir zu El Segoviano«, schlug Córcoles vor.
»Was ist das?«
»Das beste Wirtshaus von Tetuan. Nachher werden wir zu Luisa gehen.«
»Und wer ist Luisa?«
»Die Besitzerin des elegantesten Bordells in Tetuan.«
»Und wo werden wir essen?«
»Keine Sorge! Man bekommt überall was Gutes zu essen. In der Calle de la Luneta gibt's ein Restaurant neben dem andern.«

Wir betraten den riesigen Schenkraum des Segoviano direkt von der Straße aus. Es wurde von der langen, wassertriefenden Theke durchschnitten, auf der die Wannen zum Spülen der Gläser überquollen; die Wasserhähne der Röhre, die in der Mitte wie ein Pfeiler emporragte, standen dauernd offen. Drei Schankkellner veranstalteten ein pausenloses Konzert: Gläser klirrten gegen Gläser, es war ein Geplätscher wie von Enten in einer Pfütze, die Luft gluckste zwischen Hals und Boden der Flaschen, Wein wurde eingeschenkt, Getränkereste wurden ausgeschüttet, Gläser ins Spülwasser getaucht, wieder mit Wein gefüllt, und all dies geschah mit raschen, genauen, mechanischen Bewegungen. Hinter den Schankburschen lief die Wand entlang ein offenes Brettergestell, auf dem sich eine

Kolonne viereckiger Flaschen in ununterbrochener Bewegung befand. Volle Flaschen standen an der Spitze und leere in der Nachhut. Die Schankburschen griffen behende nach vollen Flaschen, leerten sie in die Reihen wasserbenetzter Gläser und schoben sie leer auf das Gestell zurück, die Kolonne immer weiter vorantreibend. Am einen Ende reihte ein junger Bursche unermüdlich volle Flaschen auf, am anderen nahm ein zweiter Bursche ebenso unermüdlich die leeren Flaschen weg.

Der Theke entlang stießen und drängten sich in dichter Masse Soldaten, deren Geschrei noch lauter war als das Klirren der Gläser, das Glucksen des Wassers und das Klingen der Kupfermünzen auf dem Zinkblech. Hinter der Theke herrschte das vollendete Chaos, ein Wirrwarr von Fässern, Kisten mit Bier- und Weinflaschen, großen strohumflochtenen Schnapsflaschen, dreibeinigen rotgestrichenen Schemeln, offenen und halb geöffneten Verpackungen, aus denen Stroh quoll, schwärzlichen Hohlmaßen aus Zinn, vollen Flaschen, leeren Flaschen und Kränzen von Dörrwurst und Salami, die von der Wand oder der Decke herunterhingen. Der Fußboden war schlüpfrig, denn der herabgetropfte Wein war zusammen mit dem Staub von zahllosen Schuhsohlen zu einem dicken, klebrigen Teig geknetet worden. Und alles war von Fliegen bedeckt, von Millionen Fliegen, deren Gesumm zu einer einzigen intensiven, ausgehaltenen Note verschmolz, mit der alles und jedes zu vibrieren schien. Das einzig Saubere in diesem Meer von Schmutz waren die Gläser, die aus dem fließenden Wasser der Spülwannen hervortauchten. Der ganze Saal roch wie der rülpsende Atem eines Betrunkenen.

Córcoles schob mich durch die Menge. »Wir gehen dort hinein«, sagte er und ging durch eine kleine Tür in ein anstoßendes Zimmer.

Der dunkle Raum, dessen Eingang zur Straße mit Fässern blockiert war, hatte einen Boden aus Steinplatten und war unglaublich kühl. Einige Dutzend Menschen waren in diesem Labyrinth von Kisten, Flaschen, Korbflaschen, Fässern und Ziegenschläuchen verstreut. Jedes Faß diente als Tisch, jede

Kiste als Sitz. Auf einem der Fässer stand ein großes Tablett mit Gläsern voll Manzanilla, auf einem anderen eine Flasche inmitten eines Kreises derber, randvoll mit rotem Wein gefüllter Humpen.

Kein einziger Gemeiner war in dem Saal. Niemand durfte durch die Seitentür gehen, der nicht zumindest Feldwebel war. Die lärmenden Gruppen setzten sich aus allen Rängen zusammen: vom Feldwebel bis zum Major. Einige Schankburschen bedienten die Gäste und trugen Zinntablette mit Flaschen und Gläsern auf unwahrscheinlichen Zickzackwegen von einem Winkel zum anderen.

Offiziersstellvertreter Carrasco rief uns von einem der Faßtische aus an. Er war ein Andalusier, hatte zwanzig Jahre Dienst in Afrika hinter sich und war recht kahl, recht bäuchig und ein unermüdlicher Trinker. Er saß zusammen mit einem Leutnant von den Regulares – der eingeborenen Truppe – und einem Feldwebel von der Telegraphenkompanie und lud uns ein, uns der Runde anzuschließen.

»Nun, wie geht's dir?« fragte er mich.

»Nicht gerade schlecht.«

Er gab mir einen freundlichen Stoß in die Magengrube.

»Nicht schlecht, ha? Wirst noch einen Bauch kriegen wie ein Prälat!« Er beschrieb seinen Kumpanen in kurzen Worten meine Laufbahn. Der Offizier von den Regulares manövrierte hin und her, bis er schließlich neben mir zu sitzen kam.

»Ihre Arbeit muß interessant sein. Ws halten Sie von ihr?«

Ohne Übergang und ohne meine Antwort abzuwarten, fuhr er fort: »Was Sie brauchen, ist eine Uhr wie diese da«, und er holte von irgendwoher eine goldene Armbanduhr hervor.

Ziemlich verwirrt und im Glauben, der Leutnant sei betrunken, nahm ich die Uhr und untersuchte sie. Sie war ohne Zweifel gut ihre fünfhundert Pesetas wert.

»Sie ist großartig«, sagte ich und gab sie ihm zurück.

»Gefällt sie Ihnen?«

»Und wie!«

»Dann behalten Sie sie.«

»Wer? Ich?«

»Ja, ja! Behalten Sie sie nur! Bezahlen Sie sie, wann immer und wie immer Sie können!«

»Aber ich will gar keine goldene Uhr kaufen!« rief ich aus.

»Welch ein Jammer! Das ist eine Uhr für einen Man von Geschmack, nicht für diese Bauernschädel von der Infanterie. Es ist eine Uhr für einen Offizier. Fünf Jahre Garantie. Natürlich, wenn Sie sie nicht wollen, dann ist die Sache erledigt!«

Von irgendwoher holte er eine Füllfeder hervor.

»Aber das werden Sie haben wollen! Wie für sie gemacht. Fünfzig Pesetas! Eine echte Waterman! Sie können sie jetzt bezahlen oder in Monatsraten von je fünf Pesetas oder wie Sie wollen.«

»Sind Sie denn ein Juwelierladen auf zwei Beinen oder ein Geschäftsreisender oder so was?«

»Ein bißchen von alledem!« Er gab mir eine Geschäftskarte. Pablo Revuelta, Lt. In den Regulares. Feine Schmuckwaren jeder Art gegen Bar- oder Ratenzahlung. »Man muß sich doch schließlich sein Brot verdienen. Mit dem da und dem Sold zusammen schafft man's gerade.«

Der Füllhalter war gut. Für vierzig Pesetas bar auf den Tisch behielt ich ihn, und Revuelta fuhr fort zu erklären: »Zu Hause hab ich alles und alles erstklassig. Was Ihnen nur einfällt: eine goldene Uhr oder Ohrringe mit Brillanten für Ihre Freundin. Zahlung – wie's Ihnen paßt. Sie unterschreiben ein Abkommen, und das Regiment zieht's Ihnen in Raten vom Sold ab!«

»Das Regiment? Aber es ist doch verboten, Schulden zu machen ...«

»Das ist keine Schuld, das ist ein Ankauf. Alle Regimenter in der Zone akzeptieren meine Quittungen.« Als wir aufbrachen, flüsterte er mir vertraulich zu: »Wenn Sie je in Verlegenheit kommen, besuchen Sie mich als Freund in meiner Wohnung.«

»Was ist das für ein seltsamer Vogel?« fragte ich Córcoles auf der Straße.

»Ich weiß wirklich nicht, wie er sich's eingerichtet hat, um das zu werden, was er jetzt ist. Ein Offizier in den Regulares, aber nie in der Feuerlinie. Offiziell hat er eine Arbeit in der Regimentskanzlei, aber er geht nie hin. Sein Haus ist ein regelrechtes Juwelenlager, und er verkauft auf Raten an die ganze Garnison, Feldwebel wie Generäle, alles und jedes, von Füllhaltern zu Schmuckstücken, die zehntausend Pesetas wert sind. Aber den wirklichen Profit macht er gar nicht damit. Man geht zu ihm und kauft einen Anhänger oder sonst etwas, was einem in den Kram paßt. Aber man nimmt's nicht mit, und er zahlt einem den Kaufpreis aus, weniger zwanzig Prozent. Sagen wir, er gibt dir, wenn du Geld brauchst, achthundert Pesetas, und du unterschreibst ein Abkommen, wonach du ihm einen Brillantring für tausend abgekauft hast. Du zahlst in Raten und kannst dem nicht entrinnen, weil das Regiment seine Wechsel anerkennt und weil du außerdem den Ring als Pfand läßt, bis er voll ausgezahlt ist. Und wenn du dich vorm Zahlen drücken willst, kann Revuelta dich als Dieb verfolgen lassen.«

»Aber, wie kann die Armee das dulden?«

»Lächerlich! Wenn der Mann sein Geheimfach öffnete, wie er es nennt, würden nicht einmal die Generäle ohne Skandal davonkommen. Fünfundachtzig Prozent der Garnison sind ihm Geld schuldig. Davon abgesehen, ist er einfach eine notwendige Einrichtung. Ohne ihn säße die Hälfte von uns im Kittchen. Du weißt doch, wir spielen jede Nacht Bakkarat. Eines Tages hatte der Herrero eine Pechsträhne. Señor Pepe sagte zu ihm, er würde ihm keinen Centimo mehr geben. Und Herrero besaß plötzlich kein Geld für die Verpflegung der Soldaten. Er ersuchte um Urlaub nach Tetuan und kam mit tausend Pesetas zurück. Jetzt ziehen sie ihm allmonatlich fünfzig Pesetas vom Sold ab.«

Wir waren am Ende der Calle de la Luneta angelangt, und Córcoles machte kehrt.

»Wohin gehen wir?« fragte ich.

»Wir gehen ein wenig spazieren.«

»Schön, aber dann laß uns anderswohin gehen! Ich möchte mir die Stadt ansehen.«

»Es gibt keinen anderen Korso als diese Straße hier. Nach dem Abendessen gehen wir in die Alcazaba. Aber jetzt kann man nirgends hingehen. Hier sieht man alle Leute, und hier kann man ein Gläschen haben, wenn einem danach zumute ist.«

In der Calle de la Luneta tat offensichtlich jeder genau das, was wir taten: Man ging in der Straße auf und ab von einem Ende zum andern, und trat von Zeit zu Zeit in ein Wirtshaus oder eine Schenke ein. Die Straße wirkte wie ein Ameisenhaufen, aber wenn man sie zum zweiten Mal entlangging, stieß man wieder auf die gleichen Gesichter.

Der gesamte Handel, jener der Europäer wie auch der europäisierten Juden, hatte sich in der Calle de la Luneta etabliert. Von dieser Straße abgesehen, gab es nur noch stille, einsame Gäßchen. Die Calle de la Luneta selbst begann am Bahnhof und mündete in die Plaza de España. Das Leben der Stadt war auf diese Weise auf einen Abschnitt von fünfhundert Metern konzentriert. Auf der linken Seite gähnten die Tore des ehemaligen Ghettos, aus denen sich eine Horde von zerlumpten Kindern in die Straße ergoß, die im Wettstreit mit nicht weniger armseligen Christen- und Mohammedanerkindern dreist und unverdrossen die Passanten verfolgten.

Das Khaki der Uniformen beherrschte die Straßen, es war jedoch durchsetzt von den schneeweißen Radmänteln, Burnussen und Pumphosen der eingeborenen Truppeneinheiten, den Regulares und den Mehalla, den roten oder blauen Lampassen des Generalstabs und einiger Generäle, den Goldlitzen der Adjutanten und dem Blau der Mechaniker beim Kraftfahrkorps. Dann gab es da schmutzige, verlauste, barfüßige Kabylen aus dem Gebirge in grauwollenen Chilabas und reiche Mauren aus Tetuan in Burnussen aus feiner weißer Wolle oder blauer Seide, mit blankpolierten Babutschen aus glattem gelbem oder aus buntfarbigem verziertem Leder. Juden in losen, schmierigen Gehröcken mischten sich unter die Juden im Kaftan aus feiner Wolle oder Seide, mit leuchtend weißen Hemden. Zigeuner gab es, die mit allem unter der Sonne nur Vorstellbaren ihren Handel trieben, Bettler aller drei Rassen, die sämtliche Götter aller Religionen zu Hilfe riefen, Schuhputzer zu Hunderten, die sich den Vorübergehenden noch während des Laufens auf die Füße stürzten. Und es gab auffallend wenig Frauen.

Als ich zum ersten Mal da war, gab es in der Calle de la Luneta so wenig Frauen, daß das Vorüberschreiten einer jeden von ihnen, die nicht besonders alt und verfettet war, in der ganzen Straße von Gemurmel begleitet wurde. Feiner Staub hing in der Luft, der Staub von zahllosen, nie aufhörenden Schritten. Die gesamte Straße war verdurstet und speiste die ewig offenen, ewig überfüllten Wirtshäuser zu beiden Seiten.

Bei Anbruch der Nacht führte mich Córcoles ins Feldwebelkasino und ließ mich dort als Mitglied eintragen. Das Kasino bestand aus einem Salon mit Divanen und Stühlen, einer Bar und einem Spielzimmer mit ein paar Billardtischen, einigen Tischchen für Leute, die zu viert Karten spielen wollten, und einem langen Tisch für Bakkarat, Trente-et-quarante oder Rouge-et-noir. Ein Haufen von Feldwebeln und Offiziersstellvertretern spielte; eine Weile schauten wir zu, riskierten etwas Geld, verloren ein paar Pesetas und gingen dann, um Abendbrot zu essen. Nach dem Abendessen schlug Córcoles einen Besuch in Luisas Etablissement vor.

»Glaub ja nicht, daß da jeder einfach hingehen kann! Sie lassen von uns Feldwebeln nur solche ein, die ihnen bekannt sind. Aber ich gelte dort als jemand.«

»Ich bin schläfrig und sollte eigentlich ins Bett gehen«, sagte ich.

»Nimm dir dort ein Mädchen ins Bett und schlafe nachher!«

»Ich habe Bordelle nicht besonders gern.«

»Ich sage dir, es ist der beste Platz zum Ausschlafen. Alle Herbergen hier sind zum Kotzen. Die Wanzen überfallen einen, und man kann kein Auge schließen. Bei der Luisa zahlst du fünfundzwanzig Pesetas und bekommst dafür ein Mädchen und ein sauberes Bett dazu.«

Wir überschritten die Plaza de España, kamen ins Eingeborenenviertel und gingen ein steiles Gäßchen hinauf. Zu beiden Seiten standen niedrige Häuser, das Pflaster aus runden Kieseln fiel zur Mitte ab und bildete dort eine schmutzige, übelriechende Gosse.

»Das ist die Alcazaba«, sagte Córcoles. »Hier wohnen alle Huren von Tetuan.«

Ich sah nichts als elende Hütten und lange, weißgetünchte, von großen eisenbeschlagenen Toren unterbrochene Mauern. Vor einem dieser Tore blieb Córcoles stehen und klopfte an. Ein Gitterfensterchen tat sich auf, jemand schaute uns prüfend an, und ein Türchen wurde entriegelt. Eine alte Frau kam uns entgegen und führte uns in einen strahlend beleuchteten Salon, der mit Spiegeln überladen war. Ein Tisch stand in der Mitte und im Hintergrund ein Klavier. Sie klatschte in die Hände, und sogleich trat eine Gruppe von Frauenzimmern ein; die meisten von ihnen trugen Schlafröcke und waren darunter fast nackt.

Vier Feldwebel saßen im Salon und vertrieben sich die Zeit mit Trinken und Scherzen. Ein Gefühl von kaltem Ekel, wie er mich in jedem Bordell befiel, trieb mich zu den Kameraden, um so den aufdringlichen Einladungen der Weiber auszuweichen. Wir redeten, wir lachten, wir sangen, wir machten ein bißchen Krawall. Und einer nach dem andern verschwand auf diskrete Weise, so daß schließlich nur Córcoles und ich zurückblieben; er mit einem Mädchen, das behauptete, aus Marseille zu sein, eine schrille Stimme hatte und das »R« sehr kehlig aussprach; sie war fett und schwer wie eine Kuh. Drei andere Mädchen bemühten sich um mich.

Córcoles war schon ziemlich betrunken. »Wenn du dich auch mit keiner ins Bett legst, ich nehme diese da!« sagte er und klatschte auf die massiven nackten Schultern der Französin; es hörte sich an, wie wenn man mit der Hand kräftig auf einen feuchten Schwamm klatscht.

Ich bestellte eine Flasche Wein, um meine Wartezeit totzuschlagen. Die Mädchen sahen mich voller Verachtung an. Zwei verschwanden, die dritte blieb bei mir.

»Gefalle ich dir nicht? Willst nicht mit mir schlafen?«

»Nein.«

»Langweile ich dich?«

»Nein, bleib nur und leiste mir Gesellschaft beim Trinken!«

Sie füllte zwei Gläser und reichte mir das eine. Wir tranken beide, und sie setzte sich gefügig an meine Seite.

»Laß mich hierbleiben! Man wird so müde. Es ist immer dasselbe – den ganzen Tag über. Du weißt es vielleicht nicht, aber wir führen ein elendes Leben.« Und sie begann mir die sentimentale Geschichte zu erzählen, die ich hundertmal gehört hatte. Ich hörte nicht zu. Ich war gelangweilt, trank in kleinen Schlucken meinen Wein und zündete eine Zigarette nach der anderen an. Schließlich verstummte sie.

»Ich langweile dich. Ich geh auch schon – tut mir sehr leid!«

Geräuschlos schloß sie die Tür, und ich blieb ganz allein zurück. Ich ging zum Klavier und begann mit einem Finger darauf herumzuklimpern. Auf der Gasse draußen erklangen die Schritte einiger Passanten, und manchmal klirrten die Hufe eines Esels oder eines Pferdes auf den Kieseln. Hinter mir sagte eine Stimme: »Armer Junge! Ganz allein und verlassen!«

Eine andere Frau war eingetreten, eleganter als die übrigen. Sie trug ein cremefarbenes Abendkleid aus schwerer Seide, das sich eng an ihren Körper schmiegte. Es war deutlich zu sehen, daß sie darunter nackt war, und das Kleid ließ sie noch nackter erscheinen.

»Sie wollen mich alle nicht, weil ich so mager bin«, sagte ich.

»Armer Junge«, wiederholte sie, setzte sich auf den Diwan und betrachtete mich. »Unsere Mädchen gefallen dir also nicht?«

»Nein.«

»Gefalle ich dir?«

»Nein.«

Sie erstarrte, als hätte ich ihr einen Schlag ins Gesicht gegeben. »Es gibt viele, denen ich gefalle.«

»Zweifellos. Die Geschmäcker sind verschieden.«

»Gefallen dir die Frauen überhaupt nicht?«

»Doch.« Und wie ein Idiot fügte ich hinzu: »Aber die andern.«

Sie lachte und sagte: »Unsinn! Wir sind alle gleich.«

Sie erhob sich vom Diwan, setzte sich ans Klavier und begann zu spielen. Sie spielte gut, mit einem nervösen Anschlag. Nach einem schweren Akkord warf sie den Deckel zu. In diesem Augenblick kam Córcoles zurück. Sein Gesicht war noch röter als zuvor. Er schenkte sich ein Glas Wein ein und stürzte es hinunter.

»Du bist in guter Gesellschaft«, sagte er.

»Nicht schlecht. Gehen wir jetzt?«

Sie griff ein: »Was ist mit deinem Freund los? Er kann doch nicht einfach so aus dem Haus gehen. Mit wem möchtest du denn schlafen?« Sie sagte es spöttisch.

»Ich? Na schön – mit der Madame! Laß sie kommen!«

Die Frau wandte sich zu Córcoles: »Kennt dieser Bursche mich denn nicht?«

»Meine Liebe, er ist eben erst in Tetuan angekommen.«

Sie faßte mich am Arm.

»Komm, du sollst mit der Madame schlafen!« Und sie lachte.

Ich war geistig so erschöpft, daß ich keinen Widerstand leistete. Was für eine Rolle spielte es auch schon? Man soll niemand einen Spaß verderben. Sicher war die Madame eine wassersüchtige alte Frau, an ihren Armsessel gefesselt, und hielt eine Katze im Schoß. Wir würden ordentlich was zu lachen haben. Ich folgte ihr durch ein Labyrinth von Korridoren und Türen, an Mädchen und Homosexuellen vorbei, die sich umdrehten, um uns nachzustarren.

Wir traten in ein Schlafzimmer voll von geschliffenem Glas und schönen Fellen. Sie schloß die Tür. Ich stand in der Mitte des Zimmers und schaute mich um. Noch nie hatte ich ein Zimmer wie dieses in einem Bordell gesehen. Als ich mich umdrehte, hatte sie ihr Kleid abgestreift und stand nackt da.

»Verstehst du nun? Hier bin ich die Herrin.«

Alle meine Instinkte sträubten sich. Sie war nichts als eine Hure wie alle anderen, mit dem einzigen Vorrecht, Herrin über die anderen Huren zu sein. Ich jedoch war nicht hergekommen, um mit jemand zu schlafen, und noch weniger, um mich jemand zu unterwerfen. Würde mir eine Frau gefallen haben, dann hätte ich das eben zur Kenntnis genommen und wäre mit ihr ins Bett gegangen. Aber wie konnte ich es als feststehend hinnehmen, daß ich mit der Madame zu Bett gehen müsse, bloß weil ich der Madame gefiel?

Luisa war sehr schön, und ich schlief mit ihr. Aber ich war Schauspieler und Zuschauer gleichzeitig. Als Mann gab ich mich der Frau völlig hin und war doch völlig frei und unabhängig von ihr. Mit meinem Gehirn schaute ich uns zu und verwandte alle meine Sinne, um meine Empfindungen zu kontrollieren. Ich beobachtete die Frau, ich hörte sie, ich fühlte sie, ich roch sie, ich genoß ihren Mund, wie man ein Schauspiel genießt. Sie mußte es gefühlt haben, denn sie versuchte, mich in die tiefsten Tiefen der Lust hinabzuziehen, um sich so zu meiner Herrin zu machen. Damals lernte ich die Macht eines Zuhälters begreifen, die Macht eines geistig frigiden Mannes über eine Frau.

In den ersten Morgenstunden aßen Luisa und ich in einem kleinen Salon neben ihrem Schlafzimmer einen kalten Imbiß. Immer wieder legte sie ihre Hand auf meinen Schenkel, und immer wieder berührte meine Hand die ihre. Ihre Haut brannte. Als wir fertig waren, setzte sie sich ans Klavier – wieviel Klaviere gab es wohl in diesem Hause? –, und ich stand neben ihr und beobachtete, wie ihre spitzen Finger träge über die Tasten wanderten. Sie lehnte ihren Kopf an mich, und ich schaute auf die energischen Flächen ihres starken Kinns hinab, auf ihre langen Wimpern und auf die Wellen ihres Haares. Am kleinen Finger trug sie einen funkelnden Smaragd. Als sie zu spielen aufhörte, erschien der Stein wie ausgelöscht, fast tot, mit einem kleinen, unterdrückten, leichenhaften Glimmen. Ein blutroter Rubin hing zwischen ihren Brüsten und sandte, sooft sie Atem holte, einen Strahl in meine Augen – wie ein Signal. Sie ließ die Hände auf den Tasten ruhen gleich zwei toten Vögeln, wandte den Kopf und lehnte sich schwerer gegen mich.

»Weißt du, daß ich Jüdin bin? Mein wirklicher Name ist Miriam. Mein Vater ist Silberschmied. Er macht getriebenes Silber, mit einem winzig kleinen Hammer. Mein Großvater war Silberschmied und sein Großvater vor ihm. Meine Finger sind das Erbe von vielen Geschlechtern von Menschen, die mit Gold und Silber umzugehen verstanden.« Mit den Fingerspitzen streichelte sie den Rubin und den Smaragd und kreuzte dann die Hände über der Brust, wie in einer Gebärde der Bitte oder der Scham. »Und mit Edelsteinen. Heute gibt es kein Gold mehr. In seinem Haus bewahrt mein Vater alte, uralte Goldmünzen. Sie waren in ein seidenes Tuch gewickelt, zusammen mit einem großen rostigen Schlüssel. Der Ahne meiner Ahnen wurde aus Spanien vertrieben, aus der königlichen Stadt Toledo, und kam mit jenen Münzen und dem Schlüssel seines Hauses hierher. Man sagt, Toledo sei eine Stadt mit sehr engen Straßen, wo wir ein aus Stein gebautes Haus besitzen. Es wird erzählt, alle die Häuser, die einst den Juden gehört haben, stünden noch in Toledo. Kennst du Toledo?«

Sie wartete meine Antwort nicht ab und fuhr fort : »Und inzwischen hungerten wir. Vater hämmerte sein Silber, und ich ging hier in Tetuan in der Luneta betteln.«

Sie hielt inne und streichelte die Tasten. Dann warf sie den Kopf wieder zurück und lachte das schrille, trockene Lachen einer betrunkenen und hysterischen Frau.

»Gold! Weißt du, daß ich vielleicht der reichste Mensch in Tetuan bin? Ich besitze Tausende und Tausende, vielleicht eine Million. Das alles gehört mir. Miriam, der Jüdin.«

Sie erhob sich und wandte mir ihr Gesicht zu. »Willst du Geld? Viel Geld?«

»Nein. Wozu?« Ich war müde und schläfrig. »Denkt niemand hier in Afrika an etwas anderes als Geld?« fragte ich stumpfsinnig.

»Du hast recht. Wozu?«

Sie ließ die Hände auf die Tasten fallen, daß sie klimperten.

»Bestell Kaffee, ja?« sagte ich.

»Liebst du mich? Gefalle ich dir?« fragte sie; ihr Gesicht war dem meinen ganz nahe.

»Ich liebe dich nicht; du gefällst mir.«

Ihr Gesicht verzog sich zu einer zornigen Grimasse.

»Warum sagst du, daß du mich nicht liebst? Alle anderen sagen, daß sie mich lieben. Alle sind bereit zu tun, was ich ihnen befehle. Alle sind meine Sklaven und ich bin die Herrin. Und du nicht? Warum nicht?«

»Ganz einfach, weil es nicht so ist.«

»Sagtest du nicht , daß ich dir gefalle?«

»Ja.«

»Nun wohl: Würdest du dich meinetwegen schlagen? Würdest du einen anderen Mann mir zuliebe erstechen?«

»Nein. Warum sollte ich denn?«

Warum sollte ich wegen dieser Frau einen anderen töten? Es wäre mir nicht im Traum eingefallen.

Sie lachte leise und betrachtete mich. Nach einer langen, peinlichen Pause sagte sie: »Das ist komisch!« und verließ das Zimmer.

Kurz darauf brachte einer der Homosexuellen, die im Hause als Diener fungierten, Kaffee und Kognak. Ich ließ den Zucker in meiner Tasse zergehen, und die ganze Situation kam mir recht unwirklich vor, etwa als läse ich einen billigen pikanten Roman aus dem Französischen.

Als Luisa zurückkehrte, trug sie auf ihrer goldenen Haut wieder die schwere cremefarbene Seide. Ihre Augen blickten abwesend. Sie schritt rhythmisch, wie die Königin von Saba, und ihr Mund war in arroganter Verachtung gestrafft. Plötzlich sah ich sie im Geiste in einer Reihe von Augenblicksbildern, sah sie als zerlumptes kleines Judenmädchen in den Straßen von Tetuan, wie sie an den makellosen Hosen der Offiziere anstreifte, wie sie auf die seidenen Burnusse der marokkanischen Notabeln trat, wie sie die seidenen Kaftane der reichen jüdischen Bankiers bespuckte, voll boshafter Rachsucht. Ich spürte, wie ihr rachsüchtiger Haß auch jetzt noch in ihr lebendig war.

Eine Sekunde lang empfand ich Angst und wäre gern gegangen, aber da sagte sie: »Gib mir Kognak! Ich glaube, ich möchte mich heute nacht betrinken.«

»Bist wohl in einer tragischen Stimmung?« Ich füllte ihr Glas.

Sie nahm das Glas, hielt es gegen das Licht und blickte hindurch. Langsam hob sie es zum Mund und hielt inne, als es beinahe die Lippen berührte.

»Tragisch? Ich? Junge, du weißt nicht, was du redest! Die anderen erleben Tragödien, damit ich mich unterhalte.«

Es war gutes Theater. Plötzlich wandelte sich ihr Gesicht in einer gewaltsamen und wahnwitzigen Verzerrung, und sie stieß einen scharfen Ruf aus. Sofort trat der Homosexuelle ein, der mir den Kaffee gebracht hatte.

»Ist er schon da?«

»Nein, Luisa, es ist noch nicht seine gewohnte Stunde. Du hast noch Zeit.«

»Zeit? Wofür?«

Der Homosexuelle stammelte: »Für nichts ... Für nichts ...«

Luisa war auf ihn losgesprungen und schüttelte ihn wütend. Er bebte unter ihren Händen und sah wie ein erschrokkenes Kind aus, das in Tränen ausbrechen möchte.

»Wofür?« kreischte sie.

»Ich dachte, du wolltest ein wenig allein sein ... Bevor er kommt.«

Sie drängte ihn zur Tür hinaus und schob den Riegel vor.

»Wenn er es bloß könnte, würden er und die anderen mich umbringen. Aber es fehlt ihnen der Mut. Feiglinge alle! Die da sind reine Memmen, und die andern taugen auch nicht mehr. Alle Männer sind feige.«

Bewußt beleidigend starrte sie mir ins Gesicht. Ich nahm eine Zigarette aus der Tasche, ostentativ langsam, und zündete sie an, wobei ich ihre Augen beobachtete. Waren die Pupillen nicht etwas erweitert? War die Frau womöglich wahnsinnig?

»Auch du bist ein Feigling, wie alle die anderen.«

Sie hob rasch die Hand, um mir ins Gesicht zu schlagen. Ich fing sie in der Luft ab und verdrehte ihr mit einem Jiu-Jitsu-Griff die Finger. Sie biß sich in die Lippen, um nicht aufzuschreien. Kalt und absichtlich verstärkte ich den Griff und empfand ein wildes Vergnügen daran, daß ich ihr weh tat. Sie fiel auf die Knie und schrie, trachtete aber danach, mit ihren spitzen Zähnen in meine Hand zu beißen. Ich schlug sie mit ihrer eigenen Hand auf den Mund. Als ich ihre Finger losließ, blieb sie auf dem Boden knien und biß sich rasend in den Arm. Ich trank einen Schluck Kaffee und wartete auf ihre nächste Reaktion. Sie erhob sich, goß sich ein Glas Kognak ein, trank es aus und blickte mich aus tiefen, sanft gewordenen Augen an, aus denen alle Tollheit geschwunden war. Dann sagte sie langsam: »Du bist sehr brutal. Du hast mir weh getan.«

»Ich weiß es. Ich schlage Frauen nicht, aber ich erlaube auch einer Frau nicht, mich zu schlagen. Du wolltest mich ins Gesicht schlagen. Es ist besser, daß du's nicht getan hast.«

Wiederum verwandelte sie sich. »Was hättest du getan? Sag es mir! Hättest du gewagt zurückzuschlagen?« Sie schlug sich gegen die Brust, daß der Rubin tanzte.

»Dich schlagen? Nein. Ich hätte dir ins Gesicht gespuckt und wäre gegangen.«

»Ich hätte dich umgebracht«, sagte sie nach einer Pause.
»Es wäre besser gewesen, du hättest mich geschlagen. Weißt du, daß es mir Vergnügen macht, geschlagen zu werden?«
»Nimm dir einen Zuhälter dafür! Ich tauge nicht dazu.«
Während der letzten Augenblicke hatte es draußen eine ungewöhnliche Bewegung gegeben. Jetzt klopfte jemand an der Tür, und Luisa öffnete. Der Homosexuelle stand wieder da, mit schreckerfüllten Augen. Er flüsterte etwas in Luisas Ohr, und sie sagte:»In einer Minute werde ich unten sein.«
Ich war schrecklich müde. Meine Augenlider waren nach der nächtlichen Mahlzeit bleischwer. Ich trank noch ein Glas Kognak. Gerne wäre ich fortgegangen, aber ich fühlte mich grenzenlos träge, und der Gedanke, zu dieser Stunde in die Stadt zurückzukehren und ein Hotel zu suchen, war mir unangenehm. Ich würde hierbleiben, allein in einem der Schlafzimmer, und schlafen.
Luisa kam ins Zimmer zurück.»Komm! Ein paar Freunde sind gekommen, und ich möchte, daß du sie kennenlernst.«
Sie führte mich in den Offizierssalon. Das Zimmer war voll von lachenden, lärmenden Frauen, der Tisch war mit Flaschen und Gläsern überladen. Als wir eintraten, verstummten alle. Luisa, immer noch an meinem Arm hängend, zerrte mich an den Tisch. Offiziere und Prostituierte machten wortlos Platz. Vor dem General blieb sie stehen.
»Mein Liebhaber«, sagte sie.
Überrascht stotterte ich wie ein Tölpel, während er mich anstarrte:»Zu Befehl, Herr General!«
Der General straffte den Rücken, und sein Gesicht wurde plötzlich ganz rot.
»Keine Umstände, mein Junge! Hier gibt's keine Generäle. In diesem Haus sind wir alle gleich, kaum daß die Tür hinter uns zugefallen ist. Trinken Sie ein Glas mit uns, Feldwebel!« Und er taumelte in den Sessel zurück, als ob er in sich zusammenfiele.
Mit leiser Stimme, zu sich selbst sprechend, flüsterte er:
»Dieses Mädchen! Dieses Weib!«

Ein Offizier der marokkanischen Kavallerie trat zu mir. Instinktiv nahm ich Stellung an.

»Sie sind also jetzt Luisas Herzensfreund?«

Ich muß wohl völlig stupide gelacht haben: »Ein Witz von ihr, nur ein Witz, Herr Hauptmann!« War er Hauptmann? Die Falten seines Radmantels verbargen die Rangabzeichen.

Er steuerte mich vom Tisch weg und sagte leise: »Wissen Sie, was für ein Schimpf das ist, was Sie dem General antun?«

»Ein Schimpf? Warum?«

»Aber um Gottes willen, haben Sie denn keine Ahnung? Wo kommen Sie denn her?«

»Von einer Stellung draußen. Ich bin noch nie in Tetuan gewesen. Man hat mich von Ceuta direkt dort hinausgeschickt, und ich kenne hier keine Seele.«

»Aber, Menschenskind! ... Luisa ist der Augapfel des alten Herrn, und Sie werden diesen Streich noch bitter bezahlen müssen. Schauen Sie jetzt, daß Sie verschwinden, ehe jemand nach Ihrem Namen fragt!«

Doch der General war aufgestanden.

»Gehen wir, meine Herren!«

Im Vorübergehen streichelte er Luisa am Kinn. Die Offiziere gingen mit ihm, als seine Eskorte. Die Mehrzahl der Flaschen blieb gefüllt auf dem Tisch stehen. Das Getrappel der Gruppe war noch im Gang zu hören, als Luisa sich zu mir umdrehte und lachte. Ich hätte diese Frau am Halse packen mögen, der bei jedem Lachtriller rhythmisch schwoll, ich hätte ihren Kopf gegen die Wand schlagen können. So ging ich auf die Gasse hinaus, und niemand hielt mich zurück. Ich fragte mich nach dem Feldwebelkasino durch. Es war vier Uhr früh. Córcoles war beim Bakkaratspiel. Als er mich erblickte, stand er auf.

»Ist es wahr, daß du mit der Luisa geschlafen hast?«

Das Spiel wurde unterbrochen, alle schauten mich neugierig an.

»Ja. Und was ist schon dabei? Gehen wir schlafen!«

»Warte noch einen Augenblick, die Partie ist fast zu Ende!«

Ich setzte mich auf einen Diwan und schlief ein. Zu reichlich vorgerückter Morgenstunde erwachte ich. Soldaten fegten den Saal aus. Ich machte mich auf die Suche nach Kaffee oder sonst irgend etwas, was mich wieder beleben könnte. Alle Feldwebel, denen ich unterwegs begegnete, schienen mich mein ganzes Leben lang gekannt zu haben. Und alle fragten mich: »Ist es wahr, daß du mit der Luisa geschlafen hast?«

DER FEIGENBAUM

Ein Bohrloch ist nichts weiter als ein Loch im Felsen, eine von der dreikantigen Spitze einer stählernen Stange ausgehöhlte Röhre, die durch Hammerschläge ins Gestein getrieben wurde. Auf den Boden dieses Tunnels im Stein wird eine Stange Dynamit gelegt, dazu eine Zündkapsel und eine Lunte. Anschließend wird die ganze Röhre mit Erde gefüllt und diese festgestampft. Dann zündet man die Lunte an, und das Dynamit explodiert. Der Stein öffnet sich, wie eine überreife Frucht platzt und ihren Saft verspritzt.

»Was bedeutet dieser Punkt?« hatte der Major gefragt.

»Ein alter Feigenbaum steht dort«, hatte ich geantwortet.

»Ein Bohrloch und eine Dynamitladung!« Und nun trieb Jiménez, ein asturischer Bergmann, zusammen mit zwei Soldaten ein Bohrloch ins Herz des Feigenbaums. Jiménez fluchte und schimpfte. Schlag für Schlag blieb die stählerne Stange im Holz stecken, und er mußte umdrehen, herausziehen und wieder hineinstecken, hoffend, daß der nächste Hammerschlag sie endlich tiefer treiben würde. Aber wieder blieb sie stecken.

»Zum Teufel, Granit bohrt sich leichter!« Die Soldaten lachten.

Ich selbst saß auf einer der Wurzeln des Feigenbaums, und die Schläge vibrierten in meinem Körper. Der Baum tat mir leid; ich hätte ihn gern gerettet.

Weiter unten auf der Trasse hatte sich eine kleine Menschengruppe versammelt. Jiménez und die Soldaten hielten inne und schauten.

»Wir bekommen Besuch«, sagten sie.

Die Gruppe kam langsam und gemächlich näher.

»Na, geht's ordentlich voran?« fragte der Major, als sie uns erreichten.

»Sehr langsam, Herr Major! Es ist schwer, im Holz zu bohren. Der Bohrer bleibt stecken.«

Der Major schlug mit der Reitpeitsche gegen den Baumstamm.

»Ein guter Baum! Ein Jammer, daß wir ihn aus dem Weg räumen müssen ... Schön, kommen Sie mit uns! Wollen schauen, wie wir die Brücke anlegen!«

Ich ging mit ihnen den Hügel hinauf. Hinter uns erklangen in Abständen die Schläge, dumpf und immer ferner, aber immer voller Stöhnen, als träfe jeder Schlag die Eingeweide der Erde selbst, nicht die des Baumes.

Während ich im Zelt des Hauptmanns die Blaupause der Trasse studierte, kam ich auf den rettenden Einfall. Wir besprachen gerade, wie breit die Kurve sein mußte, um für Zehntonnenlaster Raum zu lassen. Der Feigenbaum war ein kleiner Flecken auf dem Papier, ein Bündel winziger weißer Striche auf dem blauen Grunde.

»Jetzt hab ich's«, sagte ich. »Hier gibt's Wasser!«

Der Major warf einen höchst überraschten Blick zu mir herüber.

»Caramba, was ist mit Ihnen los?«

»Bitte gehorsamst um Entschuldigung, Herr Major! Ich dachte an den Feigenbaum. Wir müssen ihn gar nicht sprengen.«

»Und wie wollen Sie das anstellen? Eine Brücke über ihn hinweg führen?«

»Nein, Herr Major! Etwas Besseres, eine Quelle.«

»Sehr gut! Nehmen Sie eine Erfrischung! Trinken Sie ein Glas Bier und fahren wir fort!«

»Aber ich bin sicher, daß ich recht habe, Herr Major. Dort gibt es Wasser.«

»Wein, Wein! Trinken sie kein Wasser, sonst bekommen Sie Sumpffieber!« Der Major zündete sich eine Zigarette an und betrachtete mich von oben bis unten. Ich muß ganz rot gewesen sein im Gesicht.

»Schön! Erzählen Sie uns also Ihre Geschichte von der Quelle und dem Feigenbaum!«

Der Hauptmann lachte und zwinkerte mit seinen kleinen Schielaugen. Ich hätte ihm eine herunterhauen mögen. Verärgert begann ich zu erklären: »Ich glaube, Herr Major, daß es hier am Fuße des Abhangs Wasser gibt, ganz dicht unter der Oberfläche. Ich habe da einen Fleck entdeckt, der ständig feucht ist. Gras wächst da und kleine Palmen. Wenn wir die Wasserader finden, können wir eine eingefaßte Quelle bauen. Und dann könnten wir eine Pferdetränke errichten und die Trasse um ein Stück erweitern. So würde ein kleiner Platz rings um den Feigenbaum entstehen. Schließlich und endlich gibt es ja zwischen unserer Stellung und Tetuan nirgendwo Trinkwasser, es sei denn, daß man von der Straße abweicht. Wenn Sie zustimmen, könnten wir das Wasser erbohren. Es wird uns nicht viel mehr als ein paar Schläge mit der Spitzhacke kosten.«

Der Major dachte einen Augenblick lang nach und erklärte dann: »Einverstanden! Versuchen Sie's! Wir haben ja noch immer Zeit, den Feigenbaum zu sprengen.«

Als ich nach der Abfahrt des Majors zum Feigenbaum zurückkehrte, fluchte Jiménez ärger als zuvor. Je tiefer die Stahlstange eindrang, desto fester verbissen sich die saftreichen Wurzeln in die dreikantige Spitze, die jetzt wie Silber glänzte.

»Halt! Der Feigenbaum wird nicht gesprengt.«

Und mit knabenhaftem Stolz erklärte ich nun Jiménez und den zwei Soldaten meine neue Idee. Rasch bildeten wir eine Arbeitskolonne aus Kabylen und begannen einen Stollen in den Fuß des Hügelhangs zu treiben. Sehr bald schon stießen wir auf feuchte Erde und setzten die Suche nach der Quelle fort. Bereits am Nachmittag fanden wir die Wasserader. Gegen Abend gab es ein Bächlein. Es sickerte sanft durch den Graben und überspülte die Wurzeln des Feigenbaums.

»Und nun, Mutter«, schrieb ich in meinem Brief an sie, »haben wir eine eiserne Röhre aufgestellt, und der Wasserstrahl, der herauskommt, ist dicker als mein Arm. Wir werden einen Trog machen, zum Tränken der Pferde, und einen kleinen Platz rund um den Baum anlegen.«

Die eiserne Röhre war freilich nur in meiner Phantasie vorhanden. Aber ich konnte doch meiner Mutter nicht erzählen, daß die Quelle da war, Tag und Nacht ihr Wasser hervorsprudelte, einen sumpfigen Fleck im Boden bildete und ihn ganz überschwemmte, ohne daß sich jemand darum kümmerte.

Denn die Geschichte des Feigenbaums sollte das Leitmotiv des Briefes an meine Mutter bilden. Ich hatte ihr einen Brief wöchentlich versprochen, und Gott allein weiß, welche Mühe es mich zuweilen kostete, ihn zu schreiben und etwas zu finden, wovon ich sprechen konnte. An diesem Tage lieferte der Feigenbaum das Thema, »mein Feigenbaum«, und natürlich mußte der Brief ein happy end haben! Ein eisernes Ausflußrohr und einen Trog aus Stein und Zement. Eine Schar Pferde, die mit dem ganzen Durst Afrikas dort tranken. Und auch wir würden nicht mehr unter Durst zu leiden haben.

Meine Mutter war eine einfache Frau mit spärlichem Buchwissen. Sie las mit Anstrengung und schrieb mit noch viel größerer Mühe. Sie war jetzt vierundsechzig Jahre alt und von der Arbeit und den Sorgen erschöpft. Afrika stellte in ihren Augen einen furchterregenden Alpdruck dar, ein Wüstenland mit ein paar einsamen Palmen, unter denen spanische Männer erbarmungslos hingeschlachtet wurden. Meine Beschreibungen konnten ihr nie recht überzeugend erscheinen. Wie hätte sie mir glauben sollen, daß Ceuta nichts als eine andalusische Kleinstadt auf der anderen Seite der Straße von Gibraltar sei? Ihr Geist war mit einem Wirrwarr von alten Geschichten und Traditionen erfüllt: von Berberpiraten, Gefangenen, die von Barmherzigen Brüdern freigekauft werden, Galeerensklaven, die unter der grausamen Peitsche eines riesigen Mohren ruderten, der zwischen den Sklavenbänken hin und her schritt. Sie gestand es nie offen ein, aus Angst, die Leute könnten sie auslachen. Sie dachte sich's bloß. Ihr Kopf war voll von Geschichten aus alten Büchern, die sie am Herdfeuer des großen

Hauses im Dorfe laut und bedächtig vorgelesen hatte, als sie noch ein kleines Mädchen gewesen war.

Als ich selbst ein Kind war, pflege ich ihr an vielen Abenden aus »Onkel Toms Hütte« vorzulesen, und sie wurde dessen nie müde. Sie hatte noch Negersklaven gekannt. Sie erzählte mir Geschichten vom Krieg in Kuba. Entsetzliche Geschichten, die von Leichen spanischer Männer strotzten, die mit der Machete, dem riesigen Messer, das zum Schneiden des Zukkerrohrs gebraucht wurde, zu Tode gehackt oder von der Beulenpest und dem schwarzen Fieber dahingerafft worden waren. Sie verpflanzte alle diese Schrecken mitten in die afrikanische Wüste. Die Überfahrt von Algeciras nach Ceuta war für sie eine Ozeanreise, in der man dem tobenden Meer und der Gefahr des Schiffbruchs an den Klippen zu trotzen hatte.

Und diesen Brief – ich ahnte es damals und erhielt es später bestätigt – diesen Brief mit der Geschichte der Quelle und dem Feigenbaum bewahrte meine Mutter unter ihren alten Papieren auf. Sie las ihn wieder und wieder, mit der Brille auf der Spitze ihrer kurzen Nase, und sie selbst erquickte sich an der frischen Kühle des alten Baumes und der singenden Eisenröhre, die ihr Wasser in den tiefen Trog ergoß, aus dem die Pferde gierig tranken.

Und am Ende stellten wir eine Röhre aus verzinktem Blech auf, um die Quelle einzufangen. Wir bauten einen runden Trog aus Steinen, die wir mit Zement verbanden. Die Kabylen nahmen dort bei Sonnenaufgang und Sonnenuntergang ihre Waschungen vor, und sie grüßten mich:

»Salaam aleikum.«

»Aleikum salaam.«

Eines Tages tat ein Soldat, der mit Graben beschäftigt war, einen lauten Schrei; ein Skorpion hatte ihn durch die Hanfsohle seines Leinenschuhs in den Fuß gestochen. Es gab in der Gegend viele schwarze Skorpione. Sie waren etwa zwölf Zentimeter lang, hatten knapp unter dem Erdboden ihre Schlupfwinkel und wurden wütend, wenn man sie aufstörte.

Der Fuß des Soldaten begann heftig anzuschwellen. Wir trugen ihn schnell in die Stellung und riefen den Heilgehilfen, einen stocktauben jungen Mann aus Cáceres, von dem ich den Instrumentenkasten verlangte. Er brachte mir eine mit rostigen Geräten gefüllte Schachtel.

»Der Instrumentenkasten. Kein Mensch hier verwendet das Zeug. Aber es ist alles beisammen. Nichts fehlt.«

Ich schnitt die Wunde mit einem Rasiermesser auf und reinigte sie sorgfältig. Nachher nahm ich den »Tauben«, wie er von jedermann genannt wurde, beiseite und fragte: »Wer hat dich zum Heilgehilfen gemacht?«

»Wissen Sie, Herr Feldwebel, weil ich taub bin, hat man mich hier eingeteilt und mir befohlen, auf all die Sachen gut aufzupassen. Es ist alles da, Herr Feldwebel, alles!«

»Weißt du nicht, daß du die Instrumente sauber halten mußt?«

»Nein, Herr Feldwebel! Sie werden ja nie benutzt. Wenn einem was fehlt, bekommt er Jodtinktur, das genügt.«

»Aber wer hat dich zum Heilgehilfen ernannt?«

»Eh?«

»Wer hat dich zum Heilgehilfen ernannt?«

»Ja, der Hauptmann, Herr Feldwebel, weil ich, taub, wie ich bin, zu nichts anderem tauge!«

»Wenn du nicht hören kannst, warum bist du dann einberufen worden? Taube Menschen sind zum Militärdienst ungeeignet.«

»Jawohl, Herr Feldwebel! Aber sie sagen, ich bin nicht taub. Der Doktor in meinem Dorf hat es gesagt. Sie wissen doch, Herr Feldwebel, das ist wegen der Verhältniszahl.«

»Was soll das heißen?«

»Ja, Herr Feldwebel, das ist doch so: Wenn ein Dorf so klein ist und so wenig Leute hat, daß es wegen der Verhältniszahl keinen Soldaten zu stellen hat, dann wird es mit einem anderen Dorf zusammengetan, und beide zusammen haben immer genug, um einen Soldaten herzugeben. Und so war das eben in meinem Dorf. Der im nächsten Dorf für den Militärdienst dran war, war der Sohn des Kaziken*, und in meinem Dorf war's ich. Wir hätten Lose ziehen sollen, aber weil ich taub bin, hätte doch der Kazikensohn auf jeden Fall in die Kaserne gemußt. Da kam also der Doktor und sagte, ich sei gar nicht taub, aber der Sohn des Kaziken habe die Schwindsucht. Und also mußte ich einrücken. Und hier draußen haben sie mich dann zum Heilgehilfen gemacht, weil ich taub bin. Verstehen Sie das nun, Herr Feldwebel?«

Ich nahm die Instrumente an mich. In Madrid hatte ich mir aus reinem Interesse einige Kenntnisse in Medizin und Chirurgie angeeignet. Ich brachte dem Tauben bei, wie man Instrument sauber hält. Im Laufe von ein paar Wochen zeigte sich eine merkbare Abnahme jener Infektionen, wie wir sie als Folge von Kratzern und kleinen Wunden bisher zu verzeichnen gehabt hatten, die in diesem Klima innerhalb weniger Stunden schauerlich infiziert wurden. Dann trat eines Abends Manzanares ins Zelt, gerade als ich von der Trasse zurückgekehrt war.

»Wir haben Besuch. Ein alter Mann mit einem langen Bart ist gekommen, und vier Burschen mit Gewehren sind bei ihm, und der alte Mann spricht mit dem Hauptmann im Zelt. Er ist der Scheik des Dorfes auf der anderen Seite der Bergschlucht – und mir gefällt die Visage des Kerls ganz und gar nicht!«

Gleich darauf wurde ich zum Hauptmann befohlen. Er hatte die unvermeidliche Flasche Kognak auf dem Tisch, aber sein Gesicht war noch dunkler, als es unter dem Einfluß des Alkohols sonst schon wurde.

»Sie haben uns da was Schönes eingebrockt, Barea! Jetzt können Sie sich's mit dem alten Mann da selber ausfressen.«

Er zeigte auf einen alten Kabylen mit breitem weißen Bart, der gerade und kraftvoll gewachsen war wie ein Turm. Der

---

* Kazike (auf Spanisch cacique) nannte man in Spanien den politisch mächtigsten Mann des Dorfes, der mit den Behörden und mit den Grundbesitzern der Gegend in korrupter Verbindung stand, außerdem häufig ein Wucherer war. Das Wort bezeichnete ursprünglich einen indianischen Stammesältesten oder Häuptling.

Kabyle begann rhythmisch zu sprechen, als sage er ein Gebet her.

»Mein Sohn sein krank. Er sein sehr krank. Sein Bauch sein hart, sehr hart. Er haben große Hitze und großen Lärm im Kopf. Ich kommen dich holen, Feldwebel Doktor. Du mit mir kommen, dir nichts geschehen. Ich lassen vier Kabylen mit Gewehren hier. Wenn dir etwas geschehen, Hauptmann alle töten.«

»Nun, Herr Quacksalber, jetzt liegt es an Ihnen.«

Ich hatte eine Diskussion mit dem Kabylen. Ich sei kein Arzt und könne die Verantwortung für die Heilung nicht übernehmen. Er solle zum Zoco gehen und von dort den Lazarettarzt holen. Aber mit eintöniger Beharrlichkeit wiederholte der Kabyle sein Anliegen. Ablehnung hätte eine Schießerei noch in derselben Nacht bedeutet, daran gab's keinen Zweifel.

»Höre«, sagte ich schließlich. »Ich komme mit dir und werde deinen Sohn ansehen und tun, was ich kann, und morgen werde ich dir den Doktor von Zoco schicken.«

»Du kommen und du heilen ihn. Nichts dir geschehen. Ich versprechen!«

»Und wenn er doch stirbt, was dann?« fragte ich geradeheraus.

»Der Wille Allahs ist allmächtig.«

»Tun Sie, was Sie wollen!« sagte der Hauptmann. »Ich wasche meine Hände in Unschuld. Wenn Ihnen etwas passiert, weiß ich nichts davon. Sie sind ohne mein Wissen gegangen.«

Ich sagte dem Manzanares, daß er mit mir kommen müsse, und nahm verschiedene Dinge aus dem Medikamentenschrank. Nach dem, was der alte Mann erzählt hatte, war anzunehmen, daß der Sohn sich an Feigen überessen habe oder an einem Anfall von Malaria litt oder daß sonst etwas dieser Art mit ihm los sei. Sorgfältig lud der Manzanares eine Pistole.

»Ich komme mit, aber den ersten, der mir ein schiefes Gesicht zeigt, hole ich mir!«

Das Dorf lag zwischen den Hügelketten, entlang deren wir die Straße bauten, und den Granitbergen, die küstenwärts verliefen. Es war nur eine der vielen kleinen Siedlungen eines großen Kabylenstammes, dessen Gebiet sich fünfzig Kilometer weit vom Vorgebirge bei Tetuan bis zum Gebirge von Xauen erstreckte. Theoretisch galt der Stamm als freundlich gesinnt, in der Praxis jedoch war die Freundschaft ihrer Anführer mehr oder weniger abhängig von der Nähe spanischer Truppen. In der nächsten Umgebung von Tetuan waren sie innige Freunde und bezogen von der spanischen Regierung eine Unterstützung. In der Hámara-Gegend führten sie Krieg, natürlich nicht offen, sondern aus dem Hinterhalt. In der Nähe von Xauen aber kämpften sie unmittelbar an der Seite der aufständischen Rifkabylen aus dem Gebirge.

Das Dorf bestand aus einer Anzahl Strohhütten und ein paar aus Lehm gebauten, weiß getünchten Häusern, in deren einem wir den Patienten fanden. Er lag auf einer Strohmatte, in alte Soldatendecken eingewickelt und von einer Horde von Nachbarn umgeben, die Kiffi* rauchten und sich schreiend unterhielten, ohne sich um die ewige Litanei des kranken Mannes zu scheren: »Ai ... aa, ei ... aa!«

Sein Bauch war gespannt wie eine Trommel, er hatte hohes Fieber und beklagte sich über unerträglichen Kopfschmerz, doch war ich mir eindeutig klar darüber, daß er hauptsächlich an sehr heftigen Verdauungsstörungen litt, die durch Kuskus verursacht waren. Aber ich wagte es nicht, auch nur die simpelste Kur anzuraten, die ich für vernünftig hielt, und sagte dem Vater, ich würde ihm am nächsten Tag den Doktor schicken.

»Aber was für Medizin du ihm jetzt geben?« fragte er und warf einen Blick auf die chirurgischen Instrumente und die Medizinflaschen, die Manzanares auf einem niedrigen Tischchen aufgestellt hatte.

---

* Ein schwaches Rauschgift, das aus den Samen einer Hanfsorte erzeugt wird.

Irgend etwas mußte ich also tun. Chinin konnte nicht schaden – er hatte Fieber –, und ein Glas Rizinusöl würde ihm helfen. Ich entschied mich für beides. Der Patient ließ sich eine Infektion in den Arm gefallen, wobei er allerdings schrecklich stöhnte. Dann verabreichte ich ihm das Rizinusöl. Er kostete es und trank es dann in kleinen Schlucken. Mein eigenes Inneres geriet bei diesem Anblick in Aufruhr, und ich zwang ihn, schneller zu trinken. Als er den Becher zurückgab, verlangte er nach mehr. Ich verweigerte es ihm.

Der Vater lud uns zum Tee ein. Zum ersten Mal kostete ich einen echt marokkanischen Tee mit obenauf schwimmenden Pfefferminzblättchen, dargeboten mit dem feierlichen Ritual eines patrizischen Kabylen. Und zum ersten Mal rauchte ich Kiffi. Als wir aufzubrechen gedachten, ging der Manzanares in die Krankenstube, um den Medizinkasten zu holen; er kam mit höchst bestürztem Gesicht zurück. »Der hat die halbe Flasche Rizinusöl ausgesoffen!«

Der Patient hatte einen der kleinen Jungen überredet, ihm die Flasche zu bringen, und beide hatten daraus getrunken, wiewohl es dem Kind, nach seinem tränenüberströmten und ölbeschmierten Gesicht zu urteilen, gar nicht geschmeckt hatte. Die reichlich anderthalb Liter fassende Flasche war zur Hälfte leer.

Ich schlug Krach und sagte dem Vater ins Gesicht, daß, was immer geschehen mochte, allein seine Schuld sein würde. Er aber glaubte an keine Gefahr. Er hielt es mit dem uralten primitiven Rezept, daß man von einer guten Medizin nie zuviel haben könne.

Am folgenden Morgen traf der alte Mann in unserer Stellung ein, bevor wir zur Arbeit ausmarschierten. Ich zitterte, als ich ihn kommen sah. Aber er war mehr als zufrieden und schilderte mir in allen Einzelheiten die wunderbare Reinigung, die seinen Sohn gerettet hatte. Dann fragte er mich um Rat und Hilfe gegen die außerordentliche Schwäche des Patienten. Mit größter Strenge trug ich ihm auf, dem jungen Mann während des ganzen Tages keine andere Nahrung zu geben als alle zwei Stunden eine Schale Milch. Und zwei Tage später besuchte uns der Scheik wieder, gefolgt von vier Frauen, die Körbe voller Obst und Eier trugen sowie ein Bündel von vier Hühnern, die an den Beinen zusammengebunden waren. Offensichtlich betrachtete der alte Kabyle mich jetzt als seinen Freund; und nicht nur ich, sondern die ganze Garnison galt den Mitgliedern der Kabylen von nun an als unverletzlich.

Der alte Mann selbst, Sidi Jussef, kam nun manchmal zum Feigenbaum und sprach stundenlang mit mir; manchmal lud er mich auch zum Tee in sein Haus ein. Einmal – er war da ziemlich betrunken – drang der Hauptmann darauf, daß der Kabyle Kognak trinke, und brachte uns so in eine schwierige und lächerliche Lage. Sidi Jussef lehnte ab, und ich fürchtete, der Hauptmann werde eines Tages zur Vergeltung des religiösen Schimpfs aus einem Hinterhalt eine Kugel abbekommen. Aber er wagte sich nie allein aus der Stellung; nichts geschah ihm, außer daß er bei den kabylischen Arbeitern endgültig und völlig jedes Ansehen verlor.

Damals trassierten wir die Straße, die ins Tal von Xarca-Xeruta hinabführte. Ich brach auf mit einem Dutzend Soldaten und drei oder vier Maultieren, die Material und Proviant trugen, und wir stiegen tief ins Tal hinunter, ganz unbewaffnet, obwohl es sehr leicht gewesen wäre, uns umzubringen und die kostbaren Maultiere zu stehlen. Aber Sidi Jussef hatte uns ausdrücklich gebeten, bei diesen Expeditionen keinerlei Waffe zu tragen.

»Gelegentlich kommen die Kabylen von den Bergen hier herunter«, hatte er erklärt. »Wenn sie euch Waffen tragen sehen, werden sie euch aus dem Hinterhalt überfallen. Aber wir werden dafür sorgen, daß euch nichts geschieht.« Und nichts geschah, außer daß wir ab und zu auf einem Hügelkamm die Silhouette eines Kabylen und seines Gewehres erkannten.

Blockhäuser, wenigstens soweit wir sie kennen lernten, waren Holzhütten, vier zu sechs Meter im Grundriß und bis zu einer Höhe von anderthalb Metern mit Sandsäcken oder – reichlich selten – mit Panzerplatten geschützt und mit Stacheldrahtverhauen umgeben. In einen solch kleinen Raum wurde ein Zug unter dem Kommando eines Feldwebels eingepfercht: einundzwanzig Mann, abgeschnitten von aller Welt. In Ausnahmefällen wurde ihnen ein Signalgefreiter von den technischen Truppen mit einem Heliographen und Signallampen zugeteilt. Er hatte Tag und Nacht die Verbindung mit dem nächsten Blockhaus und durch dieses und eine Kette von anderen mit dem Hauptquartier aufrecht zu halten. Aber solche Verständigungsmittel gab es nur in den seltensten Fällen.

Auf einem Hügel, von dem aus man auf dem andern Ufer des Hámarabachs unsere Stellung sehen konnte, stand ein Blockhaus. Tag und Nacht kamen von dort Geräusche von Streuschüssen herüber. Das Ganze war ein Vorposten, zum Tal von Beni-Aros hin. Die Kabylen lagen dort ständig im Hinterhalt und schossen auf den Umriß jeder Gestalt, auf jede glimmende Zigarette. Der Posten wurde von Jägern gehalten.

Als ich mit Córcoles hinkam, begrüßte uns ein magerer, bärtiger Feldwebel, dessen aschfarbenes Gesicht vom Sumpffieber gezeichnet war. Wir hatten in den Satteltaschen unserer Pferde ein paar Flaschen Bier, einen Kranz Würste und zwei Flaschen Kognak mitgebracht, und ein schmutziger kleiner Mensch in zerlumpter Uniform bekam den Befehl, uns zu Ehren Reis zu kochen. Ein anderer kleiner Mann marschierte mit geschultertem Gewehr hinter der Brustwehr, die aus Sandsäcken gebaut war, hin und her. Auf diese Art wurde die Öffnung im Stacheldrahtverhau gesichert. Die Felder, die sich unter uns am Fluß des Hügels dehnten, erschienen unsäglich friedlich.

»Gehen wir lieber hinein«, sagte unser Gastgeber. »Hier ist man ja nie sicher, und schon gar nicht, wenn man in Gruppen zusammensteht, wie wir es jetzt tun. Diese Hunde sind gute Schützen.«

Wir gingen hinein. In der rechten Ecke neben der Tür hatte der Feldwebel ein paar Bretter nebeneinander gestellt und sich so eine Art Schlafzimmer gebaut. Ansonsten war die Hütte ein einziger Raum mit der nackten Erde als Fußboden. Die Pritschen der Leute waren längs der beiden Wände aufgereiht. Ein enger Gang in der Mitte trennte sie voneinander. Auf jeder Pritsche lag ein Tornister und daneben ein kleiner Holzkoffer. Die meisten Soldaten lungerten dort herum und rauchten. Eine kleine Gruppe drängte sich um ein Bett im Hintergrund und spielte. In Kopfhöhe waren die Wände von Gucklöchern durchbrochen. Grelle Sonnenstrahlen fielen herein. Sie bildeten blendende Rechtecke auf dem Boden, so daß zunächst alles andere in Dunkel getaucht schien, bis sich unsere Augen an das Zwielicht gewöhnt hatten. Ein Gestank herrschte im Raum, vor dem nicht nur unseren Nasen grauste. Er schien sich noch an Haut und Uniform zu heften und darauf Schichten abzulagern. Er glich dem Fäulnisgeruch schmutziger Wäsche, die monatelang in einem feuchten Winkel vergessen worden war. Nur war er im Grunde noch viel schlimmer.

Wir unterhielten uns über das und jenes, bis ich schließlich sagte, ich wolle gern wissen, wie sie eigentlich ihr Dasein einrichteten.

»Er ist neu hier«, erklärte Córcoles, »und was schlimmer ist, er hat sozialistische Ideen oder sonst was im Kopf. Jedenfalls ist er keiner von den Unsern.«

Er lachte dabei wie einer, der es besser weiß, und der bärtige Feldwebel warf mir einen mitleidigen Blick zu.

»Er wird sich ändern«, sagte er. »Was mich betrifft, so könnt ihr machen, was ihr wollt. Ich bleibe hier mit dieser Schönen!« Er streichelte den Hals einer Flasche Bier.

Ich trat aus dem Verschlag des Feldwebels in den Gemeinschaftsraum. Während ich an den Pritschen entlang ging, betrachteten mich die Leute mit Augen wie neugierige Hunde. Einige richteten sich auf ihren Strohsäcken halb auf, um mir die Ehrenbezeigung zu leisten, und einer erhob sich diensteifrig. »Wenn Sie Wasser abschlagen wollen, Herr Feldwebel, die Kanne steht dort drüben.«

In einer Ecke hinten gab's eine Petroleumlampe. Später erfuhr ich alles, was darüber zu erfahren war. Die Mannschaft benützte die Kanne zum Wasserlassen, weil sie sonst hätte ins Freie gehen müssen; wenn zu besonderen Zeiten Angriffe des Feindes sich häuften, diente sie für jede Art Notdurft. War die Kanne voll, dann hatte der diensthabende Ordonnanzsoldat sie vor dem Drahtverhau zu leeren. Das forderte gewöhnlich einen Schuß heraus; manchmal traf er, und die Kanne ging verloren. Der Nächste, der ein dringendes Bedürfnis empfand, stand dann vor der Wahl, die Kanne, die ohne Zweifel von einem feindlichen Scharfschützen scharf beobachtet wurde, zurückzuholen oder sein Geschäft irgendwo außerhalb des Drahtverhaus auf eigene Gefahr zu erledigen. Auf einem Posten wie diesem hier, wo nur einige wenige disziplinäre Maßregeln einzuhalten waren, wurden Missetäter damit bestraft, daß man sie das Doppelte der üblichen Zeit Posten stehen, Wasser holen oder einige Tage hintereinander die Kanne entleeren ließ. So war die Petroleumkanne zum Symbol von Tod und Leben, zum Hauptgegenstand aller Gespräche und Bemerkungen geworden.

Als ich zu der Pritsche trat, auf der Karten gespielt wurde, hörten die Leute auf und verstummten verlegen. Ich holte ein Päckchen Tabak hervor, und sie rollten sich sparsam dünne Zigaretten.

»Na, wie steht's hier?« fragte ich.

»Alles in Ordnung«, sagte einer von ihnen nach einer lagen Pause, »solange man keine Kugel abbekommt und vom Fieber verschont wird.«

Ich setzte mich auf das Bett, einen mit Stroh gestopften Jutesack, der auf dem nackten Boden lag und nichts als zwei zerlumpte Decken aufwies.

»Also, wie vertreibt ihr euch die Zeit?« fragte ich, um sie zum Sprechen zu bringen. »Drüben in Hámara bauen wir eine Trasse für die Straße, und wir können euch von dort drüben sehen. Und manchmal hören wir die Pacos.«

»Tja, wir tun überhaupt nichts«, erwiderte der eine, der

schon zuvor gesprochen hatte. »Ich hab noch drei Monate zu machen...«

»Dann bist du ja eigentlich ein alter Soldat.«

»Dreiunddreißig Monate. Ich bin der älteste hier. Die andern da sind alle Grünlinge. Zum Teufel, was ich hier an Läusen zusammengefangen habe! Seit ich ein kleiner Junge war – als Kinder, Herr Feldwebel, hatten wir alle Läuse –, habe ich nicht annähernd so viel Läuse gehabt wie hier. Sie nisten in den Brettern, müssen Sie wissen.«

»Was wirst du denn nach der Abmusterung tun?«

»Was kann man schon tun? Arbeiten.«

»Aber hast du denn einen Beruf?«

»Beruf? Graben und mit Maultieren pflügen. Was kann man im Dorf schon für einen Beruf haben, wenn man nicht gerade Pfarrer ist? Sogar der Pfarrer muß manchmal graben. Jeder von uns muß aufs Feld.«

»Aber schau, es muß doch auch ein paar Läden in eurem Dorf geben, einen Arzt und einen Apotheker! Und einen Flickschuster! Sie können doch nicht alle auf den Feldern arbeiten.«

»Doch, Herr Feldwebel, ich bin aus einem kleinen Ort in der Sierra. Maya heißt das Dorf, in der Provinz Salamanca. Und dort gibt's nichts von dem, was Sie da aufzählen. Eine Art Wirtshaus, das ist alles. Wenn jemand sich ein Bein bricht, muß man den Arzt aus Béjar herüberholen. Aber wir haben jemand, der davon was versteht, eine alte Frau ist das, die mehr versteht als der Doktor. Kaum ist der Doktor einmal da, dann stirbt auch wer; das ist so sicher wie das Amen im Gebet.«

»Hast du ein Mädchen?«

»Ja, freilich.«

»Schreibst du ihr?«

»Ich kann nicht schreiben. Der einzige unter uns, der schreiben kann, ist Matías, der da drüben.« Er zeigte auf einen Soldaten mit stumpfsinnigem Gesichtsausdruck, der blöde zu lachen begann.

»Und was für Sachen ich ihr schreibe!« sagte der Schreib-kundige.

»Was für Sachen?«

»Was für Sachen ich schreibe? Tja, was er eben sagt: ‚Ich möchte dich gründlich abknutschen.' Einmal sagte er was Gutes, und ich schrieb es ihr, genau wie er's gesagt hatte. Und dann schrieb ich dasselbe an die Mädchen aller anderen Bur-schen und an die meinige auch: ‚Wenn wir verheiratet sind, werde ich meine Schnauze zwischen deine Brüste stecken und dort wie ein Schwein wühlen, bis ich ersticke.'«

Der Erfinder des Satzes errötete, wohl mehr vor Stolz als Scham, und erklärte: »Sie verstehen doch, Herr Feldwebel, wenn man den ganzen Tag nichts tut, dann grübelt und grübelt man und kommt so auf Gedanken! Und außerdem erzählt uns der Bursche da, der mit einer Menge Frauen geschlafen hat, so Sa-chen ... Tja, Sie wissen ja, was ich meine.« Er machte eine Pause. »Nicht, daß ich mich schäme! Männer sind nun einmal so, aber nachher, verstehn Sie, nachher kann man nicht schlafen.«

»Du hast also deine Erfahrungen?« sagte ich zu dem Bur-schen, der mit Frauen Bescheid wußte, einem kleinen frechen Stadtbengel in einer viel zu weiten Uniform.

»Ja, stellen Sie sich das bloß vor, Herr Feldwebel! Ich war Schuhputzer in Salamanca, und das will was heißen: die Hauptstadt der Syphilis. Waren Sie je dort?«

»Freilich.«

»Na, dann wissen Sie, wie das ist. Bei Tag in den Kaffeehäu-sern und den Haustoren auf dem Großen Platz und bei Nacht in den Häusern. Die Huren sind lauter gutherzige Mädchen, und man putzt ihnen die Schuhe, und die Dummen berappen. Und außerdem hat man doch immer sein eigenes Mädchen. Die Jungen da haben ja keine Ahnung vom Leben.«

»Aber ich schlief mit meiner Liebsten, bevor ich herkam«, sagte einer von ihnen.

»Du sagst, du hast mir ihr geschlafen? Schlappschwänze seid ihr, alle miteinander. Wenn ihr nach Tetuan kommt, habt ihr Angst, euch mit einer Frau ins Bett zu legen.«

»Weil sie Drecksäue sind! Gebt mir eine von den Feldwebelhuren, und ich werd's euch zeigen! In Tetuan, Herr Feldwebel, gibt's Frauenzimmer für fünfzig Centimos, aber sie haben mehr Läuse am Leibe als wir hier. Sie taugen nur dann etwas, wenn ein Unternehmen bevorsteht.«

»Ein Unternehmen?«

»Ja, Herr Feldwebel. Wenn's eine Kampfaktion gibt. Wenn man Glück hat, Urlaub nach Tetuan bekommt und so ein krankes Luder trifft und mir ihr schläft, kommt man für drei bis vier Monate ins Krankenhaus und braucht nicht herumzurennen, wenn's Kugeln regnet. Aber die Dreckhuren wissen's immer, wenn was los ist, und verlangen die doppelte Taxe.«

Wir wurden unterbrochen, weil das Mannschaftsessen gebracht wurde: ein riesiger Eimer voll Bohnen, die in einer ziegelroten Grütze schwammen; anschließend gab's noch Kaffee, schwach gefärbtes Wasser, in das die Leute Brotstücke tunkten. Einer von ihnen brachte ein Büchse Kondensmilch zum Vorschein.

»Caramba, das ist aber ein Luxus!«

»O nein, Herr Feldwebel, ist ja bloß, weil ich alle drei Tage einen Anfall von Wechselfieber hab! Deshalb bekomme ich jeden dritten Tag eine Dose Milch.«

»Aber wenn du Wechselfieber hast, solltest du doch im Krankenhaus sein.«

»Tja, wenn man den ganzen Tag Wechselfieber hat. Aber bei so einem kleinen Anfall alle drei Tage kriegt man Chinin und Milch und bleibt im Dienst. Natürlich bin ich dienstfrei, wenn das Fieber kommt.«

Wir verzehrten zusammen mit dem Feldwebel den Reis, der durch die Würste, die wir mitgebracht hatten, schmackhafter wurde, und tranken Kaffee, der ohne Zweifel besser war als der für die Mannschaft, aber immer noch abscheulich genug. Dann plauderten wir, und die Kognakflasche machte die Runde.

»Wie schlägst du dich durch?«

»Nicht so schlecht! An der Küche verdiene ich so zehn Pesetas täglich, und etwas kann man immer auch aus der Ausrüstung herausholen, wenn ich auch dem Offiziersstellvertreter seinen Anteil lassen muß. Und mein Essen kostet mich nichts; wo sechzehn essen, gibt's immer genug für den siebzehnten.«

»Muß reichlich Kopfzerbrechen kosten, zehn Pesetas täglich zu ersparen und siebzehn Mäuler zu füttern.«

»Nicht so viel, wie du glaubst! Bohnen, Kichererbsen, Kartoffeln, Reis und Klippfisch, Öl, Salz und Pfeffer. Alles von der Intendanz und alles spottbillig. Ich gebe nicht mehr als fünfundsiebzig Centimos pro Kopf aus, und manchmal bekomme ich dafür noch ein Faß Wein für die Jungen. Ich beute die armen Teufel nicht aus. Sie wissen, daß ich sie bestehle, aber andere sind schlimmer als ich; auch das wissen sie. In Miscrela hatten die Leute einen Feldwebel, der ihnen zwei Monate lang nichts anderes zu essen gab als in Wasser gekochte Bohnen mit Paprika. Meine Leute sorgen für sich selber, so gut sie können, Wenn einer von den Kabylen hier in der Gegend nicht aufpaßt, stehlen sie ihm ein paar Hühner oder Lämmer. Sie stellen Kaninchenfallen auf, und sooft sich eine Gelegenheit ergibt, schießen sie Vögel.« Er machte eine Pause und dachte nach. »Aber man verdient mehr, wenn ein Unternehmen im Gang ist oder wenn wir Dienst bei einem Geleitzug haben. Dann bekommt jeder Soldat eine Büchse Sardinen und Zwieback, und das alles für den ganzen Tag.«

»Kein Wunder, daß sie zusammenklappen und im Krankenhaus landen.«

»Die zusammenklappen, taugen zu nichts. Ich bin seit zwanzig Jahren in Afrika, und heutzutage ist es großartig. Du hättest den Fraß sehen sollen, damals, als ich herkam. Zwieback zu jeder Mahlzeit. Zwieback aus der Zeit des kubanischen Krieges. Der war so hart, daß wir ihn auf Steinen mit unseren Bajonetten zerhacken und in Wasser tränken mußten, wenn wir ihn essen wollten. Die Intendanz hat noch was davon, aber sie können's nicht riskieren, ihn zu verteilen, weil jetzt alles voller Maden ist.«

»Wie lang bleibst du im Blockhaus?«

»Ein Monat ist der übliche Turnus, aber ich bleibe länger hier. In Tetuan gibt man bloß sein Geld aus. Hier verdient man Geld, und das ist noch das einzige, was zum Leben taugt. Ich habe schon mehr als zehntausend Pesetas gespart. Ganz davon abgesehen, daß es einem im Blockhaus besser geht als an der Front; hier ist's ruhiger. Aber ihr, ihr seid ja Glückspilze. Wenn ich in der technischen Truppe diente, wäre ich reich.«

Gegen Abend gingen Córocoles und ich den Hügel hinunter. Die Felder waren noch immer grotesk friedlich. Ein Kabyle ritt auf seinem Esel einen schmalen Feldweg entlang; ein kleiner Hund trottete hinter ihm her. Von der Trasse, die in der Ferne ein geschäftiger Ameisenhaufen schien, erklang das Hornsignal zum Abbrechen der Arbeit.

»Aber diese Leute leben ja schlechter als die Kabylen in ihren Strohhütten«, sagte ich zu Córcoles.

»Scher dich nicht drum! Dreck, in dem man nicht erstickt, macht fett«, sagte er.

5.
VOR DER AKTION

Erschreckend leicht ist es für einen Menschen, in einen tierischen Zustand abzusinken. In der Eintönigkeit der ewig gleichen Tage, auf den engen Kreis der Stellung beschränkt, die meine Stadt darstellte, und den noch engeren des Kegelzeltes, das mein Haus bedeutete, versank ich langsam in der Routine des Alltags und gab jeden Versuch auf, sie zu durchbrechen. Frühstück, Herumsitzen im Schatten des Feigenbaumes, Mittagessen, Herumsitzen im Schatten des Feigenbaumes, Abendbrot, Schlaf und Erwachen mit der Aussicht aufs gleiche Tagesprogramm.

Anfangs pflegte ich viel zu lesen, aber allmählich vergaß ich's, ein Buch aufzuschlagen.

Anfangs ging ich gern Kaninchen und Rebhühner jagen, dann ließ ich mein Gewehr tagelang im Zelt.

Ich war mit der topographischen Arbeit fertig und hatte nichts zu tun, als die Kabylen in die Stammrolle einzutragen und dann dazusitzen und sie zu beaufsichtigen. Beaufsichtigen – wozu? Ich ließ die Stunden langsam verstreichen wie ein Wiederkäuer, mit trägem Kopfnicken, im Halbschlaf, und redete mir gelegentlich ein, daß ich nachdächte, aber in Wahrheit dachte ich an nichts, sondern war völlig im Dunst der Trägheit versunken. Wir alle vergaßen es, uns um Wochentag und Datum zu bekümmern. Wir schliefen, wir aßen und wir verdauten.

Als ich ein Telegramm erhielt, das mich nach Tetuan berief, war mir das zugleich Erleichterung und Sorge. Mir war gar nicht danach zumute, nach Tetuan zu fahren, und doch wollte ich dahin. Die Stumpfheit war da und ebenso auch der Drang, sie zu überwinden.

Aber in der Armee gilt allein der Satz: Befehl ist Befehl, und am nächsten Tag fuhr ich los.

»Wir können nichts tun«, sagte Major Castelo, »bevor die Armee den Lau-Fluß überschritten hat. Das Hauptquartier braucht einen Topographen. Melden Sie sich bei Major Santiago im Generalstab! Ich glaube, es wird Ihnen zusagen.«

Major Santiago war ein Mischling. Die Soldaten nannten ihn den Chinesen, weil er Schlitzaugen und eine grünlichgelbe Haut hatte. Anscheinend war er der Sohn eines der spanischen Offiziere, die seinerzeit auf den Philippinen stationiert gewesen waren und eine Eingeborene geheiratet hatten. Seiner Hautfarbe und seiner Mandelaugen wegen litt er an einem argen Minderwertigkeitskomplex; er war in einem Zustand dauernder Erregung. Doch war er ein gescheiter Mensch von außerordentlicher geistiger Regsamkeit.

Er hieß mich an einem Zeichentisch niedersitzen.

»Kopieren Sie das!« Er reichte mir eine topographische Skizze der Bucht von Río Martín. Als ich fertig war, prüfte er meine Arbeit sehr sorgfältig.

»Sie werden hier bleiben. Wir haben eine Karte des ganzen Distrikts von Beni-Aros zu zeichnen.«

»Zu Befehl, Herr Major!«

»Befehl? Eine Karte von Beni-Aros zu zeichnen! Wissen Sie, wie man's macht? Nein? Ich weiß es ebensowenig. Aber wir haben überhaupt keine Karte, und die französischen Karten der Gegend sind ein Dreck. Sie haben die Grenzlinie gezogen und dann ein paar Striche gemacht, und das ist alles, was vorhanden ist. Na schön, mein Junge, wir haben eine Karte von Beni-Aros zu zeichnen!«

Er verließ das Zimmer und ließ mich mit einem Soldaten von den Jägern zurück, der sich geschäftig über ein Pauspapier beugte. Nach kurzem Schweigen fragte ich ihn: »Der Major scheint nicht in bester Laune zu sein?«

»Und wie sollte er? Berenguer sagt einfach: ‚Zeichnet mir eine Karte von Beni-Aros!‘, aber kein Mensch kennt Beni-Aros, Castro Girona ausgenommen, der einmal zu einer

Hochzeit in der Familie des Raisuni fuhr. Und es gibt keine Landkarten, keine Terrainskizzen, nichts. Zeichnet mir eine Karte von Beni-Aros! Ebensogut könnte er uns den Auftrag geben, eine Karte des Nordpols zu zeichnen ... Sind Sie als Zeichner zu uns versetzt worden?«

»Ja. Das heißt, ich nehme an, ja.«

»Gut, dann sind wir wenigstens zwei und können unsere Wutanfälle fünfzig zu fünfzig teilen. Sie werden sich noch wundern, was hier zu tun ist!«

Er stand auf, und ich sah, daß er Korporal war. Fein gezeichnete Züge, eine Brille mit starken Gläsern, schmale Hände.

Die Skizze auf dem durchsichtigen Papier, das er vor sich liegen hatte, zeigte die spanische Zone von Marokko mit einem weißen Fleck in der Mitte.

»Da haben wir Tanger, hier Tetuan, Ben-Karrick, El Zoco el Arbaa, Xauen, und hier die französische Grenze, die mitten durch den Bezirk von Larache läuft. Hier sind Larache selbst, Alcazarquivin, Arcila. So weit, so gut. Aber der ganze weiße Fleck hier ist Beni-Aros. Und den müssen wir ausfüllen. Im Frühling sollen die Operationen beginnen; dafür werden die Karten gebraucht.«

»Und wie können wir ihn ausfüllen?«

»Das eben ist die Frage. Sie werden sehen. Die Leute werden gleich erscheinen.«

Der Major kam zurück: »Also, Montillo, erklären Sie ihm die ganze Chose.«

»Jawohl, Herr Major!«

»Geben Sie ihm die notwendigen Instruktionen, damit er sich auskennt, wenn die Leute hier sind! Barea, das ist Montillo, Topograph beim Generalstab. Ihr zwei werdet zusammen arbeiten, und Sie haben Montillos Anweisungen zu gehorchen, obwohl er bloß Korporal ist.«

»Zu Befehl, Herr Major!«

Montillo zeigte mir Karten und noch mehr Karten. Er machte mich mit der Arbeitsmethode vertraut: Es wurde auf

Pauspapier gezeichnet, dann wurden Blaupausen gemacht. Was alles an Karten fehlte, war verblüffend. Nicht einmal ein vollständiger Plan von Tetuan war vorhanden.

Eine Stunde später kam ein eingeborener Soldat von den Regulares mit einem Kabylen. »Wo kommst du her?« fragte Montillo.

»Von Tlazta. Dieser Mann hier kennt die ganze Gegend dort.«

Tlazta war ein Vorposten, ein Punkt auf der Karte. Montillo, der Soldat und der Kabyle vertieften sich in eine Reihe von Fragen. »Hier ist Tlazta. Wie würdest du von hier nach Beni-Aros gehen?«

»Tja, man geht einen Pfad hinunter und wendet sich dann nach links und dann ...«

Montillo entlockte dem Kabylen die kleinste, unbedeutenste Tatsache, die man zur Orientierung ausnützen konnte. Hier gab's einen Baum, dort einen Felsen, einen Feldpfad, einen Bach, einen Erdriß, und so fort.

Nachdem die zwei gegangen waren, seufzte Montillo auf: »Wie einfach das Ganze sein könnte! Ein Flugzeug und ein paar Photos. Wissen Sie, wir haben einen Hauptmann hier, Hauptmann Iglesias, der's machen könnte, aber man erlaubt's ihm nicht. Es gibt nämlich ein neues System dafür, das photogrammetrische System nennt man das. Mit einer dieser neuen deutschen Kameras werden einfach ein paar Bilder aufgenommen, an Hand deren man ohne Schwierigkeiten eine genaue Bodenskizze anfertigen und die einzelnen Höhenlagen ermitteln kann.«

»Nie davon gehört.«

»Ändert nichts daran, daß es existiert. Aber Iglesias fordert, ich weiß nicht, wie viele tausend Pesetas für die Durchführung. Weil er ein anständiger Bursche ist, wird man ihm das Geld nicht geben, und wir können uns hier die Köpfe zerbrechen. Verfluchte Schweinerei!«

An diesem Vormittag taten wir überhaupt nichts. Wir aßen zusammen zu Mittag und spazierten dann auf der Calle de la Luneta auf und ab. Spät abends sagte Montillo: »Gehen wir zu Luisa!«

»Geh, wenn dir danach zumut ist! Ich ziehe es vor, nicht hinzugehen.« Und wie ein dummer Junge fragte ich ihn brüsk: »Weißt du, daß ich mit Luisa geschlafen habe?«

»Einen Dreck hast du!« Er starrte mich an und fügte hinzu: »Trotzdem müssen wir hingehen, du wirst schon sehen, warum!«

Nachher, als wir die Alcazaba hinaufgingen, erzählte er mir die Zusammenhänge.

»Wir brauchen Agenten für jede erdenkliche Art von Information, aber die meisten möchten um keinen Preis beim Betreten des Hauptquartiers beobachtet werden. Zu Luisa aber kann bei Tag und Nacht jeder gehen, ohne daß sich jemand darum schert. Zu welchem Zweck geht man denn hin? Doch nur, um mit einer Frau zu schlafen. Also ist es der beste Ort für ein unbeobachtetes Treffen.«

Luisas Etablissement war ein richtiges Zentrum der Militärspionage. Wir wurden in einen kleinen Salon geführt, in dem uns nach und nach eine bunte Menge von Menschen aufsuchte. In kurzen Abständen traten sie einer nach dem andern ein: Bergkabylen, Marketender, wandernde Teeverkäufer, ein Geschichtenerzähler von den Zocos. Montillo befragte jeden einzeln und machte sich Skizzen und Notizen. Schließlich klappte er sein Skizzenbuch zu. »Das reicht für heute. Spendieren wir uns eine Flasche Wein!«

Luisa trat ein. Als sie mich erkannte, zeigte sie ganz offen ihre Überraschung, mich in diese Art Tätigkeit verwickelt zu sehen. »Wie gut du das geheimzuhalten verstanden hast! ... Ich freue mich, daß du da bist. Heute nacht werde ich mein Privatvergnügen haben, ich spür's schon in den Knochen.«

»Leider aber paßt es mir heute nicht.«

Wir tranken die Flasche aus, dann ging Montillo. Luisa und ich waren allein. Sie war einschmeichelnd zärtlich, wie eine Katze.

»Und wirst du an den Operationen teilnehmen?«

»Weiß ich nicht.«

»Sie beginnen im April.«

»So heißt es. Der Frühling ist immer die beste Jahreszeit.«

»Manche Leute behaupten, man würde von Ben-Karrick ausgehen, andere meinen, von Xauen. Natürlich weißt du das besser als ich ...«

»Natürlich.«

Ich hatte von den Plänen keine Ahnung, aber ich konnte dem Trieb nicht widerstehen, mich wohlinformiert zu zeigen.

»Erzähl mir davon! Ich wette, Xauen ist der Ausgangspunkt.«

»Natürlich! Schau her, das Tal von Beni-Aros ist von Xauen und von Larache her an beiden Enden abgesperrt und zu beiden Seiten durch die französischen und unsere Stellungen begrenzt. Wir schicken eine Kolonne von Larache und eine zweite von Xauen, und der Raisuni wird in der Mitte gefaßt, ohne entwischen zu können.«

Luisa aber wollte mehr erfahren. Wie ein perfekter Salonstratege erläuterte ich alle einzelnen Operationen. Dann gingen wir zu Bett. In dieser Nacht erwartete sie den General nicht. Am nächsten Morgen erzählte ich Montillo von Luisas seltsamem Interesse an den Operationsplänen.

»Du hast gut getan, ihr ein Märchen zu erzählen. Das Luder macht Geschäfte mit beiden oder vielmehr mit drei Partnern, glaube ich, denn sie gibt Informationen nicht nur an die Kabylen weiter, sondern auch an die Franzosen in Tanger. Jedenfalls werden wir's dem Major melden.«

Im Endergebnis wurde ich ersucht, die Freundschaft mit Luisa zu pflegen und ihr immer weiter in Einzelheiten gehende Informationen über die Operationen zu geben, die von Xauen ausgehen sollten. Tatsächlich wußte ich von diesen Plänen um keinen Hauch mehr als zuvor. Meine Aufgabe bestand darin, aus den Agenten Informationen herauszuholen, Notizen zu machen und eine mehr oder weniger rudimentäre Karte des Tales von Beni-Aros und seinen Verkehrswegen zu zeichnen.

Was ich damals vom spanischen Generalstab zu sehen bekam, veranlaßt mich, ihm Gerechtigkeit angedeihen zu lassen. Ich habe dort Männer gesehen, die als Vertreter alles dessen gelten konnten, was es an Heereswissenschaft und militärischer Kultur gab; sie waren in ihre Studien vertieft, führten voll Selbstverleugnung einen ewigen Kampf gegen den Neid ihrer Offizierskameraden in anderen Korps und gegen die Feindseligkeiten der Generäle, deren viele unfähig waren, auch nur eine Landkarte zu lesen und, abhängig wie sie nun einmal vom Generalstab waren, dessen Mitglieder haßten oder herabsetzten. Die Offiziere des Generalstabs waren im ganzen und großen machtlos; wann immer ein General eine Idee hatte, war es ihre Aufgabe, den am wenigsten gefährlichen Weg zu ihrer Umsetzung in die Wirklichkeit zu finden, denn umstoßen konnten sie sie nicht. Die Ideen der Generäle beruhten fast ausnahmslos auf dem, was sie Schneid nannten.

Gegen Ende März 1921 waren die Vorarbeiten für die bevorstehenden Operationen beim Generalstab beendet. Ich fuhr zu meiner Kompanie in Hámara zurück. Sie hatte den Befehl erhalten, mit der Arbeit an der Straße aufzuhören und zu einer der Marschkolonnen zu stoßen; zurückzubleiben hatten ein Zug unter Fähnrich Mayorga und Señor Pepe mit seinen Kabylen.

Ich sollte zum ersten Mal an die Front.

Am Abend vor dem Abmarsch standen drei Soldaten auf der Krankenliste. Einer hatte hohes Fieber und mußte im Zelt bleiben. Ein anderer hatte sich den Finger am rostigen Stacheldraht leicht verletzt, und die ganze Hand war schwer entzündet. Der dritte hatte Gonorrhöe. Sie sollten in Hámara bleiben, bis sie in das Krankenhaus auf dem Zoco el Arbaa gebracht werden konnten. Der Rest der Kompanie machte sich auf den Marsch nach Ben-Karrick.

Der Hornist Martín marschierte neben meinem Pferd. Dadurch stellte er nicht bloß die Intimität unserer Unterhaltungen unter dem Feigenbaum wieder her, sondern konnte auch einen Teil seiner Ausrüstung an die Kruppe des Gauls lehnen und sich, wenn es bergauf ging, an dessen Schweif festhalten.

»Martínez fiebert heftig«, sagte ich.

»Er schwindelt ja bloß.«

»Schwindelt?«

»Mir scheint, Sie kennen diese Leute noch nicht, Herr Feldwebel! Es fehlt ihm gar nichts. Genauso wenig wie den beiden anderen.«

»Willst du sagen, daß ich blind und taub bin? Martínez hat Fieber. Soteros Hand ist so dick wie mein Stiefel. Und Mencheta tröpfelt ununterbrochen Eiter.«

»Freilich, freilich! Und keiner von ihnen wollte dorthin, wo wir jetzt hingehen. Martínez hat sich über Nacht eine Knoblauchzwiebel in die Achselhöhle geklemmt. Sotero stopfte sich zerriebene Brennesseln in die Rißwunde. Und Mencheta hat sich ein Pflaster eingeschoben.«

»Pflaster?«

»Ja, Herr Feldwebel. So ein Senfpflaster, wie man's bei jedem Drogisten kaufen kann. Es wird fest zusammengerollt, in den Harnweg eingeschoben, und am nächsten Tag hat man eine gräßliche Bescherung. Jetzt werden die drei ins Lazarett gebracht, und wenn ihre Kniffe nicht mehr wirken, werden auch die bevorstehenden Operationen zu Ende sein. Ich hab's oft genug selbst so gemacht. Es gibt noch einen Haufen ähnliche Mittel, die man anwenden kann. Man braucht nur eine ausreichende Portion Tabak zu essen und verfärbt sich, als hätte man die Gelbsucht. Mit einer erhitzten Kupfermünze verschafft man sich ein Geschwür am Bein. Hier sind wir ja jetzt auf dem Lande, aber in Tetuan, ich kann das beschwören, sind sie während der letzten Nacht vor den Bordells, in denen es kranke Huren gibt, in Massen Schlange gestanden. Und in knapp vierzehn Tagen werden Dutzende Soldaten der Armee auf diese Weise in den Lazaretten landen.«

»Du weißt wohl auch, was das zu bedeuten hat!«

»Natürlich. Aber eine Kugel ist schlimmer. Hat man sie erst im Bauch, so ist man erledigt. Man kriegt Bauchfellentzündung und verreckt. Denn die Ärzte bleiben schön brav hinter der Kampflinie. Sie werden's ja sehen. Diese Burschen hier laufen nur deshalb mit, weil sie einfach blöd sind oder weil sie hier nicht tun können, was sie in Tetuan selbstverständlich täten. Schon oft sind am Tage vor einer Kampfaktion bis zu zwanzig über Nacht krank geworden und nach den ersten paar Tagen noch ein gutes Dutzend dazu.«

»Und du, warum bist du dabei? Du hättest ja auch einen dieser Kniffe anwenden können.«

»Ich riskiere es nicht mehr. Früher oder später fällt man auf und wird ins Zuchthaus gesteckt. Wenn jetzt eine Kampfaktion heranrückt, sage ich mir: ,Wie Gott will' und marschiere mit.«

Am frühen Nachmittag erreichten wir Ben-Karrick, das damals noch Garnison war. Der Ort bestand aus einer kleinen Siedlung mit einer Kaserne der Regulares, Infanterie- und Intendanzeinheiten und den Proviantlagern der Heereslieferanten. Marketender hatten Kantinen eingerichtet und unterhielten ansehnliche Vorräte an Wein, Schnäpsen, Konserven und eingepökelten Eßwaren. Von Zeit zu Zeit kamen von Tetuan zwei oder drei Frauen herüber und bleiben für eine Woche da.

Wir schlugen unsere Zelte außerhalb der Stellung auf. Unter dem Kommando General Marzos wurde ein Kolonne von achttausend Mann gebildet. Bis zum Aufbruch würden wir ein paar Tage warten müssen. Inzwischen verwandelte sich Ben-Karrick in eine Art Jahrmarkt. Es war freilich nichts zu haben außer Essen und Trinken – aber niemand soll fragen, wie wir gefressen und gesoffen haben!

Der spanische Umgangskodex betrachtet Trunkenheit nicht nur als lästig oder widerlich, er sieht darin auch den Beweis für Mangel an Männlichkeit. Ein Freundeskreis wird früher oder später einen Menschen ausschließen, der Alkohol nicht vertragen oder sich nicht im Grade seiner Widerstandskraft zurückzuhalten fähig ist. Er wird ausgestoßen, weil er »kein richtiger Mann ist«. Bei bestimmten Anlässen aber sind

Ausnahmen erlaubt und werden zur Regel. Das gilt vor allem am Weihnachtsabend und zu Silvester. Und auch diese Tage hier in Ben-Karrick bedeuteten eine Ausnahme: Die Leute tranken, um sich zu betrinken.

Die Kantine Malagueños war der beliebteste Treffpunkt der Feldwebel, und der Besitzer war auf seine Gäste so stolz, daß er jeden Gemeinen davonjagte, der einzutreten wagte. El Malagueño hatte als kleiner Marketender begonnen, der mit einem Eselchen, das vier große, mit Wasser gefüllte Krüge zu schleppen hatte, hinter den marschierenden Kolonnen herzog. Aus den Wasserkrügen wurden im Laufe der Zeit Ziegenschläuche voll Wein, aus dem Eselchen ein starkes Maultier. Der nächste Schritt war, daß er in einem Feldlager in Regaia eine kleine Holzhütte baute. Jetzt gehörte ihm ein großer Laden in Ben-Karrick, vollgestopft mit Schinken, Würsten, Sardinen in Dosen, deutschem Bier, holländischer Kondensmilch, Schnäpsen unterschiedlichster Herkunft, besten andalusischen Weinen und einer Küche, die Tag und Nacht in Betrieb war.

Juliàn war in der gleichen Lage wie ich: Er ging zum ersten Mal ins Feuer. Die natürliche Fröhlichkeit des beleibten jungen Mannes wurde von seinen Empfindungen überschattet. Er pflegte sonst seinen Wein stets mit Wasser gemischt zu trinken und auch das nur zu den Mahlzeiten; heute stürzte er eines der großen Gläser mit Manzanilla nach dem anderen hinunter.

»Du wirst einen Rausch bekommen«, rief ich ihm zu.

»Je schlimmer, desto besser. Ich will mich besaufen. Schuld dran ist mein Vater! Wenn's mich morgen trifft und ich dran krepiere, was dann?«

»Mach dir bloß keine Sorgen; wir werden dir schon ein Grab schaufeln.«

»Armer Kerl, er ist so dick, daß er ein vortreffliches Ziel abgibt«, sagte Herrero. »Wart nur ab, du kriegst's direkt in den Bauch!«

»Hab du keine Angst, versteck dich einfach hinter mir!« schloß Córcoles den derben Scherz, um mit seiner Schlankheit zu prahlen.

Aber Julián war gar nicht auf Späße eingestellt. Er wurde immer mürrischer und trank immer mehr. Plötzlich warf er sein Glas auf den Boden und schrie: »Ich scheiße auf meinen Vater!«

El Malagueño kannte Julián und dessen Vater und auch die Geschichte der beiden. Er verließ seinen Platz hinter der Theke, kam zu uns herüber und klopfte Julián auf die Schulter.

»Ja, ich scheiße auf meinen Vater!«

»Recht hast du. Wäre ich du, tät ich's auch. Ja, ich würde ihm was antun. Weißt du, was ich täte, wenn ich du wäre?«

»Was?«

»Na, morgen oder übermorgen, wenn ich den Kabylen gegenüberstünde, würde ich vorangehen und mich von ihnen erschießen lassen. Dann würde der Vater sich die Haare ausreißen.«

Wir brüllten vor Gelächter, Julián aber wurde aschfahl und schlug dem Malagueño mitten ins Gesicht. Der heulte wie ein Stier. Uns packte die krasse Angst. Er griff zum Schinkenmesser und schrie: »Ich bring ihn um! Laßt mich ihn umbringen! Nicht einmal der liebe Gott kann mich daran hindern. Ich schlitze ihm den Bauch auf wie einem Schwein!«

Herrero fiel ihm ins Wort: »Erst bring uns schnell noch ein paar Gläser Manzanilla! Nachher kannst du ihn umbringen, solange du Lust hast. Aber besser wär's, du schenktest ihm einen Doppelkognak ein.«

»Das ist eine Idee, alter Freund!«

El Malagueño füllte unsere Weingläser und goß dann Schnaps in ein Glas, das er Julián reichte: »Trink, mein Sohn, trink aus, damit du deine Scheißlaune los wirst!«

Julián stürzte das Zeug auf einen Zug hinunter. Drei Sekunden später lag er wie ein ausgestopfter Sack auf dem Boden. El Malagueño hob ihn behutsam hoch und legte ihn im Lager auf einen verschnürten Ballen. Wir anderen schlossen uns einer Gruppe von Feldwebeln der Infanterie an. Es waren alles reife Männer mit langer Dienstzeit in Afrika. Einer von ihnen, ein winziger gelblicher Bursche, schien an mir besonderen Gefallen zu finden.

»Ich hab darauf gewartet, daß es losgeht«, sagte er.

»Was, schlägst du dich so gerne?«

»Na, ganz so ist das auch nicht, aber es ist halt die einzige Möglichkeit, auch einmal ein Stückchen Glück zu erhaschen!«

»Wie meinst du das? Glück?«

»Daß man befördert wird, meine ich. Bei uns ist das nicht so wie bei euch von den technischen Truppen. Gute zehn bis zwölf Jahre dauert es, bis man Offiziersstellvertreter wird. Der einzige Glücksfall, mit dem unsereiner rechnen kann, ist die rechte Sorte Verwundung abzukriegen oder den ganzen Zug als Verlust melden zu müssen. Wegen Tapferkeit vorm Feinde wird man immer noch eher befördert als nach dem Dienstalter.«

»Aber was wird dir die Beförderung schon einbringen? Zehn Duros mehr im Monat!«

»Was sie mir einbringt? Na, ein bißchen mehr schon. Als Feldwebel kannst du Fett abschöpfen, wenn du Verpflegungsfeldwebel bist oder ein Blockhaus übernimmst. Aber als Offiziersstellvertreter bist du obenauf, weil du die Aufsicht über das Monturdepot hast. Mindestens tausend Pesetas monatlich, da geh ich eine Wette ein. Und mit ein bißchen Glück an der Front ...«

»Was verstehst du unter Glück?«

»Ein Esel bist du, Kerl! Wenn ich als Offiziersstellvertreter an einem dieser Gefechte teilnehme und es scharf hergeht und die Hälfte der Leute draufgeht, dann ist alles ganz einfach. Am nächsten Tag melde ich, daß die ganze Ausrüstung der Kompanie verloren ging. Stell dir das bloß vor: zweihundert Decken, zweihundert Paar Stiefel, zweihundert Hemden, zweihundert Mäntel und so weiter ...!«

6.
AKTION

Wir waren unter den ersten, die ankamen. Nur die Artillerie und die Intendantur waren vor uns eingetroffen. Auf dem Hügelkamm sahen wir acht Geschütze in Stellung, deren Rohre auf das Tal gerichtet waren. Am Fuß des Hügels hatte die Intendantur ihre Zelte aufgeschlagen. Ein starker Geruch von Stroh und Pferden drang von ihnen herüber. Der Hauptmann vom Generalstab, der die Aufteilung des Feldlagers leitete, hatte uns den Hang zugewiesen. Binnen einer halben Stunde waren unsere Zelte aufgeschlagen und brannten die Feldküchenfeuer.

Der Hügel ragte aus einer mit gilbenden Stoppelfeldern bedeckten Ebene auf; die Gerste war bereits geschnitten. Weit hinten waren die Hütten eines Kabylendorfes zu sehen, das sich erst vor ein paar Wochen unterworfen hatte. Die Entfernung milderte die Häßlichkeit der elenden Hütten, so daß das Dorf inmitten der abgeernteten Felder beinahe freundlich wirkte. Unsere über den Hügelhang verstreuten Kegelzelte erweckten den Eindruck, als ob sich das Dorf auf einen Jahrmarkt vorbereitete.

Unser Hauptmann hatte dem Hauptmann vom Generalstab erklärt, daß wir unser Lager lieber auf freiem Felde aufschlagen würden. »Das ist für die Legion reserviert«, hatte er zur Antwort bekommen und ein schiefes Gesicht gezogen.

Die Fremdenlegion kam am Nachmittag, ein ganzes Bataillon – sie nennen es Bandera, Standarte –, das seine Feuertaufe erhalten sollte. Auch ihre Zelte waren schnell aufgeschlagen. Am äußeren Ende des Lagers wurden neben zwei viereckigen Zelten, der Kantine und dem Bordell, volle Weinfässer in langen Reihen aufgestellt. Die Legionäre begannen sich um die Fässer und die Zelte zu drängen, sie stürzten sich in den Trunk und in das schale Zerrbild der Liebe.

Zusammen mit den anderen Feldwebeln schaute ich zu, wie das Biwak der Legion sich zu unseren Füßen immer weiter ausbreitete.

»Das sind die Neuen aus Amerika«, sagte Julián. »Vermutlich sind die meisten von ihnen hier, weil man sie hereingelegt hat.«

»Hereingelegt? Du willst uns doch nicht einreden, daß irgend jemand aus Versehen hierherkommt.«

»Es gibt immer noch genug Grünlinge in der Welt«, sagte Córcoles. »Sicher hat man ihnen in Amerika eine Menge über das alte Mutterland und seine herrlichen Tochterländer vorgequatscht, und so sind die Enkel eben herübergekommen. Nun, sie werden diese vier Jahre nicht gerade sehr lustig finden.«

Ein Legionär stieg den Hang herauf und kam auf uns zu. Córcoles wies zu ihm hinunter: »Wo will der denn hin? Mir scheint, er ist ins falsche Stockwerk geraten.«

Damals galt nämlich die Regel, daß Legionäre und gewöhnliche spanische Soldaten auf keine Weise freundschaftlich miteinander verkehrten.

Als der Mann näherkam, erkannte ich ihn. Es war Sanchiz. Wir winkten einander zu, und Córcoles wandte sich zu mir: »Du kennst ihn?«

»Ein alter Freund von mir.«

»Feine Freunde scheinst du zu haben, ha!«

Inzwischen war Sanchiz hergekommen.

»Hallo, wie steht's, wie geht's? Ich komme dich holen. Wir haben einen erstklassigen Wein da unten. Ich habe gehört, deine Kompanie sei hier. Bist du frei? Kommt mit!«

Wir gingen zusammen den Hügel hinunter, Sanchiz hatte sich an meinen Arm gehängt. Die Legionäre sahen mich schief an. Wir trafen einen Feldwebel, der das Gesicht eines Zuchthäuslers hatte. Er blieb stehen und fragte Sanchiz drohend: »Wo willst du denn mit dem Kerl hin?«

»Ist ein alter Freund! Kommt mit, wir trinken ein Glas miteinander!« antwortete Sanchiz.

»Ausgeschlossen! Habe Wachdienst heute nacht, und wenn ich zu trinken anfange, bin ich gleich beim Teufel.«

Der Kantinenwirt war ein dünner gelbhäutiger Geselle mit durchsichtigen Ohren und einer Nase wie eine Runkelrübe. Er war so taub, daß wir unsere Bestellung brüllen und mit dem Finger auf das Gewünschte zeigen mußten. Gewöhnlich war der Wein, der an die Truppen in Afrika verkauft wurde, beträchtlich gewässert und enthielt ein halbes Dutzend Chemikalien, damit er nicht verderbe. Dieser Wein jedoch war ausgezeichnet, so herb und stark, daß man mit der Zunge schmatzen mußte.

»Wie stellt ihr das denn an, daß kein Wasser in euren Wein gerät?«

»Der Taube wird sich hüten. Er hätte sonst, gelinde gesagt, keinen heilen Knochen mehr im Leibe!«

»Aber wie kommst du eigentlich hierher? Ich dachte, du sitzt in einer Kanzlei in Ceuta und lebst dort wie ein Fürst.«

»Der Wein ist schuld. Nichts als der Wein. Ich soff mich toll und voll, und der Hauptmann fand, daß es so nicht weiter ginge. Nun hatte er mich für zwei Monate mit diesen neuen Kerlen hierher geschickt. Mulatten, Chinesenmischlinge und Indianer. Zum Teufel mit ihnen allen! Ins Gesicht reden sie zuckersüß zu dir, aber kaum kehrst du ihnen den Rücken, hast du ein Messer zwischen den Rippen. Ein Dreckhaufen ist das! Schau dir nur ihre Visagen an! Ich bin neugierig, was Millán Astray ihnen morgen erzählen wird.«

»Ist der auch da?«

»Ja, und morgen wird er ihnen eine Ansprache halten. Komm und hör dir das an! Er ist großartig. Ich hole dich von deinem Zelt ab.«

Der »alkoholfeindliche« Feldwebel stieß wieder zu uns: »Ich kriege Durst, wenn ich euch sehe. Spendiert mir ein Glas!«

Er trank in kleinen Schlucken und ließ mich dabei nicht aus dem Auge.

»Ist er wirklich dein Freund, Sanchiz?«

»So gut wie mein Bruder. Oder, wenn du's so willst, wie ein Sohn, denn ich könnte gut sein Vater sein.«

Der Feldwebel streckte mir seine riesige, schwielige Hand entgegen: »Also, dann freut's mich, dich kennenzulernen!« Er genehmigte sich wieder ein Schlückchen. »Und wenn du sein Freund bist, warum bist du dann nicht bei uns?« Er wandte sich an Sanchiz. »Wenn ich in dem seiner Haut steckte, sollst sehen! Schon morgen brächt ich's zum Leutnant!«

»Red keinen Quatsch! Höchstens zum Offiziersstellvertreter. Außerdem taugt er nicht für uns. Dem haben unsere Leute in der Kneipe des Licenciado einen verdammten Schrecken eingejagt.«

Das Getöse um die Weinkrüge herum war höllisch. Man konnte sein eigenes Wort nicht verstehen, und Sanchiz ging mit mir bis zur Grenze des Legionsbiwaks. Während ich langsam den Hang hinaufging, kämpfte ich mit dem alten Abscheu gegen die Fremdenlegion, der wieder in mir aufgestiegen war.

Fast alle spanischen Kneipen haben rotgestrichene Türen, aber die auf dem kleinen Platz hinter der Kirche Unserer Lieben Frau von Afrika hatte zu viel des Guten an roter Farbe getan. Das grelle Zinnober war überallhin geschmiert worden: auf Türen, Tische, dreibeinige Stühle, die Theke und auf die mit Flaschen beladenen Gestelle. In der weißgetünchten Hauswand saß die Kneipe wie eine blutende Wunde. Außen hatte die Sonne das Rot zu einem schmutzigen Rosa gebleicht, innen hatte der Rauch ihm den schwärzlichen Ton getrockneten Blutes gegeben. Der Wirt war ein ehemaliger Zuchthäusler aus der Strafkolonie auf dem Monte Hacho; er war nie anders zu sehen als in einem schmutzigen ärmellosen Unterhemd, durch dessen Maschen sein dunkles Brusthaar hervorstach. Sein Spitzname El Licenciado enthielt ein Wortspiel: Er erinnerte ebenso an seine Vergangenheit als »Freigelassener«

wie an die Tatsache, daß er fast so viel von Rechtsfragen wußte wie ein »Lizentiat«. Legionäre und Huren waren seine Kunden. Sein Rotwein schillerte grünlich und schmeckte nach Vitriol. Um ihn trinken zu können, mußte man einen Durst haben, wie ihn El Licenciado dadurch hervorzurufen wußte, daß er mit jedem Glas Wein ein Stückchen getrockneten Thunfisch servierte. Die Fische hingen von einem Deckenbalken über der langen Theke herab. Sie waren von oben bis unten aufgeschlitzt und auseinandergespreizt auf einen Bambusrahmen gespannt und sahen wie kleine Papierdrachen aus. An zwei Haken waren an demselben Balken mit verbogenen Drahtgewinden Petroleumlampen aufgehängt. Gegen Abend steckte El Licenciado die Lampen an, und ihr Rauch leckte langsam am Dörrfisch, bis er ihn triefend schwarz gefärbt hatte. Er schmeckte nach Ruß und Petroleum.

In der Mittagszeit stand die Kneipe leer. Nur selten kam einer der Legionäre oder wohl auch einmal eine Frau, um eine Flasche Wein zu holen. Die Gäste trafen gegen Abend ein. Ich suchte die Schenke gelegentlich abends auf, ehe sie sich füllte, um auf Sanchiz zu warten. Als erster kam gewöhnlich ein einsamer Legionär, der sich dort hinsetzte, wo das beste Licht war, und anfing zu schreiben – kein Mensch hat jemals erfahren, was er da aufzeichnete. Dann kam eine ganze Lawine von Männern, die ihren Dienst in der Hauptkanzlei des Tercio[*] – der Fremdenlegion – in Ceuta beendet hatten. Sie reihten sich an der Theke auf und stritten, wer wen auf ein Glas einladen sollte. Später begannen die einen Karten zu spielen, andere setzten sich in kleinen Gruppen um eine der viereckigen Weinflaschen herum, und einige wenige machten sich wieder davon. Die Frauenzimmer kamen erst mit Einbruch der Dunkelheit, wenn die Lampen angezündet wurden. Gewöhnlich waren sie von einem zufälligen Bettgenossen begleitet, den sie

---

[*] „Tercio" nennen die Spanier ihre Fremdenlegion; es war die historische Bezeichnung für die spanischen Infanterieregimenter im 16. und 17. Jahrhundert.

überredet hatten, sie nach getaner Arbeit zu einem Glas einzuladen. Andere standen in der Tür und riefen laut einen Namen, als ob sie nach jemand Bestimmtem suchten; dann fand sich immer einer, der sie einlud, und sie kamen herein. Es gab auch Frauen, die Stammgäste waren; sie kamen einfach, um zu trinken und jemand zu finden, der es ihnen bezahlte.

Die meisten Weiber waren alt, von Krankheiten zerfressen, in zerfetzter, grellbunter Kleidung, heiser von Syphilis und Alkohol und mit geränderten Augen. Aber sobald sie da waren, sausten die Zoten durch die Luft wie Peitschenhiebe – der Kampf der Geschlechter hatte begonnen. Manchmal gab ein Mann einer Frau einen Schlag auf die geschminkte Wange, oder ein in Wut Geratener packte einen Hocker und hob ihn drohend gegen den Kopf eines der Kartenspieler.

Wenn der Streit schlimmer wurde, als El Licenciado für zulässig hielt, verließ er langsam seinen Platz hinter der Theke, ging wie ein Wildeber die Gegner an und warf sie wortlos auf den kleinen Platz hinaus. Dann drehte er sich um und schloß sorgsam hinter sich die Tür. Die Tür besaß keinen Riegel und bestand aus einer einfachen Glasscheibe mit kurzen roten Marquisettevorhängen. Seltsamerweise habe ich nie gesehen, daß jemand versucht hätte, sich erneut Eintritt zu erzwingen. Der Kneipenwirt galt als tabu – die Gäste hatten alle eine rein körperliche Angst vor ihm wegen seiner Vergangenheit und befürchteten zudem, die Schenke, eine der wenigen, die der Legion offen standen, könnte geschlossen werden.

Diese Kneipe nun übte auf mich die gleiche faszinierende Wirkung aus, die für einen normalen Menschen der erste Besuch in einem Irrenhaus hat und die aus Ekel, Angst und der diabolischen Anziehungskraft der unbekannten Schrecknisse des Wahnsinns besteht. Der eigenartige Ehrenkodex der Vogelfreien machte mich in dieser Umgebung sakrosankt, denn ich gehörte nicht zu ihnen, war aber der Freund von einem aus ihren Reihen. Trotzdem flößte mir die Berührung mit ihnen ständig neue Angst, ja nahezu ein Entsetzen vor dem Tercio ein, das mich mein Leben lang nicht verlassen hat.

Oberstleutnant Millán Astray trat, gefolgt von einigen Offizieren, aus seinem Zelt. Die Menge verstummte. Der Kommandeur streckte seinen knochigen Körper, während seine Hände einen Handschuh marterten, bis das Haar der Pelzfütterung zum Vorschein kam. Die volle Macht seiner Stentorstimme erfüllte das Feldlager, und das Getöse in den Biwaks der anderen Einheiten verebbte. Achthundert Soldaten wollten ihn hören, und sie lauschten.

»Caballeros Legionarios!«

»Ritter der Legion ... ja, Ritter! Ritter des Tercio von Spanien, Nachfahren des alten Tercio von Flandern! Ritter! Es gibt Leute, die sagen, ihr seid weiß Gott was gewesen, ehe ihr hierher kamt! Alles andere als Ritter, sagen sie. Die einen sind Mörder, die anderen Diebe, aber alle, alle haben die Brükken hinter sich abgebrochen und sind fertig mit ihrem Leben, sind – tot! Und es ist wahr, was sie sagen. Hier jedoch, eben weil ihr hier seid, seid ihr Ritter! Ihr seid von den Toten auferstanden ... Aber vergeßt nicht, daß ihr tot gewesen seid, daß euer Leben vorher zu Ende war! Ihr seid hergekommen, um ein neues Leben zu leben, für das ihr mit dem Tode bezahlen müßt! Ihr seid hergekommen, um zu sterben. Man tritt in die Legion ein, um zu sterben.

Was seid ihr? Die Angelobten des Todes! Ihr seid die Ritter der Legion. Ihr habt euch reingewaschen, denn ihr seid hergekommen, um zu sterben. Es gibt kein anderes Leben für euch als das in dieser Legion. Aber ihr müßt begreifen, daß ihr spanische Ritter seid, ihr alle, Ritter wie jene Legionäre, die als die Eroberer Amerikas eure Vorfahren zeugten! In euren Adern fließen einige Tropfen vom Blute der Pizarros und Cortés. Tropfen des Blutes jener Abenteurer, die eine Welt eroberten und Ritter waren wie ihr – Angelbote des Todes. Es lebe der Tod ...«

»Viva la Muerte!«

Millán Astrays ganzer Körper erfuhr eine hysterische Verwandlung. Seine Stimme dröhnte, schluchzte, kreischte. In die Gesichter dieser Menschen spie er ihr ganzes Elend, ihre

Schande, ihre Häßlichkeit, ihre Verbrechen und riß sie dann mit fanatischer Wut zu einem Gefühl der Ritterlichkeit hin, zu einer Bereitschaft, jede Hoffnung aufzugeben außer der, einen Tod zu sterben, der den Makel des Elends und der Feigheit im Strahlenglanz des Mutes tilgen würde.

Als die Standarte der Legion in wilder Begeisterung aufschrie, schrie ich mit ihnen.

Sanchiz preßte meinen Arm. »Ist er nicht ein großartiger Kerl?«

Millán Astray ging den Kreis der Legionäre entlang und blieb da und dort vor einem besonders exotischen oder sonstwie auffallenden Gesicht stehen. Er hielt vor einem dicklippigen Mulatten, dessen blutunterlaufene Augäpfel die gelbliche Farbe eines Leberkranken hatten.

»Woher kommst du, mein Junge?«

»Was zum Teufel geht Sie das an?« erwiderte der Mann.

Steif aufgerichtet, starrte Millán Astray ihm in die Augen.

»Du glaubst, du bist tapfer, nicht wahr? Hör zu! Hier kommandiere ich. Wenn einer wie du zu mir spricht, hat er Haltung anzunehmen und zu sagen: ‚Zu Befehl, Herr Oberstleutnant! Ich möchte nicht sagen, woher ich komme.‘ Das wäre in Ordnung, denn es ist dein gutes Recht, dein Land nicht zu nennen, aber du hast kein Recht, zu mir zu sprechen, als ob ich deinesgleichen wäre.«

»Und worin bist du mehr als ich?« Der Mann spuckte es von den Lippen, die rot und feucht von Speichel waren, als wäre er brünstig.

Manchmal können Männer brüllen wie ein Stier. Manchmal können Männer einen Sprung tun, als wären ihre Muskeln aus Gummi, ihre Knochen federnder Stahl.

»Ich?« brüllte der Kommandeur. »Ich bin mehr als du, mehr Mann als du!« Er sprang auf den anderen los und packte ihn am Hemdkragen. Er hob ihn vom Boden, schleuderte ihn in die Mitte des Zirkels und schlug ihm mit beiden Händen schauerlich ins Gesicht. Zwei oder drei Sekunden lang. Dann erholte sich der Mulatte von dem unerwarteten Angriff und sprang auf. Sie schlugen aufeinander ein, wie es primitive Urwaldmenschen getan haben müssen, ehe die erste Steinaxt erfunden wurde. Der Mulatte blieb blutend und nahezu besinnungslos auf dem Boden.

Millán Astray, aufrechter, furchtbarer denn je, erstarrt in menschenmörderischer Tollwut, heulte: »Stillgestanden!« Die achthundert Legionäre – und ich – standen wie Automaten stramm. Der Mulatte erhob sich langsam, mit Händen und Knien die Erde scharrend. Er streckte sich. Aus seiner Nase floß Blut, vermischt mit Schmutz, wie Kinderrotz. Die zerrissene Lippe war dicker als zuvor, sie war unförmig. Er schlug die Hacken zusammen und salutierte. Millán Astray klopfte ihm auf die mächtige Schulter. »Morgen brauche ich tapfere Männer an meiner Seite. Ich nehme an, ich werde dich in meiner Nähe sehen.«

»Zu Befehl, Herr Oberstleutnant!« Seine Augen, blutunterlaufener als je zuvor, gelb von Gelbsucht, flammten in fanatischer Glut.

Der Morgen graute. Auf der Talsohle, wo sich der Fluß schlängelte, drang die Helle gegen die blaue Schwärze des Himmels vor. Plötzlich stieg die Sonne wie ein Flamme, und ihre rote Scheibe warf blutrote Lichter auf die Wasser. Von der Höhe unserer Stellung aus gesehen, schien das Licht die Hänge emporzuklimmen, und die Schatten reckten sich ungeheuer und gestaltlos über das Tal hinweg. Die Kämme wurden von dem Schein erhellt, der von unten kam; die Baumwipfel glommen, als ständen die Stämme in Flammen, und die Rauchsäulen, die aus der bombardierten Kabyla aufstiegen, leuchteten rot, als flackerten die Flammen von neuem auf.

Unsere Artillerie deckte den Angriff. Wir sahen die schnelle maurische Kavallerie bergan reiten, beobachteten, wie die eingeborene Infanterie zwischen Büschen und Zwergpalmen von Deckung zu Deckung lief. Kleine weiße Wölkchen sprenkelten den Boden, flüchtig wie das Aufflackern der Blitzlichtpatrone eines Photographen. Die Schüsse verschwammen zu einem steten Knattern, das immer lauter wurde. Das Tercio, im Zentrum, trug den Angriff gegen den Gipfel vor, wo inmitten einer kahlen, felsigen Hochfläche, von einer steinernen Mauer umgeben, die Kabyla stand. Wieder fielen Geschosse innerhalb der Umwallung. Die Maschinengewehre stotterten wie Motorräder, die Gas geben.

Um zehn Uhr bekamen wir Sappeure den Befehl zum Vorrücken. Wir sollten den Hügel befestigen, den die Legion eben erstürmt hatte. Die Stellung sollte Raum bieten für eine ganze Kompanie und eine Batterie Feldgeschütze; eine Brustwehr von zehntausend Sandsäcken sollte sie schützen. Als wir den Rand des Gipfels erreichten, erhielten wir den Befehl, auszuschwärmen, uns flach hinzuwerfen und die Gewehre zu laden. Ein Hauptmann vom Stab kam und ging. Er unterhielt sich flüsternd mit unserem Kommandeur, galoppierte zur Hügelkuppe und kehrte kurz darauf wieder zurück. Dann kam der Befehl, weiter vorzurücken. Und wir rückten vor, langsam, erreichten den Rand der Hochfläche und hoben vorsichtig die Köpfe. Hinter jedem Stein, hinter jeder Erhebung auf dem nackten Boden lag ein feuernder Legionär. Hier und dort versuchte einer von ihnen sich zu erheben und brach zusammen. Einige bemühten sich, zurückkriechend eine bessere Deckung zu finden. Es war ein langsames, vereinzeltes Zurückwichen, aber – die Legionäre wichen zurück. Immer wieder kam einer von ihnen näher an uns heran, die wir reglos und festgebannt hinter den immergrünen Eichen hockten. Die steinerne Brustwehr der Kabyla schien in Flammen zu stehen, war eine einzige Feuerlinie. Die Kugeln pfiffen über unsere Köpfe hinweg, wir drückten uns an den Boden und reckten doch unsere Hälse, um Sicht zu haben.

Plötzlich erschien mitten auf der leeren Hochfläche ein Reiter, der hin und her galoppierte, während eine kleine Gestalt unermüdlich an seiner Seite blieb: Es war Millán Astray mit seinem Hornisten. Für einen Augenblick setzte das Feuer aus. Das Pferd blieb stehen, der Reiter richtete sich in den Steigbügeln auf: »Legion! Mir nach! Bajonett auf!«

Er erhob einen blutbeschmierten Arm.

In gedrängten Haufen sprangen die Soldaten über die steinerne Brustwehr.

Eine meiner Spezialitäten war die Handhabung von Sprengstoffen, und am selben Nachmittag noch wurde ich deshalb gerufen. Ein Legionsfeldwebel kam mit einem unserer Offiziere und versuchte, mir klarzumachen, was sie brauchten. Sie waren gerade dabei, die Toten zu bestatten. Einer der Legionäre hatte einem Kabylen das Bajonett mit so barbarischer Gewalt durch die Brust gestoßen, daß das Gewehr bis zum Bolzen eingedrungen war. Man hätte die Leiche entzweisägen müssen, um die Waffe herauszuholen, und weil das Gewehr durchaus noch verwendbar war, schlugen sie vor, es zu sprengen.

Ich richtete alles für die Sprengung her, so gut ich konnte. Vorsichtig schüttete ich ein paar Quecksilberzündkapseln, wie wir sie zum Sprengen von Bohrlöchern in Steinbrüchen verwendeten, in den Gewehrlauf, der aus dem Rücken des Kabylen herausragte. Sein Körper glich einem Gerippe, das in einen zerlumpten grauen, mit Blut getränkten Burnus gehüllt war.

Der Mulatte, mit noch immer scheußlich entzündeten Lippen, stand müßig daneben und schaute neugierig zu, wie ich die kleinen goldenen Zündkapseln mit großer Sorgfalt in den Gewehrlauf gleiten ließ. Er trat erst zurück, als ich den Befehl dazu gab.

Ich zündete die Lunte in der Gewehrmündung an und lief davon. Der Leib des Kabylen barst.

Der Mulatte lachte wie ein Tier und schnitt dabei Grimassen, weil ihn die wunde Lippe schmerzte.

Als ich in mein Zelt zurückkam, stürzte ich rasch ein großes Glas Kognak hinunter. Mir war sauübel.

Die Abenddämmerung brach herein. Auf der anderen Seite des Berges, in der Schluchtsohle, hatten die Kabylen das

Feuer eingestellt. Stille lag übe den Feldern. Nur in unserer Stellung knatterten die Flammen weiter, übertönt vom wirren Getöse, das die Sieger machten, als sie ihre Zelte aufschlugen, die Pferde anbanden, sangen, sich über ihre Verletzungen beklagten und Kommandorufe weitergaben.

Eine Stimme erhob sich vom Grunde der Schlucht und stimmte das Abendgebet an. Ich sah die fernen, erdfarbenen Gestalten der Kabylen, die, neben sich ihre Gewehre, die wilde, psalmodisch heulende Melodie mit ihren Salaams begleiteten. Am Fuß der dunklen Hügel begannen die Flußnebel zu steigen und hüllten nach und nach die betenden Gestalten ein. Nur der Gesang schwebte über den Schwaden, und es war, als sänge der Nebel selbst. Draußen vor der Brustwehr, auf der felsigen Hochfläche, lag ein toter Kabyle. Er war mit dem Gesicht zur Erde gefallen. Seine schwärzlichen Arme waren weit ausgebreitet, die Hände ins Gestein verkrallt, die schwarzen dünnen Beine gespreizt. Der große Haarschopf in der Mitte seines rasierten Schädels flatterte im blauen Wind der Nacht.

Es ist drei Uhr nachmittags, und wir warten noch immer auf den Befehl zum Vorrücken und zum Beginn der Befestigungsarbeiten.

Bei Morgengrauen strömten die spanischen Kolonnen wie Heere von Wanderameisen in das Tal von Beni-Aros, wir, die Ben-Karrick-Kolonne, vom Norden, die Larache-Kolonne vom Westen. Die zwei Gruppen konvergieren nun zur Mitte, wo wir die Hütten des Zoco el Jemis von Beni-Aros erkennen können, einen der wichtigsten Marktplätze des ganzen Bezirks. Die französischen Grenzstellungen schließen das Tal vom Süden ab, die Berge des Dschebel Alam und eine Verstärkungskolonne, die sich in Xauen sammelt, gegen Osten. Die Truppen des Raisuni sitzen in der Falle, von allen vier Seiten eingeschlossen: Ihr einzige Ausweg wäre das Überschreiten der französischen Grenze oder die Flucht in die Berge des Dschebel Alam.

Die Kabylen verteidigen sich wütend und benutzen jeden Stein und jeden Busch zur Deckung. Die Angriffe unserer Sturmtruppen, der Regulares und des Tercio, stoßen auf einen unfaßbaren, allgegenwärtigen Feind. Jetzt fordert die Rebellenkavallerie die unsere heraus. Wir sehen die Attacke der spanischen Kavallerie gegen die kabylischen Reiter, die über den grünen Rasen des Zoco hinweggaloppieren und ihre Verfolger dorthin locken, wo die Scharfschützen zwischen den Felsen im Hintergrund liegen.

Wir sehen, wie unsere Kavallerie die Reihen schließt und sich zurückzieht. Jemand muß den Befehl erteilt haben, die feindlichen Heckenschützen zu bombardieren, denn die Granaten fallen gerade dort, wo sich jetzt unsere Reiter befinden. Heliographen strahlen Sonnenfunken nach allen Richtungen. Uns gegenüber, in zehn Kilometer Luftlinie entfernt, beobachten sicherlich die Franzosen das Bild zu unseren Füßen, genau so, wie wir das tun.

Es ist lange her, seit wir unsere kalte Mahlzeit verzehrt haben. Seit Stunden warten wir, im Schutze des Berges, daß die Reihe an uns komme. Die Soldaten sind schlaftrunken. Viele, gelangweilt vom Schauspiel eines Kampfes, dessen Ausgang noch immer nicht feststeht und dessen Szenen sich seit Stunden wiederholen, haben sich auf den Boden geworfen und sind eingenickt.

Schließlich galoppiert ein Hauptmann des Generalstabs heran. Und wir beginnen zu marschieren, nun plötzlich in größter Eile, und klettern Hänge hinauf und hinunter. Manchmal stolpert ein Maultier, und der Treiber flucht, mehr um sich durch den Klang der eigenen Stimme wachzuhalten, als um einen gelockerten Gurt oder einen Sattel zu verfluchen, der gegen die Beine des Maultiers schlägt.

Wir brauchen eine gute Stunde, um unseren Bestimmungsort zu erreichen, einen in das Tal vorgeschobenen Hügel, auf dem wir ein Blockhaus errichten sollen. Das Tercio kämpft zwar noch auf der Hügelkuppe, aber das spielt keine Rolle. Wir müssen vor Anbruch der Nacht noch abmarschieren, und dann muß das Blockhaus um jeden Preis fertig dort stehen.

Auf der geschützten Seite des Berges schaufeln unsere Soldaten hastig Erde in die Sandsäcke. Die numerierten Holzbestandteile des Blockhauses werden auf dem Boden ausgebreitet, damit das Klötzchenspiel richtig zusammengelegt werden kann. Die Stacheldrahtrollen werden aufgebunden, und die Enden peitschen mit scharfen Klauen die Luft.

Zuerst muß eine Brustwehr gegen den Feind errichtet werden, damit wir überhaupt arbeiten können. Die Soldaten kriechen, mit Sandsäcken vor dem Kopf, den Hügel hinauf, verlieren aber, einmal oben angekommen, sofort ihre Deckung. Sie nehmen die Säcke in die Arme wie Wickelkinder, legen sie in eine Reihe und schlängeln sich auf dem Bauch, schneller als erschrockene Eidechsen, zurück, während die Kugeln über ihre Köpfe schwirren oder dumpf auf Sandsäcke und den Erdboden prallen. Der Feind konzentriert sein Feuer auf den Hügelkamm, und die ausgeschwärmten Legionäre, die an unsere Beine und unsere Sandsäcke stoßen, verfluchen uns. Als jedoch schließlich die Brustwehr fertig ist, benützen die Legionäre sie als Deckung. Das Aufschlagen der Kugeln auf den Erdwall klingt jetzt wie dicke Regentropfen, die während eines Gewitters auf die Steinfliesen eines Hofes fallen, die Kugeln über unseren Köpfen schwirren wie aufgestörte Bienen. Das Holzgerippe des Blockhauses nimmt Gestalt an, und die Sonne saugt aus seinen frisch gesägten Föhrenbalken einen kräftigen Duft, der die Luft erfüllt.

Jetzt gibt es eine Feuerpause. Die Kabylen wissen, was kommt, und warten darauf. Wir wissen es ebenso gut. Wir wissen, daß sie sehr genau zielen und auf den Augenblick warten, in dem wir mit den Wellblechplatten des Daches auftauchen werden, wobei wir uns deutlich gegen den Hügel, die Holzkonstruktion und das leuchtende Metall abzeichnen.

Diese Blechplatten liegen jetzt zu unseren Füßen, ein ungeheures Buch mit gewellten Blättern. Wir fürchten uns, es zu öffnen, denn sehr wohl kann auf einer dieser Seiten unser

Schicksal geschrieben sein, in welliger Schrift, einer Schlange gleich, die sich quer über die Falten windet.

Die Geschichte berichtet tausende und tausende Fälle von Heldentaten, die auf Schlachtfeldern vollbracht wurden. Ein Krieger oder ein Soldat haut, zerschlägt, zerhackt, zerstößt, zermalmt Schädel um Schädel mit seinem Morgenstern oder seinem Gewehrkolben und findet Eingang in die Heldenlegende.

Dergleichen gibt es hier nicht.

Wir kämpfen nicht; kaum sehen wir den Feind. Wir ergreifen ein Stück Zinkblech von einem halben Meter Breite und zwei Meter Länge, ersteigen taumelnd eine Leiter, befestigen, während uns die Sonne in die Augen funkelt, die Blechplatte in einem Winkel von fünfundvierzig Grad, treiben einen Nagel nach dem anderen in ihre vier Seiten, ständig darauf bedacht, uns mit dem Hammer nicht etwa die Finger zu zermalmen. Inzwischen nehmen zehn oder zwanzig oder hundert Augen über Korn und Kimme die kleine Gruppe aufs Ziel, die sich vor den Blechspiegel hingestellt hat. Kugeln reißen scharfrandige Löcher ins Blech und manchmal auch ins Fleisch. Das Loch, durch das eine Kugel in den Rücken eines Menschen eindringt, ist klein und sauber. Das Loch auf der anderen Seite ist breit, hat blutende, von Metall zerrissene Ränder und ist voll Fleisch- und Uniformfetzen.

Das Blockhaus steht, aber den Stacheldrahtverhau haben wir noch zu errichten. In Fünfergruppen springen unsere Soldaten über die Brustwehr. Einer hält die Holzpfähle, während andere sie hastig in den Boden rammen. Einer wickelt von einem Rad, das ein Zweiter dreht, den Stacheldraht ab, der ihn in die Hände beißt und sticht. Ein anderer befestigt mit Stahlklammern den Draht an den Pfählen. Sie arbeiten alle unter Beschuß.

Um sieben Uhr hatten wir unsere Arbeit beendet. An Verlusten hatten wir drei Tote und neun Verwundete zu verzeichnen. Ein Blockhaus mehr erhob sich über dem Tal von

Beni-Aros. Wir bekamen den Befehl zum Rückmarsch; die Nacht brach an, und wir hatten zwanzig Kilometer zu unserer Ausgangsstellung zurückzumarschieren. Zwei Stunden später marschierte die Sappeurkompanie noch immer durch die dunklen Felder. Der Gefechtslärm hinter uns war längst verstummt.

Woran wir dachten? Im Krieg retten sich die Menschen einfach durch die Tatsache, daß sie gar nicht zu denken imstande sind. Im Kampf kehrt der Mensch zu seinem Ursprung zurück. Wird zu einem Tier in der Herde, und Selbsterhaltung wird ihm zum einzigen Instinkt. Muskeln, die seit Jahrhunderten keiner mehr benutzt hat, werden lebendig. Eine Kugel pfeift vorbei, und Ohren spitzen sich; ein kritischer Augenblick, und die kleinen Härchen auf der Haut sträuben sich. Man springt zur Seite wie ein Affe oder wirft sich hinter die einzige Falte auf den Boden, gerade noch rechtzeitig, um einem Geschoß auszuweichen, das man weder gesehen noch gehört hat. Aber denken? In solcher Lage wird nicht gedacht.

Während dieser Rückmärsche, bei denen ein Mann hinter dem anderen wie ein Schlafwandler hermarschiert, beruhigen sich schließlich die Nerven. Nichts bleibt dann übrig als der Rhythmus der schweren Füße – und wie schwer sie sind! –, der herabhängenden Hände, die wie Automaten in vollkommener Eintracht mit den Beinen schwingen, und des schlagenden Herzens, das man in sich hört, beim Marschieren, im Schlafwandeln, im Gleichtakt mit dem Herzen des Vordermannes, das man bloß deshalb nicht hört, weil das eigene Herz zu viel Lärm macht. Trinken und schlafen. Trinken und schlafen. Das Gehirn ist vom Verlangen nach einem Trunk und von der Sehnsucht nach Schlaf ausgefüllt. In der Dunkelheit reiten Durst und Müdigkeit auf den Nacken von hundert marschierenden Soldaten, in hundert leeren Gehirnen.

Um Mitternacht bestand kein Zweifel mehr, daß wir uns verirrt hatten. Wir waren am Fuße von Bergen angelangt, die für uns nur ungeheuerliche Schatten unter einem ausgestirnten Himmel blieben. Wo waren wir? Wir machten halt, und der Hauptmann beriet sich mit den Feldwebeln. Wir hatten keine einige Lampe, verfügten über keinen einzigen Kompaß. Vor uns stand der steinerne Wall des Gebirges, hinter uns lagen die dunklen Felder mit Hunden und Hyänen, die von ferne heulten. Wir beschlossen, den nächsten Berg zu besteigen. Vielleicht war vom Gipfel aus etwas zu sehen, ein Licht, ein Punkt, nach dem wir uns richten könnten.

Und wir begannen den Aufstieg, im Dunkel stolpernd, den Kopf auf die Brust geneigt, wie Pilger, und murmelten eine Gotteslästerung um die andere.

Vom Gipfel aus sahen wir ein Licht, zwei Lichter und, sehr weit weg, einen winzigen kleinen Lichtfleck, der rhythmisch blinkte. Der Berg fiel steil vor uns ab – hier hinunterzusteigen, würde lediglich bedeuten, auf Felsen zerschmettert zu werden. Wir beschlossen, an Ort und Stelle zu lagern und den Anbruch des Tageslichts abzuwarten, der in zwei Stunden kommen würde. Wir improvisierten eine Brustwehr aus dem Material, das die Maultiere trugen, und den Maultieren selbst. Hinter ihrem Schutz zündeten wir Feuer an, stellten Posten auf und schliefen dann alle innerhalb ihres engen Ringes: Mann und Tier, ineinander verkeilt, verschreckt wie Kinder.

Beim Morgengrauen erkannten wir vor uns das Meer. Die aufsteigende Sonne setzte glitzernde Kringel silbrigen Goldes auf die grünen Wellen, die Schaumkronen in Gestalt weißer Halbmonde trugen. Dort unten zur Linken lag Río Martín.

Wir sollten nie erfahren, wie viele Kilometer wir diese Nacht marschiert waren. Unsere Füße waren geschwollen, alle unsere Glieder steif, und wir mußten bis gegen Mittag rasten, um den langsamen Abstieg nach Río Martín beginnen zu können.

Dort war es, während der Hauptmann auf eine Verbindung mit dem Hauptquartier wartete, daß ich zum ersten Mal bewußt an das dachte, was mir seit der Nacht zuvor dauernd im Kopf herumgegangen war: kein Kompaß, keine Lampe, keine Karte! Die Truppen der spanischen Marokko-Armee gingen in den Kampf ohne Mittel, ihren Standort zu bestimmen.

Menschen wurden an die Front geschickt, deren Instinkt es überlassen blieb, bis wohin sie vorrücken, vor allem aber, wie sie zu ihren Ausgangsstellungen zurückkehren sollten; Einheit um Einheit verirrte sich bei Nacht. Plötzlich begriff ich die Tragik dieser marokkanischen Rückmärsche, auf denen nach mancher siegreichen Operation Hunderte von Menschen in Hinterhalten zugrunde gingen.

Zwei Tage darauf erhielten wir den Befehl, nach Xauen zu marschieren, achtzig Kilometer ostwärts. Wir sollten zu jener Kolonne stoßen, die den Ausgang aus dem Tal von Beni-Aros und die Hänge des Dschebel Alam hielt.

Xauen ist eine unendlich alte Stadt in einer engen Gebirgsschlucht. Man erblickt sie erst, wenn man die Schlucht selbst betritt; dann liegt plötzlich die Stadt überraschend vor einem da. Es ist keine arabische Siedlung, sondern eine Stadt der spanischen Sierras, mit spitzen roten Schindeldächern auf den weißgetünchten Häusern, Dächern, von denen im Winter der Schnee abrutscht. Die Marokkaner nennen Xauen »die heilige Stadt« und »die Geheimnisvolle«. Sieht man die Stadt, wie sie hinter ihren Granitwällen nistet, dann begreift man, warum sie Jahrhunderte lang uneinnehmbar gewesen ist. Eine Handvoll Männer, auf die Gipfel der nächsten Umgebung verteilt, konnte jedem Eindringling mit geschleuderten Felsbrocken den Weg versperren.

Xauens enge, steile, gewundene Gäßchen bilden ein Labyrinth. Zu Beginn unserer Besetzung kam es nicht selten vor, daß ein spanischer Soldat von einem der langen, krummen Dolche durchbohrt wurde, ohne daß je zu erfahren war, woher der Stoß kam. Das Judenviertel war eine streng verschlossene Festung, deren eiserne Gittertore seit Jahrhunderten zum ersten Mal offen blieben, als die Spanier die Stadt besetzten. Innerhalb dieses Viertels mit dicken Mauern, winzigen Türen und Schießscharten als Fenster wurde noch immer Spanisch gesprochen, das archaische Spanisch Kastiliens im sechzehnten Jahrhundert. Und einige Juden schrieben dieses vermoderte Spanisch noch immer in alten Lettern mit Kurven und Arabesken, die ein eben beschriebenes Blatt Papier als altes Pergament erscheinen ließen.

Ich verliebte mich in Xauen. Nicht in das Xauen der Militärs mit seinem Spanischen Platz und dem großen Lager außerhalb der Wälle, den Kantinen und Bordellen, der ewigen Besoffenheit, den hochnasigen Offizieren und den heuchlerisch unterwürfigen Mauren. Ich liebte das andere Xauen, »die Geheimnisvolle«: die stillen Gäßchen, in denen die Hufe der kleinen Esel widerhallten – den Muezzin, der hoch vom Minarett seine Gebete intonierte – die weiß verschleierten Frauen, deren gespensterhafte Verhüllung nur die funkelnden Augen am Leben ließ – die Bergkabylen, die in Hadern und Lumpen oder im Burnus aus milchweißer Wolle einherschritten, ohne je ihre überlegene Würde zu verlieren – die schweigsamen Juden, die an den Mauern entlangglitten, als wären sie körperlose Schatten.

Xauen im Mondlicht erweckte in mir immer die Erinnerung an Toledo mit seinen verlassenen, krummen Gäßchen. Und Toledo im Mondlicht rief in mir immer die Erinnerung an Xauen wach. Beide hatten den gleichen Hintergrund von Geräuschen: den schnellen, wild rauschenden Fluß, den Wind, der sich in den Bäumen und Felsen der Berge verfing und in den Tiefen der Wildbachbetten murrte.

Xauen war eine Handwerkerstadt. Seine Einwohner wuschen die Wolle in den Sturzbächen, bleichten sie in der Sonne und färbten sie in naivem Rot, Gelb und Blau, mit Farbstoffen, die sie nach pietätvoll von Vätern auf Söhne vererbten Rezepten aus Baumsäften und zerstoßenen Mineralien herstellten. Sie preßten und ätzten Leder mit jener Kunstfertigkeit, die mit der Kalifenstadt Cordova untergegangen war. Sie mahlten ihr Korn zwischen birnenförmigen Steinen, die ein halbes Jahrtausend lang von der Strömung auf dem Flußbett hin und hergerollt worden waren; nun waren sie glatt, mit winzigen Poren besät, und drehten sich im Mahlen langsam, wie die Brüste einer Frau, die sich im Schlaf herumwälzt. Sie hämmerten ihr Eisen und härteten es über aus alten Eichen gebrannter Holzkohle; sie tauchten es ins Wasser des Flusses und ließen es zischen, und wenn es hervorkam, war es blau wie Stahl oder gelb wie sonnengebleichtes Stroh. Mit raschen kleinen Hammerschlägen bosselten die Juden Silber auf Unterlagen aus zähem Pech, die für die Figuren, die ihre Werkzeuge ins Metall trieben, ein weiches Bett lieferten. Da waren primitive Brennöfen und Töpferscheiben, auf denen sie Töpfe mit einfachen Linien und anmutigen Proportionen drehten.

Im heutigen Xauen aber wird niemand mehr finden, was ich beschrieben habe. Vor vielen Jahren schon ist das alles verlorengegangen. Die spanische Invasion hat den Zauber der alten Stadt ausgetrieben. Heutzutage wird die Wolle mit den Kunstfarben der I.G. Farbenindustrie bearbeitet und mit Baumwolle gemischt. Die wenigen noch übriggebliebenen Webstühle werden nicht mit Händen und Füßen, sondern mit Motoren angetrieben. Die Silberschmiede haben ihre Werkstätten vor Jahr und Tag geschlossen; in den völlig europäisierten Läden wird schamlos gestanztes Silberbleich aus Marrakesch und Pforzheim zur Schau gestellt. Leder wird nicht mehr mit Rinde gegerbt und durch mühselige Handwerksarbeit veredelt, seine Muster werden nicht mehr mit Hämmern und erhitztem Eisen eingebrannt; gegerbt wird in einem chemischen Verfahren, geschnitten mit Maschinen, gestanzt mit Stahlplatten, die in Paris oder Gott weiß wo erzeugt werden. Den Fondak, das alte arabische Einkehrhaus für Reisende, gibt es nicht mehr, wohl aber Hotels mit französischen Menüs. Xauen ist nun weder geheimnisvoll noch heilig. Schenken und Bordelle haben sich aufgetan. Schon im Jahr 1931 war der Ort ein Ausstellungsstück für Touristen, mit riesigen Plakaten an den Wänden und einer breiten Straße, auf der die Wagen reicher Amerikaner und Engländer fahren konnten; eine Stadt, in der der Handel mit bedruckter Lyonkunstseide blühte und gedieh.

Ich aber habe Xauen gekannt, bevor es prostituiert worden ist, als es noch ein Abenteuer war, durch seine Gassen zu wandern.

Wir rasteten im Hauptlager und wurden für kommende Operationen reorganisiert. Wie üblich, wurden Gerüchte und ihre Ausdeutung von Zelt zu Zelt getragen und von Kantine zu Kantine. Manzanares kam mit geheimnisvoller Miene zu mir: »Eine große Sache in Vorbereitung.«

»Was ist los?«

»Keine Ahnung, aber alle hohen Offiziere laufen vom Zelt des Generals zum Zelt der Korpskommandeure, und fortwährend wird mit Ceuta und Tetuan telephoniert. Eine von Oberst Serranos Ordonnanzen behauptet, die Kabylen hätten Ceuta eingenommen und uns abgeschnitten, und sie würden uns in Stücke hauen.«

Bei Anbruch der Nacht – es war der 11. oder 12 Juli 1921 – riefen Hornsignale die Offiziere zusammen, und die Kommandeure aller Einheiten vergatterten sich vor dem Zelt des Oberbefehlshabers. Bei Tagesanbruch wurden wir alle nach Tetuan in Marsch gesetzt, nur eine kleine Besatzung wurde in Xauen zurückgelassen.

Ein Kilometer reihte sich an den anderen. Der Marsch und die Julisonne erstickten das Bedürfnis nach Aussprache. Zu Mittag wurde die Rast, die wir so begierig erwartet hatten, nicht befohlen. Manche der Soldaten konnten einfach nicht weiter und blieben zurück. Als der erste in unserer Kompanie das Glied verließ, gab mir der Hauptmann den trockenen Befehl: »Wenn er nicht weiterkann, soll er zurückbleiben und sich um sich selber kümmern.«

Um zehn Uhr abends marschierten wir in Tetuan ein. Wir warfen uns auf den Boden der Kaserne und schliefen ein, ohne uns auch nur die Zeit zu nehmen, die Tornister abzuschnallen. Bei Morgengrauen marschierten wir nach Ceuta ab. In Ceuta wurden wir auf einem Dampfer eingeschifft; in Ceuta erfuhren wir, was los war.

Die Rifkabylen hatten die ganze Garnison von Melilla hingemetzelt und standen an den Toren der Stadt.

Geschichtsbücher nennen es »die Katastrophe von Melilla« oder die spanische Niederlage in Marokko im Jahre 1921; sie berichten, was man »historische Tatsachen« nennt. Ich kenne sie nur aus diesen Büchern, aber ich kenne einen Teil der ungeschriebenen Geschichte, die in den Massen des Volkes eine Überlieferung geschaffen hat, die mehr gilt als die offizielle. Die Zeitungen, die ich später las, sprachen von einer Entsatzkolonne, die, erfüllt von patriotischem Eifer, Melilla zu befreien, im Hafen von Ceuta eingeschifft worden war.

Ich weiß nur, daß einige tausend erschöpfte Soldaten sich im Hafen von Ceuta mit unbekanntem Ziel einschifften, ausgepumpt bis zum äußersten nach einem Marsch von hundert Kilometern durch Marokko, unter glühender Sonne, schlecht gekleidet, schlecht ausgerüstet, schlecht verproviantiert. Sie verließen den Hafen, wurden alsbald seekrank und verdreckten das Deck des Schiffes. Sie begannen zu fluchen und nahmen sich jede Freiheit heraus: Sie tranken und spielten und schlugen wegen der Spielverluste aufeinander los; sie sangen und rauften, verspotteten die Seekranken und verlachten den scherbäuchigen Oberst mit dem grünlichen Gesicht und der von halbverdauten Speiseresten bekleckerten Uniform. Das Schiff war eine Hölle.

Und Melilla war eine belagerte Stadt.

In das belagerte Melilla entlud ein großer Dampfer tausende seekranker, betrunkener, übermüdeter Menschen, die seine Befreier sein sollten. Wir schlugen ein Lager auf, ich weiß nicht mehr wo. Wir hörten Geschütze, Maschinengewehre und Gewehre, die irgendwo außerhalb der Stadt feuerten. Wir drangen in die Kaffeehäuser und Schenken ein und betranken uns, und wir stürmten die Bordelle. Wir forderten die verängstigten Einwohner heraus: »Jetzt werdet ihr was zu sehen bekommen! Jetzt sind wir dran, jetzt wird das Kind geschaukelt! Morgen wird es nicht einen lebendigen Kabylen mehr geben!« Die Eingeborenen waren aus den Straßen von Melilla verschwunden; gleich nachdem das Schiff am Pier vor Anker gegangen war, hatte ein Legionär einem Mauren die Ohren abgeschnitten, und die Behörden hatten daraufhin angeordnet, daß kein Eingeborener sein Haus verlassen dürfe. Am nächsten Morgen marschierten wir an den Rand der Stadt; wir sollten die Einkreisung durchbrechen und mit der Wiedereroberung der Zone beginnen.

Während der ersten paar Tage bauten wir technischen Truppen neue Stützpunkte, kehrten jedoch jedesmal ins Lager im Innern der Stadt zurück. Die Schlagzeilen der Zeitungen berichteten Greuel, die wir nicht zu Gesicht bekommen hatten. Dann rückten wir weiter vor, vor die Stadt hinaus, und sahen Entsetzliches.

Ein großes Haus war buchstäblich von Kugeln durchsiebt. Der weiße Kalk seiner Wände war abgeschält, so daß die Ziegel wie Flecken trockenen Blutes zu Tage traten. Im Hof lag ein Pferdekadaver, mit aufgeschlitztem Bauch, als hätte ein wütender Stier es aufgespießt. Die blauen Eingeweide waren mit Fliegen bedeckt, und eines der Beine war weggeschnitten. In den Fenstern des ersten Stockwerks lagen zwei, drei, fünf tote Soldaten, ein toter Mensch je Fenster, einige von ihnen mit einem sauberen Loch in der Stirne, zusammengesunken wie Tuchpuppen, denen das Sägemehl aus den Bäuchen geronnen ist, andere in den Lachen ihres eigenen Bluts. Leere Patronenhülsen rollten auf dem Boden, wie zerbrochene Rasseln klappernd. Ungeschickt stolperten wir angesichts der Toten über sie. Im Erdgeschoß stießen wir auf blutige Spuren, Spuren von Menschen, die an den Schultern gefaßt und hinausgeschleppt worden waren, während ihnen das Blut die Stiefel hinabrann, und die Steinfliesen entlang liefen zittrige Linien, wie mit roter Kreide gezeichnet.

Und das Zimmer dahinter:

Ein kleiner Junge hat sich in Abwesenheit der Mutter eines Kruges mit Schokoladetunke bemächtigt und damit Gesicht und Hände bemalt, Beine und Kleider, Tisch und Stuhl. Vom Stuhl ist er herabgestiegen und hat ein Klümpchen Schokolade auf den Fußboden gegossen. Er hat seine Finger über die Wände spazieren geführt und in jedem Winkel den Abdruck seiner Hand hinterlassen, auf jedem Möbelstück, in Linien, Haken und Hieroglyphen. Hüpfend vor Freude, als er die dunklen

Streifen auf all den sauberen Dingen sah, fuhr er mit dem Fuß in den Krug hinein und spritzte die Schokolade auf die Wände, ganz hoch hinauf. Es war so lustig, daß er beide Hände in den Krug tauchte und große und kleine Tropfen überallhin verspritzte, sogar auf die Decke. Genau in der Mitte ist dann ein dicker Klumpen halb trocken kleben geblieben.

In diesem Zimmer lagen fünf tote Soldaten. Sie waren mit ihrem eigenen Blut beschmiert, Gesicht, Hände, Uniformen, Haar und Stiefel. Das Blut hatte auf dem Boden Tümpel, auf den Wänden Streifen, auf der Decke Klumpen gebildet, Spritzer in alle Winkel verstreut. Auf jede saubere weiße Stelle hatten Hände die Abdrücke von fünf oder zwei oder einem Finger hingemalt, oder fingerlose Handflächen und formlose Daumen. Ein Tisch und einige Sessel waren so zerschlagen, daß sie nur noch als Brennholz zu verwenden waren. Tausende von Fliegen in unaufhörlichem Gesumme hielten einen festlichen Schmaus; sie sogen Blut aus dem auf die Wand gemalten Daumen und von den Lippen der Leiche im Winkel links.

Den Geruch kann ich nicht beschreiben. Wir stiegen in ihn hinein, wie man ins Wasser eines Flusses steigt. Wir gingen darin unter. Da gab es keinen Boden, keine Oberfläche, kein Entkommen. Der Geruch durchtränkte Kleidung und Haut, filterte durch die Nase in die Kehle und die Lungen, daß wir niesen, husten und uns erbrechen mußten. Der Geruch löste unsere menschliche Substanz auf. Er verseuchte sie augenblicklich und verwandelte sie in eine zähflüssige Masse. Sich die Hände zu reiben, war wie das Reiben zweier Hände, die nicht zu einem gehörten, die Hände eines verwesenden Leichnams zu sein schienen, klebrig und vollgesogen von Dunst und Gestank.

Wir häuften die Toten auf das Pferd im Hof, übergossen alles mit Petroleum und steckten den Haufen in Brand. Er stank nach geröstetem Fleisch, und wir mußten uns übergeben. An diesem Tag begannen wir zu kotzen, und wir sollten endlose Tage weiterkotzen.

Denn der Kampf selbst spielte die geringste Rolle bei dem Ganzen. Die Märsche durch das sandige Wüstenland um Melilla, diesen Vorposten der großen Wüste, spielten wirklich keine Rolle, noch auch taten es Hunger und Durst, das schmutzige, brackige, spärliche Wasser, oder die Schüsse, oder unsere eigenen noch warmen und elastischen Toten, die wir auf eine Bahre legen und mit einer Decke verhüllen konnten, und die eintönig stöhnenden oder schrill kreischenden Verwundeten. Aber die anderen Toten! Jene Toten, die wir fanden, nachdem sie tagelang in der afrikanischen Sonne gelegen hatten, die innerhalb zweier Stunden frisches Fleisch in madige Fäulnis übergehen läßt! Jene mumifizierten Toten, deren Leiber geborsten waren! Jene verstümmelten Leiber, ohne Augen, ohne Zungen, mit besudelten Genitalien, mit Stacheldrahtpfählen geschändet, die Hände mit den eigenen Eingeweiden zusammengebunden, enthauptet, armlos, beinlos, entzweigesägt – oh, jene Toten!

Wir hörten nicht auf, die Toten in Haufen zu verbrennen, die wir mit Petroleum übergossen hatten. Wir kämpften auf Berggipfeln und in Schluchten, zogen hierhin und dorthin, schliefen auf dem Boden, wurden von Läusen aufgefressen und vom Durst gemartert. Wir errichteten neue Blockhäuser, füllten tausende Sandsäcke und stellten sie auf. Wir schliefen nicht; an jedem Tage starben wir, um am nächsten Morgen aufzuwachen, nachdem wir inzwischen grauenhafte Alpdrücke durchlebt hatten. Und unablässig überwältigte uns der Geruch. Wir rochen einer den anderen. Wir rochen alle nach Tod, stanken wie verwesende Leichen.

Ich kann die Geschichte Melillas im Juli 1921 nicht erzählen. Ich war dort, aber ich weiß nicht, wo ich war; irgendwo inmitten von Schüssen, Granaten und Maschinengewehrgeknatter, schwitzend, schreiend, laufend, auf Steinen oder Sand schlafend, vor allem aber ununterbrochen kotzend, nach Leichen riechend, bei jedem Schritt einen anderen toten Körper findend, der noch schrecklicher war als jener, den ich einen Augenblick zu sehen bekommen hatte.

DIE ENDLOSE STRASSE

Eines Tages kamen wir im Morgengrauen in die Stadt zurück. Sie war angefüllt von Soldaten und Menschen, die nicht mehr belagert wurden. Sie lebten und lachten. Sie blieben in den Straßen stehen, um miteinander zu reden, und setzten sich bequem in den Schatten, um einen Wermut zu trinken. Die Schuhputzer arbeiteten sich durch die Mengen der Kaffeehausgäste. Ein silbriges Flugzeug zog seine Kreise über den Köpfen. Im Park spielte eine Kapelle, und an diesem Nachmittag schifften wir uns ein.

Wir kehrten nach Tetuan zurück. Nach zwei Tagen, an denen Erinnerungsbilder mich zum Wahnsinn trieben und mein völlig zerrütteter Magen mir Höllenqualen bereitete, fiel ich ohnmächtig auf den Tisch des Wachthabenden in der Kaserne von Alcazaba.

7.
KRANKENURLAUB

Jemand rüttelte mich am Arm. Ich hatte geschlafen; es mußte sehr spät sein. Vor mir sah ich ein besonntes Fenster.

»Ja, ja, ich komme.« Aber ich konnte nicht sprechen. Die Zunge steckte mir im Munde wie ein gestaltloser Fleischklumpen. Die Kiefer schmerzten.

»Der Doktor«, sagte jemand neben mir.

»Der Doktor?« erwiderte ich, jedoch wieder ohne zu sprechen. Mein Mund weigerte sich zu sprechen.

Am Fußende des Bettes sah ich einen Militärarzt und einen Soldaten stehen, zwei verschwommene Gestalten mit dem weißen Kreuz der Johanniter auf dem Kragen.

»Wie fühlst du dich, Junge?« fragte der Arzt.

»Ich? Wie? Danke, gut!« antwortete ich, ohne zu sprechen.

Der Soldat sagte etwas: »Sieht aus, als hätte er verstanden. Ich glaube, wir haben ihn durchgebracht, Herr Hauptmann!«

»Gut! Setz die gleiche Behandlung fort!«

Die zwei verschwanden vom Fußende des Bettes. Langsam begann ich, meiner Umgebung bewußt zu werden. Ich lag in einem Bett; gegenüber stand eine Reihe von Betten; rechts und links von mir standen Reihen von Betten. Ich spürte einen widerlichen Geruch, der aus meinen Bettlaken, daß heißt, von mir selber aufstieg. Aber er war anders als der Geruch des Saales. Es war eine riesige Holzbaracke mit einem Schrägdach auf Querbalken und einer Fensterreihe auf jeder Längsseite. Durch die Fenster mir gegenüber strömte die Sonne. Klebriger Geruch von Fieber und unablässiges Summen, von keuchendem Atem und dumpfem Stöhnen überlagert, erfüllten den Raum. Fliegen und sterbende Menschen.

Neben dem Spiegel standen ein glasierter weißer Napf und eine runde Schachtel Pillen. In dem Napf war Milch, in der eine Anzahl von Fliegen umherschwamm. Mit dem Stück Fleisch zwischen meinen Zähnen, das meine eigene Zunge war, spürte ich marternden Durst. Ich wandte meine Augen von der Fliegenschwemme ab und schaute in ein leichenfahles, abgezehrtes Gesicht; es röchelte, als ob der Atem jeden Augenblick aussetzen wollte.

Ich wußte jetzt, wo ich mich befand: im Lazarett von Tetuan, in der Baracke für Infektionskrankheiten. Man pflegte sie das Leichenhaus zu nennen, da die Patienten sie im allgemeinen nur durch eine Hintertür verließen, auf einem Rollwagen mit Gummirädern, in ein Bettuch gehüllt.

Nur die Kranken waren im Raum. Keine Krankenschwester, kein Sanitäter. Niemand. Meine Uniformstücke hingen über dem Fußende des Bettes. Die Silberlitzen auf den leeren Ärmeln funkelten. Es ging mir durch den Kopf, daß da ein anderes Ich am Fußende des Bettes stand und wartete. Ich hatte Tabak in der Jacke, und als ich daran dachte, erfaßte mich ein unwiderstehlicher Drang zu rauchen; also kroch ich auf dem Bett hin, zog die Uniform von der Eisenstange und nahm Zigaretten und Zündhölzer heraus. Es dauerte eine Stunde, bis mein Herz sich beruhigte und der Schweißausbruch aufhörte. Erst dann konnte ich die Zigarette anzünden. Sie schmeckte nach nichts, und es verursachte Schmerzen, an ihr zu ziehen – meine Lippen müssen gräßlich geschwollen gewesen sein.

Ein Sanitätssoldat kam herein und ging von Bett zu Bett. Er steckte einem Kranken ein Thermometer in den Mund, ließ es darin, nahm es heraus, rieb es mit einem Tuchfetzen ab und steckte es in den Mund des nächsten. Dann schrieb er mit Kreide etwas über das Kopfende jedes Bettes. Ein anderer Sanitäter folgte ihm nach, mit einem leeren und einem vollen Eimer. Er leerte die glasierten Näpfe von jedem Nachttischchen in einen Eimer und füllte sie aus dem anderen.

Der Mann mit dem Thermometer kam zu mir.

»Fühlst du dich besser?«

»Ja«, bedeutete ich mit einem stummen Kopfnicken.

»Öffne den Mund!«

»Nein.« Ich zeigte mit der rechten Hand auf meine linke Achselhöhle.

»Nein, wir messen die Temperatur im Mund.«

»Nein.«

Er steckte das Thermometer in meine Achselhöhle und schob meinen Arm so zurecht, daß er es bedeckte. »Halte still jetzt! Willst du Milch?«

»Nein, Wasser.« Aber ich konnte nicht sprechen und bemühte mich, ihm durch Gebärden zu zeigen, was ich wünschte. Schließlich begriff er.

»Wasser?«

»Ja.«

»Nein, Milch, nur Milch! Wasser ist verboten.« Er wollte mir den Napf reichen, der immer noch vom Eintauchen in den Eimer tropfte.

»Nein.«

Er ließ die Milch auf dem Nachttisch, und die Fliegen stürzten sich summend hinein. Der Sanitäter gab mir eine der Pillen aus der Schachtel. Sie klebte an meinem Gaumen, bis sich die Oblate aufgelöst hatte und mein Mund mit bitterem Geschmack gefüllt war: Chinin. Hatte ich denn Malaria?

Als die zwei gegangen waren, drehte ich mich um, was beträchtliche Schmerzen verursachte, und las den Vermerk über dem Kopfende meines Bettes. Unter meinem Namen und einem Datum, über einer Fieberkurve, die sich über vier Quadrate hinzog, stand da: Typh. Ex. War ich seit vier Tagen hier? Und – Typh. Ex.? Flecktyphus.

Aber ich war doch gegen Typhus geimpft worden!

Die Seele des Schwerkranken ist wie die eines Kindes. Sie klammert sich glaubensvoll an eine Hoffnung oder sie versinkt in bodenloser Verzweiflung. Ich war gegen Typhus geimpft, also würde ich nicht an Typhus sterben. Ich konnte nicht sterben. Alle medizinischen Traktate der Welt bekräftigten es: Ich würde nicht sterben. Natürlich, wenn ich nicht geimpft worden wäre ... Eine unendliche Ruhe überkam mich. Ich würde eine Woche krank sein, vielleicht zwei oder drei, aber ich würde nicht sterben.

»Gib mir eine Zigarette«, sagte eine sehr schwache Stimme, »und zünde sie mir an!« Eine gerippegleiche Hand tauchte aus einem Bettlaken herauf.

Ich zündete die Zigarette an und gab sie ihm. »Was ist mit dir los?« Ich war erstaunt, eine heisere, stotternde Stimme, mit geschwollener Zunge redend, aus meinem Mund kommen zu hören.

»Schwindsucht.«

»Dann rauch doch nicht! Schmeiß sie weg!«

»Kommt nicht darauf an. Ich werde heute noch sterben.« Er sagte es so selbstverständlich, daß er mich völlig überzeugte. In der Abenddämmerung bewegte er seine Hand und sagte etwas.

»Was?« versuchte ich zu fragen.

»A-d-i-o-s«, sagte er deutlich und sehr langsam.

Kurz darauf kamen die zwei Sanitäter wieder, der mit dem Thermometer und der mit den Eimern. Sie zogen das Bettlaken auf dem Bett meines Nachbarn bis zum eisernen Kopfende, so daß es ihn vollständig bedeckte. Nachdem sie ihre Arbeit beendet hatten, kamen sie mit einem der hohen Rollwägelchen wieder. Ohne das Bettlaken zurückzuschlagen, schoben sie die herabhängenden Teile zusammen; denn nahm einer den Mann bei den Füßen, der andere bei den Schultern, und sie hoben ihn auf das Rollwägelchen. Sie verschwanden mit ihm durch die Hintertür.

In dieser Nacht konnte ich nicht schlafen. Dauernd fielen schlaftrunkene Fliegen auf das Weiß meiner Bettlaken, auf mein Gesicht und auf meine Hände. Die Hitze war erstickend. Die elektrischen Lampen an den Balken leuchteten rötlich durch den Schleier von Staub, der auf ihnen lag. Irgendeiner am Ende des Zimmers begann zu kreischen oder vielmehr zu heulen. Er stürzte sich aus dem Bett und kroch zwischen den zwei Bettreihen entlang, aber gerade, als er mich erreichte, faßte er einen eisernen Bettpfosten, zog sich daran hoch, erbrach sich und fiel in sich zusammen. Keine Spur von einem Sanitätssoldaten, keine Glocke! Die ganze Nacht lang lag er da auf dem Estrich. Am Morgen hüllte man ihn in ein Bettlaken und karrte ihn auf der Bahre mit den Gummirädern davon.

Später kam der Arzt. Er ging schnell von Bett zu Bett. »Wie geht's dir heute, mein Junge?« fragte er mich.

»Besser, Herr Hauptmann!«

»Bei Gott, du hast recht.« Und er wandte sich zum nächsten Bett. »Und der da?«

»Gestern gestorben.«

»Gut! Gib dem Feldwebel da weiter sein Chinin! Kopf hoch, Junge, es ist nicht so schlimm!«

An diesem Tag starben zwei, in der Nacht darauf fünf. Einer von ihnen starb an schwarzen Blattern in den ersten Stunden der Nacht; bei Tagesanbruch war er bereits vollständig verwest. Brechreiz, Angst und Entsetzen würgten mich. Am Morgen frage ich den Arzt: »Herr Hauptmann, könnte ich nach Ceuta evakuiert werden?«

»Warum? Geht's dir hier nicht gut?«

»Doch, aber ich habe Verwandte in Ceuta.«

»Ah, das ist was anderes! Gut denn! Ich gebe dir heute nachmittag eine Injektion, und wir schicken dich hin. Dafür hab ich Verständnis.«

Sie jagten mir eine Spritze in den Arm, packten mich in Decken ein und trugen mich auf einer Bahre zum Ambulanzwagen. Wir waren unser sechs, drei auf jeder Seite. Wahrscheinlich hatte ich Morphium bekommen, denn als sich der Wagen in Bewegung setzte, verspürte ich Brechreiz und verlor das Bewußtsein.

Ich kam in einem anderen Bett neben einem weit offenen Fenster zu mir. Bäume standen davor, mit vielen lärmenden Vögeln. Ich war auf einer Anhöhe, und drüben in der Ferne war das Meer. In der Baracke standen sechs Betten, fünf davon leer. Es gab noch drei Fenster, und die Sonne durchflutete die Hütte. »Morphium ist eine gute Sache«, dachte ich. Aber es war nicht die Wirkung des Morphiums.

Ich war in Ceuta, im Dockerkrankenhaus für Infektionskrankheiten, zwei Kilometer von der Stadt, auf einem Hügel, der die Straße von Gibraltar beherrschte. Ein alter Mann in weißer Zivilbluse saß in der Nähe der Tür und war in eine Zeitung vertieft. Er wandte den Kopf, warf einen Blick auf mich und humpelte heran. »Nun, mein Junge, fühlst du dich besser? Ich werde dir einen Schluck Milch geben.«

Er ging in ein kleines Zimmer neben der Tür und kehrte mit einem Glas kalter Milch zurück. Ich trank sie gierig.

»Das ist recht. Bleib ruhig liegen! Der Major wird bald kommen.«

Ich habe den Namen des Majors vergessen, wie wir immer die Namen derer vergessen, die uns geholfen haben, während wir uns der Namen unserer Feinde wohl erinnern. Er war ein großer schlanker Mann mit grauem Haar an den Schläfen, einem jungen sensitiven Gesicht und den Händen eines Zauberkünstlers.

Er setzte sich ans Kopfende meines Bettes, zog die Uhr aus der Tasche und fühlte mir den Puls. Er klopfte meine Brust ab. Er schlug das Laken zurück und untersuchte mit klugen Fingern mein Abdomen. Ich hatte das Gefühl, als ergriffen diese Finger jedes meiner Eingeweide und fragten es aus.

Innerhalb einer Viertelstunde hatte er alles aus mir herausbekommen, eine Generalbeichte meiner Sünden und die Geschichte meines Lebens. Schließlich sagte er: »Weißt du, was dir fehlt?«

»Ich glaube, Typhus. Aber ich bin geimpft worden.«

»Ja, Flecktyphus. Und du bist sehr geschwächt. Aber mach dir nichts draus, wir kriegen dich schon durch!«

Zu Mittag stellte der alte Mann einen Eimer Wasser ans Fußende meines Bettes. Der Major kam wieder, fühlte mir den Puls und sagte zu dem Alten: »Machen wir uns an die Arbeit!«

Er tränkte mein Laken im Wasser, und die beiden wikkelten mich in das nasse Laken und mehrere Decken. Die kühle Feuchtigkeit tat meiner fiebrigen Haut weh, trocknete jedoch innerhalb weniger Minuten. Sie nahmen die dampfenden Hüllen weg und steckten mich in ein anderes feuchtkaltes Laken, gaben mir ein Glas Milch und eine Pille. Ich fiel in tiefen Schlaf. So vergingen mehrere Tage. Der Major kam regelmäßig, um dem alten Mann zu helfen. Meine Hände, die auf dem Laken lagen, wurden durchsichtig. Ich verlor jeden Zeitbegriff.

Eines Tages wickelte der Alte mich in eine Decke, hob mich hoch und trug mich in einen Armsessel am Fenster. Dort blieb ich eine Stunde, schaute aufs Meer und auf die Bäume hinaus und lauschte den Vögeln. Ich hatte das Gehen verlernt. Der Alte brachte es mir Tag für Tag in kleinen Lektionen wieder bei. Dann ging ich hinaus, setzte mich unter einen Baum auf der Hügelkuppe und atmete tief. Aber ich war noch so schwach, daß die fünfzig Schritte von der Barakke zum Baum mich einen Sturzbach an Schweiß kosteten. Ich wog siebenunddreißig und ein halbes Kilogramm.

Endlich wurde ich in eine Ambulanz gesteckt und ins Hauptkrankenhaus von Ceuta gebracht. Eine Kommission von fünf Ärzten war dort versammelt; mein Name wurde verlesen, und der Major gab die notwendigen Erläuterungen zu meinem Fall. Die fünf flüsterten miteinander, und einer von ihnen sagte: »Zwei Monate.«

Ein Feldwebel kam zu mir und fragte: »Wo willst du hin? Du hast zwei Monate Urlaub.« Und am folgenden Morgen ging ich in die Kaserne, packte meinen Koffer und schiffte mich nach Spanien ein. Ehe ich ging, sagte Major Tabasco, der Chef der Regimentskanzlei, zu mir: »Wenn du zurückkommst, werde ich eine Überraschung für dich haben.«

Im Geiste hatte ich ein sehr klares und scharf umrissenes Bild von Madrid und meinen Verwandten. Als mich aber Mutter, Schwester und Bruder auf dem Bahnsteig begrüßten und ich, aus dem Bahnhof tretend, wieder mit Madrid, meinem Madrid, zusammentraf, war alles verwandelt. Zwischen meiner Familie und mir, zwischen Madrid und mir gähnte ein Vakuum von zwei Jahren. Die Fäden der täglichen Berührung waren zerrissen. Wollten wir unser gemeinsames Leben wieder aufnehmen, dann mußten wir die zerrissenen Enden zu einem Knoten knüpfen. Aber ein Knoten ist keine Fortsetzung, sondern das Verknüpfen von zwei Stücken, zwischen denen ein Riß besteht.

»Wie geht's dir, mein Sohn, wie geht's dir?«

»Gut, Mutter, ganz gut!«

»Sehr mager bist du ... nichts als Haut und Knochen.«

»Ja, aber ich lebe. Andere sind ganz dort geblieben.«

»Ja, ja, ich weiß. Es sind viele dort geblieben.«

»Und wie geht's dir, Mutter?«

»Gut.«

»Und den übrigen?«

»Wir schaffen's. Mach dir keine Sorgen! In ein paar Wochen werden wir dich herausgefüttert haben.«

Wir hängten uns ein und verließen den Bahnhof; Rafale trug mein Gepäck.

»Hast du Tabak mitgebracht?« fragte er.

»Ja.«

»Und mir, was hast du mir mitgebracht?« fragte meine Schwester.

»Ein Stück Seide. Aber für die Mutter habe ich nichts mitgebracht.«

»Du bist ja wieder da.«

»Ach, ich habe dir aber doch was mitgebracht, du alte Dame, du Omama – ich habe dir was mitgebracht!«

Sie lachte das sanfte, stille Lachen, das ihr eigentümlich war.

Die Plaza de Atocha war voll von den gewohnten Geräuschen des Vormittags. Menschen umdrängten und stürmten die Straßenbahnen; die Taxidroschken, die vor dem Bahnhof gewartet hatten, und die Lastautos, die zum Markt wollten, machten einander die Fahrbahn streitig; die mit Obst und Gemüse beladenen Karren versuchten, sich dazwischen durchzuschlängeln, und ihre Fahrer fluchten, was die Stimme hergab. Straßenbahnglocken, Autohupen und Rufe fegten über die Straße. Zwei Jahre lang hatte ich keinen Stadtlärm gehört; ich fühlte mich schwach, schwächer als zu irgendeinem Zeitpunkt, seit ich das Lazarett verlassen hatte.

»Trinken wir eine Tasse Kaffee oder sonst etwas! Ich habe in der Bahn schlecht geschlafen.«

Wir tranken Kaffee, und ich genehmigte mir ein Gläschen Kognak zur Wiederbelebung, aber schließlich nahmen wir doch ein Taxi. Kaum zu Hause angekommen, ging ich zu Bett, nachdem ich mir bloß die Zeit genommen hatte, den Tabak für Rafael, die Seide für Concha und den Schal für die Mutter auszupacken. Sie hatten das Bett für mich zurechtgemacht, mein altes Messingbett, mit feinen weißen Bettlaken, und das Zimmer roch nach frischem Anstrich.

Am Nachmittag meldete ich mich beim Garnisonskommando, um meine Papiere in Ordnung zu bringen, dann ging ich heim und zog Zivil an. Meine Uniform blieb am Kleiderhaken im Schlafzimmer hängen, und Rafael und ich brachen zu einem kleinen Spaziergang auf. Wir standen schon im Torweg, als Mutter mich bat: »Geh zu Soundso und Soundso hin! Sie haben sich dauernd nach dir erkundigt.«

»Mutter, weißt du, ich gehe zu niemand hin und mache keine Besuche! Ich haben den letzten noch nicht verdaut.«

»Mach, was du willst, mein Junge!«

Aber Madrid war noch immer zuviel für mich: Meine Ohren konnten den Lärm der Puerta del Sol nicht ertragen. Wir flüchteten in die stillen Seitengassen um die Calle de Segovia, streunten ein wenig umher und gingen wieder heim. Wir hatten nicht viel geredet, wir wußten nicht, wo wir beginnen sollten. Wir beredeten, was sich auf der Straße abspielte, und verstummten wieder. Zu Hause deckte die Mutter den Tisch zum Abendessen. Sie hatte Beefsteak mit Bratkartoffeln zubereitet und trug nun stolz und frohgemut auf.

Keiner von uns hatte auch nur ein Wort über Marokko gesprochen. Ich hätte meiner Mutter den Kummer gern erspart, hätte mir gewünscht, das Fleisch mit Appetit und einem zufriedenen Gesicht essen zu können, aber seit dem Erlebnis mit den Toten von Melilla konnte ich kein Fleisch mehr anrühren. Sein bloßer Anblick und Geruch riefen in mir unweigerlich das Bild und den Geruch von Leichen wach, die in der Sonne verwesten oder auf einem petroleumgetränkten Haufen verbrannten, und ich mußte mich übergeben. Gegen diese Assoziation und meine Reaktion darauf war ich völlig machtlos.

Ich wollte mich beherrschen und fing an, das Fleisch zu schneiden. Rosiger Saft sickerte heraus, und ich übergab mich. Die anderen erschraken, und ich mußte es ihnen erklären.

»Es hat nichts zu bedeuten. Ich bin nicht etwa krank. Es ist nur Ekel.«

Um mir selbst zu entkommen, begann ich zu reden und erzählte ihnen in allen Einzelheiten, was ich gesehen hatte. Ich erzählte ihnen von den Toten von Melilla, von den Sterbenden im Lazarett in Tetuan, von Hunger und Läusen, von verschimmelten Bohnen, die mit nichts als Paprika gekocht wurden, vom miserablen Leben der Soldaten Spaniens und von der Schamlosigkeit und Korruption ihrer Kommandeure. Und ich begann wie ein kleiner Bub zu weinen, unglücklicher denn je zuvor, wegen des Kummers, den ich verursachte, wegen des Kummers, den ich gesehen hatte.

»Wie du mich hinters Licht geführt hast!« sagte Mutter.

»Ich?«

»Ja, du mit deinen Briefen. Ich wußte, daß es nicht gut stand. Um Soldaten steht es nie gut. Aber in letzter Zeit war ich zufrieden. Du warst Feldwebel. Jetzt seh ich, was das bedeutete. Verflucht sei der Krieg und wer immer ihn erfunden hat!«

»Aber Mutter, wir können nichts dagegen tun.«

»Ich weiß nicht ... ich weiß nicht.«

Am nächsten Morgen war ich außerstande, das Bett zu verlassen. Die Mutter ließ den Arzt kommen, einen freundlichen alten Herrn, der mich von Kopf bis zu den Füßen untersuchte. Es war nichts Besonderes, ich war einfach abnorm geschwächt und litt am plötzlichen Klima- und Höhenwechsel. Ich solle mich allmählich an die Stadt gewöhnen, in einen Park gehen, im Freien sitzen und nichts tun, als die gute Luft atmen. Sobald ich mich etwas kräftiger fühlte, sollte ich beginnen, Spaziergänge zu machen.

Inzwischen ließ man mich in Ruhe. Mein Bruder ging zur Arbeit; die Schwester wirkte in dem kleinen Obstladen, den die Familie in der Calle Ancha eingerichtet hatte. Die Mutter kramte in der Wohnung herum. Ich stand auf und suchte mir etwas zum Lesen.

In einem Winkel fand ich einen Stoß alter Zeitungen, mehr als hundert, der verschiedensten Art und von ganz unterschiedlichen Daten: Morgen- und Abendblätter, illustrierte Wochenzeitungen und literarische Zeitschriften. Das Hauptthema der Schlagzeilen war Marokko. Ich las sie alle.

»Die Vorhut rückte im Kugelregen vor, die Soldaten unter Absingung patriotischer Lieder. ‚Zeigt's ihnen, Jungens‘, rief der Oberst an ihrer Spitze. Wilde Rifkrieger lauerten hinter jedem Busch und Felsbrocken. Der tapfere Major X führte seine Regulares zu einem Angriff mit aufgepflanztem Bajonett. Eine Kavallerieeskadron verfolgte mit gezogenen Säbeln die fliehenden Marokkaner. Gleichzeitig schwärmte die Kolonne Larache auf dem linken Flügel in einer Frontbreite von mehr als zwei Kilometern aus und begann eine Umfassungsbewegung.« Und in dieser Art ging es weiter.

Der Krieg – mein Krieg – und die Katastrophe von Melilla – meine Katastrophe – hatten nicht die geringste Ähnlichkeit mit dem Krieg, wie er dem Leserpublikum dieser spanischen Zeitungen serviert wurde.

Ein Photo zeigte »General X bei einer Ansprache an die heldischen Truppen der Ceuta-Entsatzkolonne vor der Einschiffung nach Melilla«.

Ich war dabei gewesen, irgendwo unter den »Helden«. Der Bericht, von dem das Photo begleitet wurde, meldete, die Ansprache des Generals sei mit Ergriffenheit angehört und mit begeistertem Beifall aufgenommen worden! Damals waren wir in Paradeuniformen aufgestellt worden, um vom General und seinem Stab inspiziert zu werden. Hinten hatten ein paar Soldaten sich auf dem Boden ausgestreckt und waren gleich eingeschlafen. Einige wurden ohnmächtig, als sie nach jenem Tag endlosen Marschierens stramm stehen mußten. Der einzige Beifall, dessen ich mich entsinnen konnte, waren gemurmelte Flüche. Während der bärtige alte Mann die Reihen abschritt, nannten wir ihn einen Hurensohn und einen Bankert; unsere Füße waren geschwollen, unsere Kehlen verdorrt, und während uns jeder Knochen im Leibe schmerzte, ließ dieser Kerl uns strammstehen.

Die Beschreibung der Katastrophe von Melilla war voll der schrecklichen Szenen in den wiedereroberten Stellungen, Szenen, die es möglich machten, die letzten Stunden der überrumpelten und vernichteten Garnison zu rekonstruieren. Hier und dort wurde »der einzige Überlebende« der Tragödie zitiert. Alle Berichte bezeugten übereinstimmend die unvergleichliche Tapferkeit der Offiziere, die die Moral ihrer Soldaten aufrecht erhalten hatten.

Ich hatte mit Überlebenden gesprochen, deren Offiziere ihre Rangabzeichen abgerissen oder einfach die Uniform mit einem Soldaten getauscht hatten, weil sie so mehr Aussicht hatten, von den Marokkanern verschont zu werden, und die, von Kugeln ihrer eigenen Soldaten verfolgt, davongelaufen waren. Und ich hatte mindestens einen überlebenden Offizier kennengelernt, der seine Lorbeeren geerntet hatte, indem er die Nacht der Katastrophe in einem Bordell in Melilla verbrachte; und nachher gab es keinen Überlebenden auf seinem Posten, der gegen ihn hätte zeugen können. Seine Vorgesetzten standen vor der Alternative, ihn für Tapferkeit vor dem Feinde auszuzeichnen oder wegen Desertion aus seiner Frontstellung vor ein Kriegsgericht zu stellen. Sie hatten ihn ausgezeichnet. Der Himmel weiß, ob er nicht einer von denen war, deren Namen in den Zeitungen prangten.

Ich ließ Rafael gegenüber meiner Bitterkeit freien Lauf. »Ihr wißt hier über Marokko genau so viel wie über den Mond«, sagte ich.

»Glaube das ja nicht«, erwiderte er. »Du hast die Titelseiten gelesen, aber in Wirklichkeit stehen die Dinge viel ernster. Ich glaube, sie werden den König die Krone kosten. Die Leute verlangen eine Untersuchung dessen, was geschehen ist, und natürlich hat die ganze Opposition die Gelegenheit wahrgenommen, das Marokkoproblem in den Cortes zur Sprache zu bringen. Es heißt, der König selbst habe General Silvestre* den Befehl zum Vormarsch erteilt, sogar gegen Berenguers Instruktionen. Und man sagt, daß eine Untersuchung bevorsteht.«

»Eine Untersuchung? Meinst du eine militärische Untersuchung gegen die Armee und den König? Wer soll sie denn durchführen? Ihr seid ja alle verrückt. Die erste parlamentarische Kommission, die nach Afrika kommt und untersucht, was diese feinen Kavaliere dort angerichtet haben und noch immer anrichten, würde hinausgeworfen oder mit Kugeln davongejagt werden.«

»Und ich sage dir, die Lage wird ernst. Es gibt neuerdings einen sehr wichtigen Faktor in der öffentlichen Meinung, und das ist das Expeditionskorps. Ich denke an die Leute, die dafür bezahlt haben, daß andere für sie nach Marokko gehen, und die jetzt selbst gehen müssen. Alle die Väter, die bar bezahlt haben, um ihre Söhne von Afrika fernzuhalten, und jetzt sehen, daß die Burschen dennoch hingeschickt werden, und

---

* Silvestre war kommandierender General der Zone von Melilla, einer der drei Zonen Spanisch-Marokkos. Er unternahm eine Reihe von Operationen gegen die dortigen Rifkabylen zu einer Zeit, als in den Zonen von Ceuta und Larache Operationen gegen den aufständischen Kabylenführer Raisuni in vollem Gange waren. Silvestre rückte in gerader Linie von Melilla nach Annual vor, nichts als eine dünne Kette von Stützpunkten zur Deckung seines Vorstoßes hinter sich lassend. Abd-el-Krim rief die Kabylen in Silvestres Rücken zum Aufstand auf, und sowohl der General und seine Truppe als auch die Besatzungen der Stützpunkte wurden hingemetzelt.

die zu alledem noch die Ausrüstung bezahlen müssen, fühlen sich angeschmiert. Ja, wenn es nur die armen Leute wären, die in Mitleidenschaft gezogen werden, dann hättest du recht! Aber nun spüren's die andern, wo's am meisten weh tut. Die Dinge sind im Fluß.«

Die Schenke des »Portugiesen« stand immer noch an der Ecke der Calle de la Paz. Die Beamten der Banken und Versicherungsgesellschaften gingen noch immer hin, wie sie es getan hatten, als ich meine Lehrzeit in der Bank absolvierte. Um sieben Uhr abends war die Schenke überfüllt, doch wußte ich genau, daß ich meinen alten Kollegen Plá am angestammten Platz finden würde. Ich bemerkte ihn gleich beim Hineinkommen – am zweiten Tisch links im Hinterzimmer. Er war noch dicker geworden und kurzsichtiger als früher. Seine Augengläser schienen größer geworden zu sein, und seine Nase klebte noch dichter an der Zeitung. Er trug das Haar kurz geschoren, und da es steif und schwarz war, sah sein Kopf aus wie der Rücken einer abgenützten Nagelbürste.

Ich klopfte ihm auf die Schulter: »Hallo, Plá!«

Er richtete seine Schweinsäuglein, die unter den Linsen noch kleiner schienen, auf mich. Entweder konnte er mich nicht deutlich genug sehen oder er erkannte mich nicht, aber es lag wohl an seinen Augen, denn mein Gesicht hatte sich, wenn man vom Bart absieht, seit meinem sechzehnten Jahr kaum verändert.

»He? Hallo! Setzen Sie sich und trinken Sie ein Glas mit mir!«

»Wir erinnern uns also nicht mehr an unsere Freunde?«

Seine kleinen Augen schienen nach mir zu schnuppern; wenn er sich anstrengte, jemand richtig anzusehen, pflegte er den Kopf von einer Seite nach der anderen zu bewegen, um den rechten Brennpunkt zu finden, und es schien, als ob seine Kulleraugen einen mehr zu riechen als anzuschauen trachteten. Als sein Gesicht bloß noch eine Handbreit von dem meinem entfernt war, erkannte er mich schließlich. Er erhob sich, trampelte mit seinen kurzen Beinen und umarmte mich unter aufgeregten Ausrufen.

Zuerst erzählte ich ihm von mir, dann überschüttete er mich mit Wehklagen über die Arbeit in der Bank, und schließlich begannen wir uns über die politische Lage zu unterhalten.

»Und was hälst du davon, Luis?« fragte ich ihn.

»Ich glaube, es kommt jetzt zum Krach. ‚Langnas'* hat sich mit seinen Schweinereien das Genick gebrochen. In längstens einem Jahr haben wir unsere Republik.«

»Du bist ein Optimist, Luis!«

»Aber es ist ja unvermeidlich.« Er flüsterte geheimnisvoll. »Alle möglichen schmutzigen Geschichten über Langnas kommen jetzt an den Tag. Marquet zahlte ihm Millionen, um eine Lizenz für seine Spielhöllen zu bekommen, du weißt doch, den Eispalast und das Kasino von San Sebastian. Die Leute sagen, der Langnas hat seine Finger auch im Círculo de Bellas Artes. Mit Romanones ist er an den Rif-Bergwerken beteiligt und mit Mateu an der Lieferung von Motorfahrzeugen für die Armee. Und zu alldem kommt noch die Marokkoaffäre.«

»Was meinst du damit?«

»Pfui, eine häßliche Geschichte! Er nämlich ist für die Katastrophe verantwortlich. Er hat hinter Berenguers Rücken an Silvestre geschrieben und ihn angewiesen vorzurücken. Man behauptet sogar, er habe nach der Einnahme von Annual ein Telegramm an Silvestre geschickt: ‚Es lebe dein Schneid!' Und als man ihm über die Katastrophe berichtete und daß es tausende Tote gebe, soll er gesagt haben: ‚Hühnerfleisch ist billig!' Natürlich verteidigen ihn alle die Reaktionäre in den Cortes, aber die Republikaner und die Sozialisten werden immer stärker. Eines steht fest: Es wird einen Prozeß geben.«

»Prozeß?« rief ich erstaunt.

---

* „Narizotas", Lange Nase, war der Spitzname, unter dem der König von Spanien während seiner letzten Regierungsjahre unter seinem Volk bekannt war, der gleiche Spitzname, den man seinem Urgroßvater, Ferdinand VII., gegeben hatte.

»Ja. Einen Prozeß zur Feststellung der Verantwortlichkeit für die Geschehnisse in Afrika. Die Generäle kochen vor Wut. Sie haben gedroht, eine Straßendemonstration zu veranstalten, wie zu Zeiten Isabellas II. Aber jetzt sieht die Sache anders aus. Sie sollen nur kommen! Man wird ihnen ein Feuerwerk anzünden, das sie nicht vergessen werden.«

Rafael brachte mir eine Einladung zu seinem Chef. Don Manuel Guerrero war damals geschäftsführender Direktor der »Madrider Brotfabriken (in Liquidation)«, vorher jedoch Major der technischen Truppen gewesen und hatte den Dienst quittiert, wie es so viele kultivierte und gesellschaftlich unabhängige Offiziere der technischen Truppe und der Artillerie getan hatten, weil sie sich in üble Konflikte mit der anderen Sorte von Offizieren verwickelt fanden, mit jenen, denen es im Marokkanischen Krieg bloß um eine schnelle Karriere und ums Geschäftemachen ging.

Don Manuel war etwa fünfzig Jahre alt, grauhaarig, klein, aber von stämmigem Wuchs; er hatte tief in den Höhlen liegende Augen, eine mächtige Stirne und etwas aggressive Kinnbacken. Er sprach brüsk, aber nach einigen Minuten des Gesprächs schwand seine Steifheit. Er führte mich durch seinen stillgelegten Betrieb und erzählte mir die Geschichte, von der sein Herz voll war.

Er hatte eine große, moderne Brotfabrik am Stadtrand von Madrid errichtet, in der Nähe eines Bahnhofs der Vorortlinie und mit einem eigenen Fabrikgeleise, und schien die beste Aussicht zu haben, die Brotversorgung der Hauptstadt zu revolutionieren. Seine Organisation und die Lage seines Betriebs gaben ihm die Möglichkeit, den Weizen direkt von spanischen Produzenten oder den Häfen zu kaufen und zu verfrachten. Er konnte mit seinen mechanisierten Backstuben Brot billiger und unter viel hygienischeren Bedingungen erzeugen als kleine Bäcker, von denen viele Ihren Teig noch mit den Füßen kneteten und die einander unterboten, indem sie das Mehl verfälschten oder am Gewicht betrogen. Es gab nur noch eine andere moderne Brotfabrik in Madrid, und die gehörte dem Grafen Romanones. Don Manuels Unternehmen wurde als Gesellschaft mit beschränkter Haftung etabliert und von den Banken finanziert. Bald jedoch zeigte sich, daß ihm zwei mächtige Gruppen feindselig gegenüberstanden, deren Interesse er schädigte, weil sie aus dem hohen Weizenpreis Nutzen zogen: die Gutsbesitzer und Händler, die den spanischen Weizenmarkt beherrschten, und die Geschäftsleute, in deren Händen die Weizenzufuhr lag. Er mußte Sonderbewilligungen einholen, um seinen eigenen billigen Weizen einführen zu dürfen, war aber außerstande, die Zollgebühren zu bezahlen, die erhöht wurden, kaum daß seine Getreidefrachten angekommen waren. Zuerst hatte er den Kampf aufgenommen, war aber bald auf die Gegnerschaft der Banken gestoßen, die seine größeren und immer größeren Nutzen bringenden Konkurrenten bevorzugten. Und nun war er ruiniert.

»Meine letzte Hoffnung«, sagte er, »war ein Lieferungsvertrag mit der Armee, aber um zu einem Übereinkommen mit der Intendantur zu gelangen, hätte ich aufhören müssen, ein anständiger Mensch zu sein. Und ich bin immer ein anständiger Mensch gewesen.«

Zwischen den riesigen Platten der Backöfen, den Schaufeln der Knetmaschinen, den Dachbalken und den Fließbändern hingen Spinnweben.

»Sind Sie sich dessen bewußt, daß dies sein Lehrbeispiel ist? Ein sehr ernstes Symbol der Katastrophe, die Spanien bedroht? Wenn Gott sie nicht abwendet! Aber es sieht nicht danach aus, als wolle Er sie abwenden. Sie müssen nämlich eines begreifen: Wir sind ein Ausfuhrland, und wenn wir das Getreide und die von uns benötigten Rohstoffe nicht einführen, werden die anderen Länder unser Öl und Obst und unsere Textilien nicht mehr abnehmen. Ich kann nicht Weizen einführen, aber die Webstühle in Katalonien stehen still, weil Argentinien nicht länger Stoffe kaufen kann, wenn wir ihm nicht seinen Weizen abnehmen. Dann demonstrieren die Arbeiter, und alles endet in einer Menschenjagd auf der Straße.

Und jetzt noch, zur Krönung von alledem, Marokko. Erzählen Sie mir doch davon!«

Ich sagte ihm, ich wisse nicht mehr von Marokko, als was ich selbst gesehen hätte; ich sprach von der Trasse von Hámara und der Expedition nach Melilla. Er hörte zu, nickte von Zeit zu Zeit heftig mit dem Kopf und sagte dann: »Am klügsten wäre es natürlich, Marokko zu räumen. Mögen die Mächte des Algecirasvertrages sich den Kopf zerbrechen, wie sie den Sauhaufen wieder in Ordnung bringen! Leider würde jeder, der einen solchen Weg zu gehen versucht, nur eine Revolution von oben provozieren. Wo und wovon sollen denn all diese Herrschaften leben, wenn nicht von Marokko? Ohne ihre Sondereinkünfte können sie nicht existieren. Und sie sind zu mächtig.«

Er verstummte, dachte nach und kehrte, als wäre das unvermeidlich, zu seiner eigenen Geschichte zurück: »Sogar diese meine armselige Fabrik wäre in Betrieb, wenn ich mich bereitgefunden hätte, an schmutzigen Geschäften zu partizipieren, und wenn ich den guten Rat des größten Bäckers von Madrid, des Grafen Romanones, befolgt hätte.«

Aber ich folgte seinen Darlegungen kaum noch. Der Klang des Namens Romanones in der verstaubten, verlassenen Fabrikhalle erinnerte mich an eine andere Fabrik, in der ich vor Jahren als Sekretär des geschäftsführenden Direktors gearbeitet hatte, an die Spanische Motorengesellschaft, die große Fabrik, deren Maschinen das spanische Flugwesen völlig verwandeln sollten.

Ich war damals ein Bursche von neunzehn Jahren gewesen. Ich hatte die Dinge gesehen und in mich aufgenommen, wie sie kamen, ohne sie und ihre Zusammenhänge zu begreifen. Ich hatte eine wichtige und beneidenswerte Stellung; die hübschesten Mädchen der kleinen Stadt Guadalajara interessierten sich für mich, weil ich der Sekretär des Don Juan de Zaracondegui war, tausende und abertausende Pesetas an Lohngeldern durch meine Hände gingen und weil ich Arbeiter aufzunehmen hatte. Ich hatte meine Abenteuer und freute mich daran, insbesondere wenn es mir gelang, die wachsamen Eltern eines Mädchens und seine erpresserisch brutalen Brüder hinters Licht zu führen.

Guadalajara war das Verwaltungszentrum einer kleinen Provinz, eine winzige, schäbige Stadt unter dem Stiefel ihres größten Gutsbesitzers, politischen Chefs und ständigen Abgeordneten zu den Cortes, des Grafen Romanones. Die Bevölkerung bestand aus Landleuten, Schankwirten und einer militärtechnischen Hochschule. Die Mädchen flirteten mit den Kadetten, heirateten aber Bauern, was zur Folge hatte, daß nachts die Studenten der Hochschule und die Bauernsöhne in getrennten Gruppen ihre Guitarren unter den Fenstern der hübschen Mädchen zupften und die Ständchen oft mit Raufereien beendeten. Hie und da kehrte ein Hauptmann der technischen Truppen nach Guadalajara zurück, um seine einstmalige Freundin heimzuführen, und so etwas hielt die Hoffnungen der Unverheirateten am Leben.

Als die Fabrik der Spanischen Motorenwerke in Guadalajara errichtet wurde, verursachte sie dort einen Aufruhr. Ein Haufen von technischen Zeichnern, Beamten und Mechanikern überschwemmte die Schenken, die bisher den Kadetten und den Landleuten gehört hatten. Landarbeiter, die zwei oder drei Pesetas täglich verdient hatten, verdienten plötzlich das Doppelte. Eltern und unverheiratete Töchter sahen den Himmel offen stehen. Es war ein neues Leben für alle, und mir schien es vergnüglich, daran teilzuhaben.

Und nun, vier Jahre später, sah ich die Kehrseite der Medaille, und die Bruchstücke des Erlebten fügten sich mir zu einem Ganzen.

Während des Weltkriegs hatte die spanische Motorenfabrik »Iberia« in Barcelona in Zusammenarbeit mit französischen Fabriken Motoren für die Alliierten und nebenher für die spanische Armee erzeugt, die damals im ersten Stadium der Mechanisierung war. Später wurden die neuen mechanischen Transportmittel einer besonderen Heeresstelle zugewiesen, der Elektrotechnischen Abteilung, an deren Spitze ein Hauptmann der technischen Truppen, Don Ricardo Goytre, gestellt wurde. Vielleicht, weil so viele Provisionen bezahlt werden mußten, begann die Spanische Motorenfabrik die spanische Armee mit Material zu beliefern, das bei der harten Prüfung versagte, die es von 1918 an in Marokko zu bestehen hatte. Bald mußten der Armee zum Ankauf neuer und besserer Kraftfahrzeuge außerordentliche Zuschüsse bewilligt werden. Schließlich beschlossen die Cortes, einen großen gesamtstaatlichen Wettbewerb für Autos und Flugzeuge auszuschreiben. Die erfolgreichen Typen sollten von der Armee übernommen werden, aber bloß spanische Firmen wurden zugelassen.

Der einzige spanische Betrieb von Bedeutung war die Motorenfabrik »Iberia«, aber zu viele ihrer Personen- und Lastautos lagen als Eisenschrott auf den militärischen Autofriedhöfen in Spanien und Afrika. Man hätte es nicht freundlich aufgenommen, wenn die »Iberia« aus dem Wettbewerb als Sieger hervorgegangen wäre. Also wurden die Spanischen Motorenwerke in Guadalajara gegründet.

Graf Romanones stellte in der Nähe der Eisenbahnstation von Guadalajara einen großen Bauplatz zur Errichtung der Fabrikanlage zur Verfügung, und nachdem die Aktien im Werte von fünf Millionen Pesetas ausgegeben worden waren, wurden die Werkstätten errichtet. Ausreichender Raum wurde für einen Flugplatz vorgesehen, der durch seine strategische Lage wie geschaffen schien, der wichtigste ganz Spaniens und sogar einer der wichtigsten von ganz Europa zu werden. Don Miguel Mateu wurde Präsident des Aufsichtsrates; ganz zufällig war er geschäftsführender Direktor der Muttergesellschaft in Barcelona. Don Ricardo Goytre gab seine Stellung als Direktor der Elektrotechnischen Heeresabteilung auf und wurde Technischer Direktor der Spanischen Motorenwerke; Hauptmann Barrón, der eine der zwei Flugzeugtypen entworfen hatte, die am Wettbewerb teilnehmen sollten, wurde Chefingenieur. Don Juan de Zaracondegui, ein baskischer Aristokrat, der ein hoher Beamter der »Iberia« gewesen war, wurde geschäftsführender Direktor. Und der Direktor der Madrider Zweigstelle der »Iberia«, Don Francisco Aritio, wurde Verkaufsleiter der Spanischen Motorenwerke.

»Reiche Leute bekommen alles und zahlen nichts«, sagen die armen Leute Spaniens.

Don Miguel Mateu war Eigentümer eines der größten Werkzeugmaschinenlager Spaniens in Barcelona; überdies war er der spanische Vertreter der größten nordamerikanischen und deutschen Stahl- und Maschinenfabriken. Er lieferte den Spanischen Motorenwerken die Werkzeugmaschinen.

Graf Romanones besaß ausgedehnte, brachliegende Ländereien in Guadalajara. Er stellte den Platz für die Fabrikanlage zur Verfügung.

Keiner von ihnen ließ sich dafür bezahlen. Die Spanischen Motorenwerke waren ein patriotisches Untenehmen, das Spanien von seiner Abhängigkeit vom Ausland befreien und mit einem eigenen Flugwesen versehen sollte.

Fünf Millionen Gratisaktien wurden ausgegeben oder vielmehr Aktien, die einen anderen Zweck zu erfüllen hatten als die Finanzierung. Ich wurde beauftragt, die Geschäftsbücher der Spanischen Motorenwerke in meiner schönsten Kursivschrift mit der Eintragung folgender Konti zu eröffnen:

S. M. Don Alfonso XII	1,000.000
Don Miguel Mateu	2,000.000
El Conde Romanones	1,000.000
Don Francisco Aritio	500.000

Der Rest der Emission wurde unter dem Namen eines Erfinders verbucht. Das war die Zahlung für die Patenrechte jener Motoren, die schon von der »Iberia« in Barcelona hergestellt wurden, aber jetzt unter einem anderen Namen in Guadalajara produziert werden sollten. Ich habe vergessen, welchen Namen ich einzutragen hatte.

Der Wettbewerb wurde pflichtgemäß abgehalten. Die Abschlüsse für die Armee erhielten die Spanischen Motorenwerke, während Ingenieur Lacierva mit seinen ersten Hubschraubermodellen nur Hohn und Spott erntete. Die neue Anlage wurde von Seiner Majestät, dem König, besichtigt. Der Maschinenpark kam von Don Miguel Meteus Lager in Barcelona und stammte von Allied Machinery Company in Chikago. An der Börse stiegen die Aktien wie Schaum. Grüngrau gestrichene Lastautos kamen von Barcelona nach Guadalajara und wurden dort am Fabriktor von der Armee übernommen. Der Aufsichtsrat vereinbarte mit einer englischen Firma den Bau von Flugzeugen für die Spanischen Motorenwerke.

In diesem Stadium gab ich meine Stellung auf, weil mein Liebeabenteuer zu weit zu gehen drohte. Seither hatte ich jene Eintragungen in die Bücher, die ich geführt hatte, vergessen.

Und nun, den Schüttelfrost des afrikanischen Typhus noch in allen Knochen, in der gewittergeladenen Atmosphäre Madrids, erkannte ich deutlich die Straße, die von Guadalajara nach Afrika geführt hatte.

Nach zwei Monaten Urlaub fuhr ich nach Afrika zurück; mir war bange um Spanien.

Zweiter Teil

I.
NEUES SPIEL

Als ich frühmorgens in Ceuta ankam, wußte ich nicht, was ich mit mir anfangen sollte. In das Soldatencafé oder in die Schenke, in denen ich als Korporal Stammgast gewesen war, durfte ich nun in meiner Feldwebelwürde nicht mehr gehen, denn in Ceuta war alles, auch der Straßenverkehr, die Gaststätten und die Bordelle, streng nach Rangordnung eingeteilt. Im Feldwebelcafé aber kannte ich keinen Menschen. In meiner Verzweiflung ging ich in die Sappeurkaserne, obwohl ich wußte, daß es für den Major noch viel zu früh war, und lungerte im Gebäude herum. Am kommenden Morgen sollte ich nach Tetuan abgehen und von da an die Front, wo ich zumindest bekannte Gesichter finden würde. In Ceuta war ich jetzt ein Fremder.

Um elf Uhr erschien der Major in der Regimentskanzlei. Ich ließ einige Minuten verstreichen, dann ging ich in sein Zimmer: »Melde mich gehorsamst zum Dienstantritt, Herr Major!«

»Hallo, Barea! Schon zurück? Bist aber immer noch schrecklich mager. Paß auf dich auf, du! Ja, Feldwebel Cárdenas ist zum Offiziersstellvertreter befördert worden. Ich dachte, du könntest die Kanzleiarbeit übernehmen. Sag mir, ob du lieber an die Front gehen möchtest! Aber das ist ja wohl ausgeschlossen.«

Ich dankte ihm.

»Während der ersten Tage sollst du dich noch nicht zu sehr anstrengen. Setz dich mit Cárdenas in Verbindung! Er soll dich einführen. Aber mach mir nicht zu viel Dummheiten, verstanden?«

Der Eingang zur Regimentskanzlei führte durch einen kleinen Vorraum, der mit zwei Tischen und einer klösterlich harten Holzbank ausgestattet war, die für sechs Menschen Platz bot. Sorglich hüteten die beiden Ordonnanzen ihre Stamm- und Dauersitze, damit kein Besucher sie ihnen wegnehme. Neben ihnen saßen an dem Tischen zwei Schreiber, die jeden Ankommenden verhörten und einen Fragebogen ausfüllen ließen. Dicht daneben war eine hölzerne Scheidewand mit einem dünnen Drahtnetz, das bis zur Decke reichte, eingebaut. Dahinter befanden sich zwei Verschläge. Sie waren durch ein dichtmaschiges Drahtnetz voneinander getrennt und durch eine kleine Öffnung im Draht auch wiederum verbunden. Der Verschlag zur Linken gehörte Korporal Surribas, der rechte dem Offiziersstellvertreter Cárdenas. Surribas verrichtete eine Art Sekretärdienst bei Cárdenas, der ihm durch das Fensterchen seine Befehle erteilte. Cárdenas wiederum war eine Art Sekretär des Kommandeurs und verfügte neben dem eigenen Schreibtisch noch über einen kleineren, so daß er nach Bedarf und Belieben diktieren konnte.

Dahinter folgte ein weit größeres Zimmer mit fünf Schreibtischen und vier Schreibern. Aktenbündel, die mit rotem Faden verschnürt waren, füllten die Bordbretter, die sich an der Wand entlang zogen. Diese Bündel enthielten die Lebensläufe und Daten sämtlicher Soldaten, die während der letzten zwanzig Jahre durchs Regiment gegangen waren. Ein Bücherregal quoll über von größeren Folioakten, die die Daten aller Offiziere aus dem gleichen Zeitraum umfaßten.

Das Zimmer roch nach wurmstichigem Papier und Insekten. Ich lernte dort Insektengeruch kennen, süßlich und so untrennbar mit feinstem Staub vermischt, daß er in Nase und Kehle haften bleibt. Wenn man einen Stoß solcher Papiere oder ein wurmstichiges Buch von seinem Platz nimmt, dann steigt eine leichte Staubwolke auf, und deren Geruch ist so penetrant, daß auch der älteste Schreiber ein Niesen nicht unterdrücken kann.

Außerdem war das Zimmer von Insektengeräuschen erfüllt. Schon während ich als Korporal dort arbeitete, hatte ich sie kennengelernt. Solange wir vier eifrig schrieben oder tippten und, um den Feldwebel nicht zu erzürnen, sehr leise miteinander sprachen, hörten wir die Geräusche nicht. Wann immer ich jedoch vor der heißen afrikanischen Nacht dort Zuflucht suchte, um in der Kehle und Stille etwas lesen zu können, hörte ich die unablässige Zerstörungsarbeit einer Truppe winziger Kreaturen im steten und zähen Kampf gegen die Bürokratie. Sie knabberten am Papier, bohrten darin, paarten sich darin. Es gab da Tausendfüßler mit spitzen Kneifzangen wie Krebse, die sich durch ganze Bündel von Deckel zu Deckel hindurchnagten. Es gab Schaben, die langsam und bedächtig die Papierränder wegfraßen. Es gab Raupen, die sich unter einem Aktenbündel verpuppten und es im Mai als Schmetterlinge verließen. Auf den höchsten Bordbrettern in den ältesten Papierstößen, die keiner mehr anrührte, hatten ungeheuerliche Spinnen, Wespen und Schmeißfliegen ihre Nester. Sie überwinterten da. In den Akten, die zu unterst dicht überm Fußboden lagerten, polsterten Mäuse ihre Löcher mit den Fasern der roten Bindfaden aus. Und immer wieder brachen Ameisen ins Zimmer ein, als wollten sie gedruckte und geschriebene Buchstaben wie Weizenkörner zu ihrem Bau tragen.

Während der Zeit meiner Arbeit in der Kanzlei hatte ich Feldwebel Cárdenas den Spitznamen »der Papagei« verliehen, teils wegen des Drahtkäfigs, teils wegen seiner schrillen Stimme, die immer rasselnd, immer zornig jäh die Stille zu zerschneiden pflegte. Ich kannte ihn lediglich seinem Äußeren nach: Er war ein wohlgebauter, dunkelhäutiger Mensch, stets sorgfältig rasiert, außerordentlich ernst und äußerst reizbar, der seine bäurische Herkunft nur durch das Unbehagen verriet, mit dem er seine kostspielige, korrekte Uniform trug, als ob sie eigentlich jemand anderem gehörte.

Nun steckte ich selbst im Papageienkäfig, saß ihm gegenüber am Schreibtisch und wartete. Er trug eine funkelnagelneue Offiziersstellvertreteruniform; er hatte sich nach der Beförderung nicht etwa neue Litzen annähen lassen, sondern gleich eine neue Ausstattung gekauft.

DIE ENDLOSE STRASSE

»Sie werden also mein Nachfolger. Dem Dienstalter nach hätte es Surribas werden sollen, aber der arme Bursche ist nicht ganz zurechnungsfähig. Man kann sich auf ihn nicht verlassen. Zu diesem Posten gehört viel Takt. Die Arbeit an sich ist nicht schwer, aber Sie müssen immer genau Bescheid wissen, wo Sie gerade den Fuß hinsetzen und wer wer ist. Halten Sie die Augen gut offen, denn man wird alles tun, Sie hereinzulegen! Ich will Ihnen in groben Zügen erklären, wie das Ganze funktioniert. Die Einzelheiten werden Sie mit der Zeit selbst lernen, und außerdem bleiben wir in Verbindung: Ich werde dem Garnisonskommando zugeteilt.«

Er machte ein Pause, wir steckten uns Zigaretten an, und er fuhr fort: »Um die Buchhaltung habe ich mich selber gekümmert. Sie werden es genau so machen müssen, wenn Sie alles schaffen wollen. Surribas besorgt die Schreiberei und wird Ihnen bei allen Nebenarbeiten helfen, aber die Buchhaltung selbst bleibt Ihre Sache. Surribas mag die Zahlen eintragen und addieren, aber Sie geben ihm die Zahlen, und Sie allein wissen, was sie bedeuten. Manchmal werden nicht einmal Sie es wissen, etwa, wenn der Major kommt und Ihnen Anweisung gibt, das eine oder andere zu buchen. Dann tragen Sie's ein, und damit ist die Sache erledigt. Sie mögen den Grund erraten, aber Sie haben den Mund zu halten und keine Fragen zu stellen. In derartigen Fällen sind Sie für den Major genau das, was Surribas für Sie ist. Aber das sind Ausnahmen. Normalerweise haben Sie sich verantwortlich um die Buchführung des Regimentskommandos zu kümmern.

Wie Sie wissen, setzt der Staat für jeden Mann der Armee, ob Gemeiner oder General, einen bestimmten Betrag aus. Auf der Grundlage dieses Voranschlages stellt jede Kompanie ihre Liquidationsrechnungen aus und präsentiert sie Ihnen am Monatsende. Sie prüfen sie, genehmigen sie, und die Kompanie bekommt vom Kassier, was ihr noch zusteht.«

»Scheint mir nicht sehr schwierig.«

»Nein, das ist auch nicht schwierig. Eine Rechnungsliste wird an den Rechnungshof geschickt, der sie bestätigt und ad acta legt. Das Wichtigste dabei ist, daß keine Rechnungsliste jemals als ungenau zurückgewiesen werden darf. Darum müssen Sie für jede Buchung einen Beleg haben. Und hier haben Sie den Schlüssel zur Buchhaltung: der Beleg. Kein Beleg, kein Geld, das ist die Regel.«

»Auch das scheint mir nicht schwierig zu sein.«

»Aber gerade das ist schwierig. Das Belegprogramm ist das schwierigste von allen. Ich will Ihnen ein Beispiel nennen, und Sie werden sofort erkennen, warum.

Jeder Soldat hat laut Voranschlag das Recht, alle drei Monate ein Paar Segeltuchschuhe mit Stricksohle zu beziehen. Bekommt er so ein Paar Alpargatas umsonst, so wird's auf seiner Ausrüstungsliste eingetragen. Was beweist, daß er sie erhalten hat und kein zweites Mal anfordern kann. Nun braucht das Intendanturdepot, sagen wir, achttausend Paar Alpargatas jährlich. Der Lieferungsauftrag wird dem Angebot entsprechend untergebracht, und die Intendantur quittiert dem Lieferanten achttausend Paar Alpargatas. Mit dieser Quittung in der Hand bekommt der Lieferant vom Regiment sein Bargeld. Niemand kann eine Nachforderung stellen, weil für alles ein Beleg vorhanden ist.«

»Das liegt auf der Hand.«

»Ja, in der Theorie! Aber in der Praxis ist das anders. Die wenigsten Alpargatas halten drei Monate aus. Verlangt ein Soldat nach einem oder zwei Monaten ein neues Paar, dann wird ihm der Preis vom Sold abgezogen. Der ganze Preis, nicht bloß der Teil, der jenem Zeitraum entspricht, um den die Ausgabe des nächsten Gratispaares vorgerückt wurde. Wenn dann dem Soldaten wieder ein Gratispaar zusteht, wartet und wartet er, bis der Monat um ist; schließlich geht er zum Offiziersstellvertreter, um es zu verlangen. Worauf ihm bedeutet wird, er habe ein Paar Alpargatas vor vier Wochen erhalten. ,Nein, Herr Offiziersstellvertreter', sagt der Soldat. ,Was?' sagt der Unteroffizier. ,Es ist hier auf deiner Ausrüstungsliste abgestrichen. Aber wenn du's für richtig hältst, kannst du dich ja beschweren.' Der Gemeine wäre ein großer Dummkopf,

DIE ENDLOSE STRASSE 149

wollte er sich über seinen Unteroffizier beschweren. Wenn er wirklich dringend Alpargatas braucht, hält er sein Maul und bezahlt ein neues Paar. Kurz und gut, der Soldat zahlt bar für alle seine Alpargatas. Und nun erinnern Sie sich: Der Staat hat für vier Paare pro Soldat und Jahr bezahlt, die gratis abzugeben sind. Am Ende des Jahres nimmt der Offiziersstellvertreter alle seine Ausrüstungsformulare – das heißt, seine Belege – zum Depot, um sich neu zu versorgen und seine Rechnungen in Ordnung zu bringen. Seine Belege zeigen, daß er an seine hundert Mann tausend Paar Alpargatas ausgehändigt hat, vierhundert Paar gratis, sechshundert gegen bar. Das Bargeld für die sechshundert hat er in der Tasche. In seinem Kompanie-Depot verfügt er aber über vierhundert Paar, die nach seinen Papieren dort nicht vorhanden sein sollten. Nun muß er das Äquivalent seiner Belege vom Intendanzdepot übernehmen. Übernähme er jedoch alle tausend Paar, dann hätte er mehr auf Lager als sein Soll und würde bei der nächsten Inspizierung sich die Finger verbrennen. Er braucht bloß sechshundert Paar. Was macht er da?

Er übergibt seine Listen dem Depotfeldwebel, nimmt aber von den ihm zustehenden tausend bloß sechshundert Paar Alpargatas in Empfang. Zweihundert davon hat er bar bezahlt, die übrigen vierhundert sind gratis und stehen seiner Kompanie sowieso zu. Demnach verbleibt ihm das Bargeld für vierhundert Paare, und das Depot hat vierhundert Paare auf Lager, die nach den Belegen dort nicht mehr vorhanden sein sollten. Er teilt sich das Bargeld mit den Leuten vom Intendanturdepot, und nun ist es deren Sache, sich darum zu kümmern, was mit den Überschußpaaren geschieht; die Kompanierechnungen sind in Ordnung befunden und das Soll an Alpargatas auch. Das Intendanturdepot wartet nun, bis der Lieferant seine nächste Lieferung zu machen hat, laut Belegen und Voranschlag achttausend Paar. Nun wird ihm bedeutet, daß er tatsächlich nur die Hälfte liefern soll. Natürlich hat er nichts dagegen einzuwenden. Er bekommt ja eine Quittung für achttausend. Die Belege und die Verrechnung sind in Ordnung und ebenso die Vorräte: einwandfrei und zur Kontrollinspektion bereit. Gegen die Quittung des Intendanzdepots zahlt unser Kassier dem Fabrikanten für achttausend Paar. Da der Fabrikant ein anständiger Mensch ist und eine Wiederholung des Auftrages wünscht, teilt er mit der Intendantur das Bargeld für die Alpargatas, die er niemals geliefert hat. Und so sind alle Rechnungen in Ordnung, und alles ist durch einen Beleg gedeckt. Kapiert?«

»Ja, mehr oder weniger! Kein Wunder, daß Sie bei all diesen Komplikationen immer so nervös sind.«

»O ja ... Sie brauchen sich nur noch vorzustellen, daß es genau so mit jedem Stückchen Ausrüstung und sogar mit der Bewaffnung geht. Und alle diese Rechnungen mit ihren Belegen gehen durch Ihre Hände. Das einzige, wofür Sie zu sorgen haben, ist, daß jeder Posten durch einen Beleg gedeckt ist; um die anderen Dinge scheren Sie sich nicht! Und nun will ich Ihnen sagen, was Sie tun sollen. Nehmen Sie die letzte Rechnungsliste und machen Sie Romero einen Besuch, der ist der Feldwebel unseres Depots, und machen Sie sich mit den verschiedenen Offiziersstellvertretern der einzelnen Kompanien bekannt! Ich werde Ihnen bis zur Pferdeversteigerung am Montag keine Arbeit zuteilen. Dort werden Sie als Sekretär fungieren müssen, aber da Sie's zum ersten Mal machen, werd ich Ihnen dabei helfen.«

Im großen Hof, den die Stallungen umgaben, standen ein großer Tisch, ein bequemer Armsessel und zu dessen beiden Seiten eine Reihe von Stühlen. Die Papiere der zwölf Tiere, die zur Versteigerung gelangten, lagen auf dem Tisch. Zivilisten, die bei dieser Gelegenheit die Kaserne betreten durften, standen in der Kantine herum. Der von den kalkweißen Wänden zurückgeworfene Sonnenschein blendete die Augen. In diesem grellen Licht standen die Zigeuner da wie Bildsäulen; kurze weiße Jacken hoben ihre breiten Schultern und schmalen Hüften hervor; die dunklen Kordhosen schmiegten sich um den Gürtel straff an, lagen um die Knie locker und verengten sich über den Knöcheln. Sie trommelten im Takt mit ihren Stöcken, jener Art von Stöcken, wie alle Viehhändler sie tragen, auf den Pflastersteinen. Sie flüsterten miteinander wie Verschwörer, zählten ihr Geld und riefen nach Wein. Pferde und Maultiere waren entlang der Tränke angebunden und tauchten hin und wieder ihre Nüstern ins Wasser, mehr um Kühlung zu finden, als um zu saufen. Der ganze Hof roch nach Menschen- und Pferdeschweiß.

Die Leute warteten bereits seit zehn Uhr früh. Der Beginn der Versteigerung war für elf Uhr angesetzt. Um halb zwölf traf der Oberst des Sanitätskorps ein, der den Vorsitz der Versteigerungskommission führen sollte. Ich war nervös; ich sollte Versteigerer und Sekretär sein, die erzielten Preise buchen, das Bargeld in Empfang nehmen, Quittungen ausschreiben, die Papiere für jedes Tier dem Käufer übergeben und seine Empfangsbestätigung einholen.

Schließlich war die Kommission am Tisch versammelt: Der Oberst der Sanität, ein alter Herr mit langsamen, rheumatischen Bewegungen und schwacher, schriller Stimme, saß im Armsessel, rechts und links von ihm unser Oberst, der Major, der Tierarzt im Hauptmannsrang, der Regimentsadjutant und zwei mir unbekannte Offiziere.

Die Zigeuner stellten sich im Kreis um den Tisch herum. Der Tierarzt, in der Mitte stehend, befahl, das erste Pferd heranzuführen. Ich stand auf und las vor: »Fundador. Drei Jahre alt. Sechzehn Hände hoch. Brauner mit weißer Zeichnung auf den Hanken. Lungentuberkulose. Fünfundfünfzig Pesetas.«

Alle sechs Monate wurden die Pferde und Maultiere, die für den Heeresdienst ungeeignet waren, öffentlich versteigert. Das tuberkulöse Pferd war ein herrliches Geschöpf, das nervös inmitten der Menge tänzelte. Ein alter Zigeuner, der seinen Hut schief auf dem Ohr trug, trat vor, zog die Unterlippe des Pferdes von den Zähnen und untersuchte das Zahnfleisch. Er klopfte ihm auf den Rücken und sagte langsam: »Fünfundsiebzig Pesetas.«

»Einhundert«, rief eine Stimme aus dem Kreis.

Der alte Zigeuner bohrte seine Hände in die Flanken des Pferdes und wartete, seinem erregten Atem lauschend. Nach einer Weile trat er beiseite, machte ein Pause, kehrte in den Kreis zurück und rief dem zweiten Bieter zu: »Gehört dir, Junge.«

»Bietet niemand mehr?« sagte ich.

Schweigen

»Zugeschlagen.«

Ein junger Zigeuner trat vor, wand behutsam den Bindfaden von seinem Taschentuch los und legte eine Hundert-Pesetas-Note auf den Tisch. Ich nahm sie, notierte Namen und Adresse und schrieb eine Quittung.

»Du kannst um drei Uhr nachmittags kommen und das Pferd holen.«

Die Versteigerung ging weiter. Der alte Zigeuner kaufte ein Pferd und ein Maultier. Die zwölf Tiere wurden zu einem Durchschnittspreis von fünfzig Pesetas verkauft, worauf die beiden Obersten die Offiziere zu einem Trunk einluden, ehe sie zum Mittagessen gingen. Cárdenas und ich taten das gleiche; um drei Uhr waren wir wieder in der Kanzlei, um die Zigeuner abzufertigen. Es war die Stunde der Siesta, drückend schwül und dunstschwer. Eine der Ordonnanzen holte uns Bier von der Kantine.

Der erste Zigeuner trat ein. Cárdenas wandte sich zur Ordonnanz: »Du dort, Jiménez, stell dich vor die Türe und sag dem nächsten, der daherkommt, er müsse warten, bis dieser Herr fortgeht.«

Dieser Herr, ein Zigeuner, der so fettig war, als hätte man ihn gerade aus einer Bratpfanne herausgezogen, zog mit großer Geste seinen Hut, setzte sich auf den Stuhl, der für ihn bereit stand, pflanzte den Stock zwischen seine Schenkel und bot uns dicke, goldbebänderte Zigarren an.

»Ja, ich bin nun gekommen, um die Rechnung zu begleichen.«

Der Zigeuner zog eine mit Banknoten vollgepfropfte Brieftasche hervor und begann zu zählen, indem er seine Finger befeuchtete und jede Note zwischen ihnen knistern ließ. »Nämlich weil, wissen Sie, eines Tages zwei große Noten zusammenklebten und ich die eine nur zurückbekam, weil ich mit anständigen Menschen zu tun hatte. Aber damit kann man nicht rechnen – Sie entschuldigen schon.«

Er legte Banknoten im Wert von eintausendfünfhundert Pesetas auf den Tisch.

»Und jetzt unterschreiben Sie hier«, sagte Cárdenas.

Der Zigeuner kratzte seine Unterschrift hin und Cárdenas gab ihm die Papiere für das Pferd.

»Geh in den Stall hinunter und laß dir das Pferd übergeben!«

Als alle Besucher abgezogen waren, hatten wir mehr als achttausend Pesetas in der Lade. Cárdenas nahm sie und sperrte sie in den Safe.

»Gehen wir ein wenig an die Luft!« sagte er zu mir.

Draußen vor dem Kasernentor fragte ich ihn: »Wollen Sie mir jetzt erklären, was da eigentlich gespielt wird?«

»Der Beleg, Freund, der Beleg! Alles ist kontrolliert und in Ordnung befunden. Lungentuberkulose, nach der Bescheinigung eines Militärtierarztes und der Bescheinigung eines Veterinärinspektors. Hundert Pesetas wert. Dieses afrikanische Klima tut den Pferden gar nicht gut, sie sterben von einem Tag auf den andern, an hundert und einer Krankheit.«

»Aber es würde doch kein Mensch fünfzehnhundert Pesetas für ein tuberkulöses Pferd bezahlen!«

»Natürlich nicht. Das tuberkulöse Pferd steht dort drüben in den Stallungen und wird in wenigen Tagen sterben. Wir haben einen gesunden Gaul verkauft, aber in unseren Akten haben wir die Bescheinigung, daß er tuberkulös war, und die Quittungen, die den Beleg für die Tatsache bilden, daß ein Zigeuner einhundert Pesetas bezahlt hat, um ihn nach dem einzigen Ort zu bringen, wo man für eine tuberkulösen Gaul noch Verwendung findet, zur Stierkampfarena.«

Als am nächsten Morgen der Major ankam, holte Cárdenas das Bündel Banknoten aus dem Safe und trug es ins

Zimmer des Majors. Als er zurückkam, sprach er kein Wort zu mir.

Ich übernahm die Regimentskanzlei. Die mit mir Schreiber gewesen waren, als ich Korporal war, waren immer noch da, immer noch Soldaten und immer noch Schreiber. Sie waren nicht länger meine Freunde. Sie sprachen mich mit »Herr Feldwebel« an und lebten ihr Leben für sich, hielten es vor mir versteckt. Die zwei Ordonnanzen waren immer noch dieselben, aber ich war für sie jetzt eine Respektsperson. Cárdenas war nun Offiziersstellvertreter im Hauptquartier, behandelte mich väterlich und bemühte sich, mir den reichen Schatz seiner Erfahrungen beizubringen.

Wieder einmal fand ich mich von allen isoliert.

An vielen Nachmittagen arbeiteten wir überhaupt nicht, nicht allein der Hitze wegen, sondern auch, weil wenig zu tun war, ausgenommen gegen Ende jedes Monats oder wenn ein Jahrgang entlassen wurde oder eine Schiffsladung mit Rekruten ankam. Wenige Schritte von der Kaserne entfernt war das Meer. Ich kaufte mir Fischereigerät und setzte mich zum Angeln auf eine der Klippen.

2
ANGESICHTS DES MEERES

Das Fischen gab mir einen Vorwand, dem Kasernenleben zu entrinnen. Was Ceuta an Ablenkung zu bieten hatte, waren Kneipen, Bordelle und die Spieltische in einem Kasino. Zog ich mit meinen engsten Kameraden, den Feldwebeln, in der Stadt umher, so stand fest, daß ich Abend für Abend mindestens in einem, zumeist aber in dreien oder in noch mehr dieser Lokale landete. Ich war alles andere als ein Puritaner, empfand es aber als völlig unmöglich, mein tägliches Leben, wie das die anderen taten, auf dieser Basis einzurichten.

Vier Feldwebel, einer vom Depot, einer aus der Kanzlei des Obersten, einer aus dem Zahlmeisterbüro und ich, wohnten in einem Zimmer hinter dem Büro. Wir hatten dort unsere Betten, einen Tisch, ein halbes Dutzend Stühle und unsere Koffer. Wir hatten einen Burschen, der unsere Sachen instand hielt, und einen Koch, der uns in der Feldwebelmesse das Essen servierte. Unsere Arbeit hielt uns in dauernder Verbindung miteinander. Unsere Mahlzeiten aßen wir am selben Tisch. Wir schliefen in anderthalb Meter voneinander entfernten Betten. Jeder von uns kannte die persönlichen Angelegenheiten und die intimsten Gewohnheiten der anderen. Da uns die Hitze zwang, nackt auf unseren Betten zu schlafen, kannte jeder von uns die Haut und die Gesten der anderen. Es ist erstaunlich, daß die Kameradschaftlichkeit unseres Zusammenlebens dabei niemals in die Brüche ging. Ich aber vermißte ein rechtes Bindeglied zwischen den anderen und mir.

Romero, der Depotfeldwebel, war achtunddreißig Jahre alt, ein fröhlicher, gesprächiger, beweglicher Andalusier. Er stammt aus deinem Dorf in der Provinz Córdoba, wo seine Eltern kleine Landwirte waren, die einen Haufen von Kindern hatten und dem Boden eine magere Existenz abrangen. Um dem elenden Dasein daheim zu entrinnen, war er nach Ableistung der Wehrpflicht ins stehende Heer eingetreten.

Oliver, der Feldwebel aus dem Zahlmeisterbüro, war ein hochgewachsener Kastilier von über dreißig Jahren, der Sohn eines schlechtbezahlten Ministerialschreibers. Nach dem Tode beider Eltern wurde er von einem Onkel an Kindes Statt angenommen, der, wie man so schön sagt, in kleinen Verhältnissen lebte. Im Alter von achtzehn Jahren fiel Oliver bei der Postbeamtenprüfung durch, und der Onkel schlug als die einzige ihm offenstehende Laufbahn die Armee vor. Er meldete sich mit der Absicht, sobald er Feldwebel geworden wäre, in die Offiziersschule in Córdoba einzutreten, wurde aber zum Schreiber des Zahlmeisters bestimmt. Die Atmosphäre von Ceuta und die bequemen Verdienstmöglichkeiten im Bunde mit seiner höchst sinnlichen Veranlagung ließen ihn alle früheren Pläne beiseite schieben; – es blieb nichts zurück in ihm als die leere Schale eines vergessenen Traums.

Fernandez, der Feldwebel aus der Kanzlei des Obersten, war erst zweiundzwanzig Jahre alt, hatte aber nahezu sechs Jahre bereits in Kasernen zugebracht. Er war der Sohn eines aktiven Obersten und hatte, in Madrid geboren und dort aufgezogen, schon mit dem Universitätsstudium begonnen. Er hatte so flott und toll drauflos gelebt, daß der Vater, »um ihm die Mucken auszutreiben«, ihn eines Tages kurz entschlossen in die Kaserne steckte. Anfangs rebellierte er und blieb eine ganze Woche lang der Kaserne fern, was ihm eine Verurteilung zu zwei zusätzlichen Jahren Heeresdienst in Marokko einbrachte. Hier wurde er zu Schreibarbeiten eingeteilt. Nach Ablauf der Strafzeit brachte er es schließlich zum Feldwebel, teils infolge des Einflusses seines Vaters, teils dank seiner Bildung und Intelligenz. Er hatte nun anständig arbeiten gelernt, blieb aber weiterhin der Madrider Luftikus und Tunichtgut, der unausgesetzt billigen Genüssen und Vergnügungen nachjagte. Seine ständige Sorge war, wie er am Ende des Monats mit seinen Schulden zu Rande kommen und wie er seine Rolle als Don Juan aller Bordelle in Ceuta aufrechterhalten sollte. Er war ein hübscher junger Kerl und trug sich immer auffallend gut gekleidet. In drei oder vier Bordellen besaß er bevorzugte Freundinnen, von denen er allerlei Geschenke entgegennahm, ohne sie je auszubeuten. Er war genau jener gefällige Typ Mann, von dem sich die Prostituierten gern blenden und betören lassen.

Diese drei waren meine Gefährten. Ich wohnte mit ihnen und wir vertrugen uns gut miteinander, aber das war auch alles. Der Umgang mit einfachen Soldaten war mir verboten; die spanische Armee lehnte jede Intimität zwischen Feldwebeln und Gemeinen, sogar Korporälen, ab. Genausowenig durften Offiziere sich mit Unteroffizieren anfreunden; sie mochten dem einen oder anderen ihre besondere Wertschätzung zeigen, aber die Klassenschranke mußte respektiert werden.

Also ging ich fischen, um frei zu sein.

Das Meeresufer hier wird von einem breiten Saum niedriger Klippen gebildet. Die Flut überspült sie, bei Ebbe liegen sie trocken. Sie sind mit einem dicken, rauhen Moosteppich bedeckt, dessen blasses Grün aussieht, als wäre es vom Salzwasser gebleicht. Die Krebse haben darin ihre Schlupflöcher, und die Fische wühlen in den verfilzten Wurzeln nach verborgenen Würmern.

Gießt man einige Tropfen Essig auf das Moos, dann stoßen die Würmer in Legionen hervor und winden mit gereckten Hälsen ganz verzweifelt ihre zarten Körperchen, als ob sie erstickten und zum letzten Mal nach Luft schnappten. Man kann dann mit der Hand über das Moos fahren und sie mit einem Griff zu Hunderten fangen. Man steckt sie in eine alte, halb mit Lehm gefüllte Konservenbüchse, und sie graben sich sofort ein. So hat man den notwenigen Köder. Nun wird einer der Würmer an den Haken gesteckt, recht behutsam, damit man ihn nicht zerdrückt und er sich im ruhigen Wasser schlängeln kann. Sardinen, Makrelen und Goldbrassen stürzen gierig darauf zu, während eine riesige Menge anderer Fische in der Nähe schwebt und das Wasser mit blauen, schwarzen, rostroten, silbernen und goldenen Lichtern sprenkelt.

Die Ränder der mächtigen Zementblöcke der Mole waren von zahllosen Anglern bevölkert, die ihre Ruten zwischen der Kaimauer und den Bäuchen der vertäuten Schiffe hinausdrängten. Ich hatte keine Lust daran, dort zu fischen. Ich durchforschte sorgfältig die Klippen, die den Monte Hacho umsäumen, und fand dort einen übers Meer hinaushängenden Felsbalkon.

Er bestand aus drei Blöcken: zwei kleineren vorne am Wasser, die eine Art V bildeten, und einen größeren dicht dahinter, der fast wie ein Armsessel geformt war, mit geglättetem Sitz und bemooster Lehne. Unterhalb des V fiel der Meeresboden senkrecht zu einer Tiefe von sechs bis acht Metern ab und bildete einen breiten, tiefen Brunnenschacht. Es war fast ein Teich. Weiter draußen formte eine Reihe von Klippen, die das Wasser kaum überragten, einen Wellenbrecher, der den Spiegel des Brunnenteiches immer glatt hielt.

Ich sammelte Würmer zwischen den Felsen, fing Sardinen oder Makrelen in meinem tiefen Brunnenschacht und verwendete sie als lebendige Köder an den Leinen. Eine Angelschnur besteht aus fünfzig Metern Seidengarn mit einem Senkblei an einem Ende. Mit einem gleitenden Knoten befestigt man einen großen beköderten Haken am Garn. Man läßt das Blei in der Luft kreisen und wirft es dann mit der Leine weit hinaus. Der Köderfisch schwimmt und bewegt sich, obwohl er an die kurze Darmsaite des Hakens gefesselt bleibt, entlang der ganzen Schnurlänge frei vom »Teich« zum offenen Meer. Große Fische, die an die Felsen nicht heranschwimmen würden, schnappen nach dem Köder. Der Fang selbst ist natürlich Glückssache.

Jeden Tag legte ich vier Leinen aus, jede einzeln an einen soliden Felsbrocken gebunden, und dann setzte ich mich in den steinernen Armsessel, um zu lesen, zu schreiben oder nachzudenken. Biß ein Fisch an, dann läutete die kleine an der Leine befestigte Schelle Alarm.

Es war ein Tag vollkommener Meeresstille. Die Wasser in der Straße von Gibraltar waren ruhig wie ein Gartenteich. Sie spiegelten den blauen Himmel und waren selbst flüssiges, funkelndes Blau. Über diesen Spiegel liefen in milchigen, fein gekräuselten Bändern kleine Bäche. Als kaum wahrnehmbare Spuren der Tiefenströmungen der zwei hier sich begegnenden Meere sammeln sie sich zu einem breiten Band, einem Strom, der vom Westen in den Hafen von Ceuta eintritt und ihn ostwärts wieder verläßt. Manchmal ändern dieser Strom und seine kleinen Bäche die Richtung – manchmal ergießt das Mittelländische Meer seine Wasser in den Atlantischen Ozean, zu anderen Zeiten schickt dieser sie zurück.

Ich legte das Buch beiseite und tauchte unter in dieser Woge vollkommenen Friedens. In weiter Ferne sah ich die Küste Spaniens und die Umrisse des Felsens von Gibraltar, und alles war voll Licht und Stille, als wäre der Himmel eine ungeheure Glaskuppel mit einem Rückstrahler am Scheitelpunkt – und als gäbe es nichts außer ihm.

Ich war an einem Kreuzweg meines Lebens angelangt. Ich war nun vierundzwanzig Jahre alt, hatte keinen Besitz und war noch immer nichts anderes als der Sohn der Señora Leonor, der Wäscherin, obwohl meine Mutter seit langem aufgehört hatte, mit dem hölzernen Schlegel im winterlichen Morgengrauen das Eis am Fluß aufzubrechen oder sich von der Sonne des Julimittags versengen zu lassen. In weniger als einem Jahr würde ich das Kasernenleben beenden. Es wurde Zeit, über meine Zukunft nachzudenken.

Ich war Feldwebel in der Armee. Wenn ich mich, statt abzumustern, wiederverpflichtete, würde ich ein festes Gehalt von zweihundertfünfzig Pesetas im Monat beziehen, in Afrika bleiben und nie wieder reine Hände bekommen. Ich war Kanzleifeldwebel im Regimentskommando, das ist eine vielbeneidete Stellung. Ich könnte also getrost in Frieden leben und auf diese Weise acht oder zehn Jahre lang Geld machen, um es schließlich zum Feldwebelleutnant zu bringen. Ich konnte auch in die Offiziersschule in Córdoba eintreten, dort drei Jahre lang studieren und dann Offizier werden.

Schied ich bei Ende der Wehrpflicht aus, dann mußte ich ins Zivilleben zurückkehren und mir sofort Arbeit suchen. Es gab tausende arbeitslose Angestellte in Madrid. Nach den drei Jahren Armeedienst, ohne Verbindung mit der Geschäftswelt und mit veralteten Zeugnissen würde ich höchstwahrscheinlich einer mehr in ihren Reihen sein. Und auch wenn ich sofort Arbeit fand, würde mein Monatsgehalt bestenfalls hundertfünfzig Pesetas betragen.

Das aber waren die zwei einzigen Lösungen, die sich mir praktisch boten. Die eine, das Verbleiben bei der Armee, gewährte Sicherheit, die andere war problematisch. Wer sollte mich unterstützen, wenn ich in Madrid sechs Monate oder länger ohne Arbeit blieb?

Zwei andere Möglichkeiten standen in besserem Einklang mit meinen Wünschen; aber beide schienen so schwer zu realisieren, daß sie praktisch ausfielen. Und doch wäre ich sehr gern Maschinenbauer geworden. Oder Schriftsteller.

Mein Wunsch, Ingenieur zu werden, war so alt wie ich selbst. Nicht einmal damals, als der Tod meines Onkels meine Hoffnungen durchkreuzte und mich zwang, ein Tintenfuchser zu werden, um meinen Lebensunterhalt zu verdienen, hatte ich die Hoffnung aufgegeben.

Als ich Sekretär Don Ricardo Goytres bei den Spanischen Motorenwerken in Guadalajara war, entdeckte er, daß ich ihm beim Entwerfen von Maschinenprojekten helfen konnte. Er ermöglichte mir den Besuch der Abendkurse, die die Augustiner in der kleinen Stadt abhielten.

Kaum war die neue große Fabrikanlage errichtet, hatte der Orden eine Gelegenheit zur Beeinflussung der Arbeiter gesehen und in eine Schule für technisches Zeichnen und Mathematik eröffnet. Ich besuchte sie. Ein Priester benötigte in Spanien keinerlei Befähigungsnachweis, um eine Schule zu leiten oder Lehrer zu sein; und die guten Brüder von Guadalajara hatten sich ohne weitere Vorbereitung in technischen

Unterricht gestürzt. Nach einer Woche erkannte ich, daß ich da bloß ein störendes Element war. Mit meinen spärlichen Kenntnissen wußte ich immer noch mehr von technischem Zeichnen und Mathematik als sämtliche Lehrer.

Der Schulleiter ließ mich zu sich kommen: »Möchten Sie uns helfen, mein Sohn? Im Zuge unserer Bemühungen zugunsten der Armen haben wir diese Anstalt eröffnet, die nur eine Elementarschule dieser Art ist. Sie würden vorgeschritteneren Unterricht brauchen, als wir zu geben vermögen. Aber ich möchte Ihnen damit nicht sagen, daß Sie nicht zu uns kommen sollten, im Gegenteil: kommen Sie und helfen Sie uns! Ihr Beistand würde uns sehr wertvoll sein.«

Ich mochte die Brüder gut leiden und unterrichtete eine Zeitlang in den Anfangsgründen der französischen Sprache und der Darstellenden Geometrie. Die Vorteile, die sich daraus für mich ergaben, waren problematisch: Ich mußte allen religiösen Veranstaltungen beiwohnen, konnte erst spät zu Abend essen und zog mir schließlich noch die Gegnerschaft der Arbeiter zu. So desertierte ich nach ein paar Wochen von den Augustinern und versuchte, bei einem meiner Kollegen Differentialrechnung zu lernen.

Als ich zum Militärdienst einberufen wurde, meldete ich mich zum Zweiten Eisenbahnregiment. Ich wurde als Zeichner eingestellt und hoffte, dort weiter ausgebildet zu werden. Aber dann wurden die Lose für den Dienst in Afrika gezogen, und ich wurde nach Marokko geschickt. Zwar diente ich bei der technischen Truppe, aber meine technischen Qualifikationen konnten mir nicht weiter helfen, als daß ich Schreiber wurde.

Nach der Abmusterung würde ich immer noch als einfacher Mechaniker anfangen können. Natürlich müßte ich als Lehrling in eine Werkstätte eintreten; aber konnte ich das denn überhaupt? Die Gewerkschaften duldeten mit Recht keine Lehrlinge, die schon fünfundzwanzig Jahre alt waren, ja nicht einmal jüngere, die für ihre eigene Ausbildung bezahlten. Ich wußte, ich könnte einen hervorragenden Mechaniker

abgeben; aber in der bestehenden Arbeits- und Gesellschafs-
ordnung könnte ich weder einen Platz als Maschineningen-
ieur noch einen solchen als Mechaniker finden. Dieser Weg
war verschlossen, und ich mußte mich damit abfinden.

Ich könnte Schriftsteller werden.

Das war der zweite Ehrgeiz meiner Kindheit gewesen. Meine Schule, die Escuela Pía, hatte eine Kinderzeitschrift her-
ausgebracht, »Madrileñitos« genannt – »Madrider Jungen«.
Als ich zehn Jahre alt war, stand mein Name als Mitarbeiter
in jeder Nummer. Gedruckt wurden da meine Geschichten
und Gedichte, die alle von stark religiösem und moralischem
Gehalt waren. Längst hatte ich alle außer den zwei wichtigsten Beiträgen vergessen: es handelte sich um eine Biographie
des hl. Josef von Calasanz, des Gründers des Ordens der Pia-
risten, und eine Biographie des Apostels Paulus, die mir eine
Ausgabe der Korintherbriefe eintrug. Ich hatte beide noch zu
Hause liegen.

Als ich sechzehn Jahre alt und als Schreiber in der Bank
tätig war, beabsichtigte ich, in die literarische Welt einzudrin-
gen. Mein Kollege Alfredo Cabanillas und ich ermutigten einander, unsere Arbeiten, er seine Verse, ich meine Prosa, bei
jedem der literarischen Wettbewerbe, wie sie von einer Anzahl von Wochenblättern veranstaltet wurden, einzureichen.
Keiner von uns gewann je einen Preis, aber einige meiner Gedichte und zwei meiner Geschichten wurden veröffentlicht,
natürlich ohne Honorar. Als die zweite meiner Erzählun-
gen erschienen war, nahm mich unser Nachbar in der alten
Mietskaserne, Rafael, der Sohn der Zigarettenmacherin, mit
ins »Ateneo«, um mich den großen Männern der spanischen
Literatur vorzustellen.

»Wenn du den Kopf auf dem richtigen Fleck hat, wirst du
da Karriere machen«, sagte er. Rafael war der Haarschneider
des Ateneo-Klubs.

In jenem Kreise der führenden Intellektuellen des Landes
fühlte ich mich eingeschüchtert, und die Atmosphäre der erhitzten Diskussionen erschütterte mein Selbstvertrauen. Ich

wurde dort auch im Anschluß an ein erstes flüchtiges Zusammentreffen in einem Kaffeehaus von einem Mann ausgezeichnet, der sich den Titel des letzten Bohemiens prahlerisch selbst verliehen hatte: Emilio Carrère.

Er hatte ein Mondgesicht mit einer wirren Mähne und trug einen breitkrempigen weichen Hut und einen dick verknoteten Schal um den Hals; sein Körper war der eines zum Städter gewordenen Bauern. Ununterbrochen zog er an seiner Pfeife, die er von Zeit zu Zeit mit Zigarettenstummeln füllte. Ich empfand es als große Ehre, als er sich herabließ, sich von mir zu einem Glas Bier einladen zu lassen. Eines Abends war ich bei Kassa und schlug vor, zu Alvarez an der Ecke der Plaza de Santa Ana zu gehen, einer Kneipe, die für ihr Bier und ihre Krebse berühmt war. Da fing er plötzlich an, zu mir zu reden: »Du willst also Schriftsteller werden? Nun laß dir einige Tips geben! Schriftsteller sein ist in Spanien gleichbedeutend mit Hunger leiden. Es gibt nur ein einziges Mittel, als Schriftsteller Geld zu verdienen, das ist Dramen zu produzieren oder Pornographie. Oder, noch anders, es gibt nur einen Weg, Schriftsteller zu werden. Hör zu! Sag mir schnell, wer unter den Lebenden ist denn dein Lieblingsautor?«

»Ich wüßte wirklich nicht recht. Benavente ... Valle-Inclán ... und viele andere noch.«

»Tut nichts. Wähle den, den du von allen am liebsten magst! Dann hänge dich an ihn, schmeichle ihm, zahle ihm eine Tasse Kaffee, aber so, daß er es bemerkt, und eines schönen Tages, wenn er in guter Laune ist, liest du ihm eine deiner Sachen vor! Aber warte auf jeden Fall erst so lange, bis er weiß, wer du bist, und erkannt hat, daß du zu allem, was er sagt, Beifall klatschst, auch wenn es der blühendste Unsinn ist! Dann wird er dir einen Empfehlungsbrief an eine Zeitung geben, und die wird dein Zeug drucken, garantiert tut sie das dann, natürlich ohne etwas zu bezahlen. Wenn du nun Glück hast und vorausgesetzt, daß du wirklich schreiben kannst, magst du dann vielleicht in, sagen wir, zehn oder zwölf Jahren fünfzig Pesetas für einen Artikel oder eine kleine Erzählung bekommen. Schwieriger ist es, die Annahme eines Theaterstückes zu erreichen, aber die Technik ist genau dieselbe. Jedenfalls gehörst du, sobald du dir einmal deinen Herrn und Meister erwählt hast, bedingungslos zu ihm. Wenn er rechts steht, gehörst du zur Rechten. Steht er links, gehörst auch du zur Linken. Was du schreibst, spielt nicht die geringste Rolle. In Spanien muß man zur einen oder zur anderen Seite gehören, das ist alles!«

Er sprach gut, mich aber stießen seine Ratschläge ab – und auf seine Schriftwerke reagierte ich ebenso. Emilio Carrère hatte seine literarische Karriere dadurch gemacht, daß er sich auf die zynische Erzählung spezialisierte. Seine Geschichten von Bettlern, Prostituierten, Trunkenbolden und Lüstlingen waren immer um ihn selbst als den heldischen Mittelpunkt gebaut, und er legte es darauf an, im Ablauf der Erzählung zu zeigen, wie gewandt er sich nicht nur jeder Umgebung anzupassen fähig wäre, sondern sie noch zu übertreffen versuchte. Ich hielt seine Erklärungen für boshaft und verleumderisch und beschloß, meine Erfahrungen selber zu machen.

Der vornehmste literarische Stammzirkel tagte im Café de Castilla. Dort präsidierte Don Jacinto Benavente, der damals auf dem Gipfel seines Ruhmes als Dramatiker stand. Das Kaffeehaus war ein einziger Raum mit Gußeisensäulen, roten Sofas und Wänden, voller Spiegel und Karikaturen. Niemand konnte sich in diesem Saal vor den Augen eines anderen verbergen; jeder war genötigt, sich selbst und alle Anwesenden in einer endlosen Variation von Spiegelbildern zu betrachten.

Eines schönen Tages ging ich da hinein, hielt zögernd den roten Türvorhang fest und sah mich in dem Raum um, der mir infolge der vielfältigen Spiegelung riesig groß erschien. Ich sah, wie mir von einem der Tische her jemand winkte: Es war ein junger Mann, den ich vom »Ateneo« her kannte. Ich gewann mein Selbstvertrauen zurück und setzte mich zu ihm. Kurz darauf erkannte ich zwei Tische weiter Don Jacinto inmitten einer großen Gesellschaft. Er lehnte sich auf dem Sofa halb zurück und sah noch kleiner aus, als er ohnehin war;

alles, was ich von seinem Gesicht erkennen konnte, war die Zigarette zwischen einem grauen Ziegenbärtchen und einer großen kahlen Stirne.

Don Jacinto hörte den Ausführungen eines seiner Anhänger zu, der die Schwächen einer damals mit großem Erfolg gespielten Komödie darlegte. Zur Unterstützung jedes seiner kritischen Argumente zitierte er eine Szene oder einen Satz aus einem von Benaventes Stücken. Kaum hatte der Mann unter dem Beifallsgemurmel der ganzen Runde geendet, begann ein anderer ein anderes Stück zu sezieren und eine neue Serie von Vergleichen mit Benaventes Stücken damit zu verbinden. Don Jacinto strich sich das Bärtchen und hörte gelassen zu. Er sah recht gelangweilt aus. Schließlich nahm er die Zigarette aus dem Munde und sagte mit honigsüßer Stimme: »Richtig! Wir stimmen also alle darin überein, meine Herren, daß ich ein Genie bin. Aber wer trägt das Geld nach Hause? Immer nur die anderen, diese Herren, die Sie erwähnt haben!«

»Ja, aber die Kunst ...« rief einer, »die Kunst allein ist das wirklich Große. Geld, ich bitte Sie ...«

»Sie haben doch keinen Grund zur Klage, Don Jacinto«, fuhr ein anderer dazwischen. »Sie haben immer volle Häuser.«

»Jawohl, ich fülle das Theater, aber noch nie hat das Theater meine Taschen gefüllt.«

Und das Gespräch kehrte zu Benaventes Prosastil zurück. Don Jacinto lauschte und zog an seiner Zigarette.

Der junge Mann von »Ateneo« gab mir einen Wink, und wir gingen.

»Weißt du«, sagte er, »das ist immer dieselbe Geschichte. Hier gibt es nichts als Weihrauch für Don Jacinto. Natürlich muß man hingehen, damit sie einen kennenlernen, aber wenn du etwas lernen willst, mußt du ein anderes Kaffeehaus aufsuchen. Laß uns in die Granja gehen, sicher wird Don Ramón dort sein.«

Die Granja, ein altes Kaffeehaus mit niedriger Decke, dessen getäfelte Wände und stämmige Holzpfeiler in hellem Okker gestrichen waren, war überfüllt und die Luft darin abscheulich. Don Ramón del Valle-Inclán saß inmitten einer großen Gesellschaft, die Tische und Stühle eng aneinander gerückt hatte – es war gewissermaßen eine kompakte Masse aus Marmor, Holz und Menschen. Als wir eintraten, hatte sich Don Ramón gerade über den Tisch vorgebeugt. Sein Rabinerbart flatterte wie ein Wimpel, und seine in Schildpatt gefaßten Brillengläser wandten sich von einem Gesicht zum andern, damit er sehe, ob ihm jemand zu widersprechen wagte.

Aber niemand wagte es, Valle-Inclán zu widersprechen. Er wartete darauf, nachdem er seine Tirade beendet hatte; aber der ganze Kreis brach in Beifall aus, in den andere im Café Sitzende einstimmten. Als sie aufhörten, schlug Don Ramón mit der Faust auf den Tisch.

»Ihr seid ein Idiotenpack!« sagte er und setzte sich wieder.

Das Publikum amüsierte sich und nahm die Beschimpfung als einen besonders genialen Einfall hin. Mein Gefährte flüsterte mir zu: »Das ist Don Ramóns Art. Er beschimpft jeden, aber er tut es mit Geist ...«

Ich hatte eher das Gefühl, er habe es auf recht arrogante und rohe Art getan, ging aber dennoch fasziniert zu wiederholten Malen in die Granja und fand einen Platz am Rande von Don Ramóns Kreis.

Eines Abends erlaubte ich mir die Dreistigkeit, einer seiner Behauptungen zu widersprechen, die, wie so viele, die er vorbrachte, ein offensichtlicher Unsinn war, den er bloß zu vertreten schien, um seine Zuhörer zu demütigen.

Zornig fiel Don Ramón über mich her: »Also dieser junge Bursche hier meint, daß ich unrecht hätte?«

»Ich glaube nicht nur, daß Sie unrecht haben, sondern auch, daß Sie das sehr genau wissen und alle diese Herren hier nicht weniger.«

Ein Gemurmel der Ablehnung stieg um mich auf. Mit hoffärtiger Geste befahl Don Ramón Ruhe. »Schweigen Sie! Kein Mensch hat Sie um Ihre Meinung gefragt.«

Er fing an, heftig mit mir zu diskutieren, und ich antwortete mit gleicher Münze, da mich die Verachtung verletzte, mit der er uns alle traktiert hatte. Aber Don Ramón sprang plötzlich vom Thema ab und fragte mich: »Was sind Sie eigentlich von Beruf, junger Mann? Schreiben Sie?«

»Ich möchte schreiben.«

»Wozu sind Sie dann eigentlich hier? Wollen Sie schreiben lernen?«

»Ich könnte Ihnen antworten: ja.«

»Dann sagen Sie's lieber nicht, und Sie werden vermeiden, Blödsinn zu reden. Sie mögen herkommen, um Kaffee zu trinken, sogar auf Kosten eines anderen; um schlecht über andere zu reden und um eines Tages um ein Empfehlungsschreiben zu bitten. Wenn Sie tatsächlich schreiben lernen wollen, dann bleiben Sie lieber zu Hause und studieren Sie! Und nachher fangen Sie an, zu schreiben ...

Natürlich glauben Sie jetzt, daß ich Sie beleidige, aber Sie irren sich. Ich kenne Sie nicht, habe aber eine bessere Meinung von Ihnen als von vielen, die hier herumsitzen. Und darum sage ich Ihnen: Kommen Sie nicht mehr zu diesen Zusammenkünften! Halten Sie sich an Ihre Arbeit, und wenn Sie schreiben wollen, schreiben Sie! Hier werden Sie bestimmt nichts profitieren können, außer daß Sie vielleicht einen kleinen Posten in einer Redaktionsstube erhaschen und sich daran gewöhnen, Demütigungen und Beschimpfungen zu schlucken.«

Später nahm Alfredo Cabanillas mich mit ins alte Fornos, ein Kaffeehaus, das von Toreros und allerlei Gruppen werdender Schriftsteller und Künstler besucht wurde. Ich kam mir vor wie in einem Irrenhaus. Viele dort trugen das traditionelle lange Haar, breiten Schlips und Künstlerhut. Sie diskutierten über die jüngsten Bewegungen in Kunst und Literatur, Dadaismus, Futurismus und Expressionismus, trugen einander Gedichte und Prosa vor, von denen ich nicht ein Wort begriff.

Cabanillas spielte bei diesen Zusammenkünften eine große Rolle. Er hatte gerade einen Gedichtband veröffentlicht, dessen Druckkosten er selbst getragen hatte; das war etwas Ungeheuerliches in diesem Kreis hungernder Bohemiens. Sei-

DIE ENDLOSE STRASSE

ne Freunde überboten sich in Lobpreisungen des Buches, baten ihn um Freiexemplare und ließen sich von ihm ihren Kaffee bezahlen. Und sie ließen laute Protestrufe ertönen, wenn Cabanillas wieder und wieder von den von ihm gemachten Erfahrungen berichtete.

Zunächst hatte er sein Manuskript an einen Verleger nach dem andern gesandt und es stets ungelesen zurückbekommen. Das stand fest, denn er hatte einige Seiten fest zusammengeklebt, und sie waren zurückgekommen, ohne daß sie gelöst worden wären. Nachdem er die ganze Verlegerliste durchlaufen hatte, beschloß er, das Buch auf eigene Kosten drucken zu lassen, das heißt, auf Kosten seiner Familie. Er besuchte nun eine der führenden Verlagsfirmen, und der Direktor hörte ihn höflich an.

»Ganz recht! Wir haben keinen Grund, Ihr Buch nicht zu veröffentlichen, wenn Sie die Kosten selbst bezahlen. Gedichte, sagen Sie? Was für eine Art Gedichte denn?«

»Moderne Gedichte natürlich!«

Cabanillas stürzte sich mit aller Begeisterungsfähigkeit seiner achtzehn Jahre in bombastische Erklärungen: moderne Poesie, eine Revolution der Dichtkunst, verwandt den neuen Strömungen in der französischen Lyrik, aber in einem rein spanischen Sinne ...

»Dann handelt es sich also um revolutionäre Dichtung, wie?«

»In dichterischem Sinne, ja. Was das Revolutionäre betrifft, so bin ich natürlich keineswegs Anarchist. Es ist romantische Lyrik in moderner Form.«

»So, so ... Und was sind Sie?«

»Ich? Ich bin Bankbeamter.«

»Nein, nein, das meine ich nicht. Ich meine, was für politische Ideen Sie haben! Es hört sich an, als wären Sie einer dieser modernen, fortschrittlichen jungen Leute mit dem Kopf voller Ideen. Das stimmt doch wohl?«

»Natürlich! Es kommt darauf an, die Kunst zu revolutionieren und ...«

»Ja, ja, ich verstehe Sie vollkommen. Und es tut mir leid, aber wir sind eine seriöse Firma. Sie sind ein neuer Autor. Ich verstehe vollkommen, daß Sie unseren Namen auf dem Titelblatt sehen wollen, weil das Publikum weiß, daß wir nur ernste Werke verlegen. Es tut mir leid, aber ich fürchte, wir werden Ihr Buch nicht veröffentlichen können.«

Schließlich war Cabanillas mit einer kleinen Firma einig geworden, die vornehmlich Flugzettel druckte. Es war ein Vorteil für ihn, denn er hatte für die ganze Auflage nur sehr wenig zu bezahlen. Keiner kaufte das Buch, aber er büßte dabei auch nicht sehr viel ein. Die Rezensenten schenkten ihm keine Beachtung; es war ja keine der seriösen Firmen, die das Buch gedruckt hatte.

Ich überlegte, ob nicht Emilio Carrère am Ende doch recht gehabt hatte. Aber ich fühlte mich außerstande, zum literarischen Speichellecker zu werden, und ich besaß weder Zeit noch Geld oder die Neigung, mich auf Dauer bei einem literarischen Klüngel zu etablieren.

Ich stand vor verschlossenen Türen und hatte damals den Gedanken an den Schriftstellerberuf aufgegeben.

Und nun erhob sich das alte Problem erneut vor mir. Schon in der Kaserne hatte ich wieder zu schreiben begonnen. Es war mir ein Bedürfnis, und ich glaubte durchaus an meine Fähigkeit, etwas ausdrücken zu können.

Aber würde ich davon meinen Lebensunterhalt bestreiten können? Vielleicht nach Jahren harter Arbeit und nüchterner Unterwerfung unter die Spielregeln. Das war keine Lösung.

Vor allem mußte ich an meine Mutter denken. Solange sie lebte, blieb ich für sie verantwortlich. Es war meine Aufgabe, dafür zu sorgen, daß sie nicht mehr zu arbeiten brauchte, weder als Wäscherin noch als Reinemachefrau. Zudem wollte ich selbst eines Tages ein Heim und eine Familie haben, heiraten und in einer Frau die Ergänzung meines Ichs finden. Dazu aber mußte ich Geld verdienen; wer Frau, Heim und Kinder haben will, muß dafür bezahlen.

Die Kaserne bot mir Sicherheit für alles, solange ich lebte, und sogar über den Tod hinaus. Starb ich als Angehöriger der Armee, so würde meiner Mutter, meiner Frau, meinen Kindern nackte Armut erspart bleiben. Die Frau eines Bankbeamten steht bereits eine Woche, nachdem sie ihren Gatten begraben hat, der Armut gegenüber.

Aber – bot die Kaserne diese Sicherheit wirklich? Stimmte es, daß, was immer je kommen mochte, meine Stellung, mein Sold und das tägliche Brot meiner Familie auf Dauer gesichert wären?

Wenn man die Angel ins Meer auswirft, läßt man sie nie ganz gespannt. Das schlaffe Ende, das übrig bleibt, legt man in einem Haufen lose gerollter Windungen neben sich auf den Felsen. Einer meiner Garnhaufen wickelte sich ab, und die Schnur schoß davon, wie eine Schlange zum Angriff vorwärtsschnellt. Die ans Ende gebundene Schelle läutete wie toll. Die Schnur spannte sich und stöhnte wie die Primsaite eines Violoncellos, wenn man mit dem Finger darüber hinfährt. Eine Schaumfurche riß wütend einen Bogen in den ruhigen Spiegel des Meeres. Es war, als liefe ein rotglühendes Eisen unter der Wasserfläche dahin.

Ich packte die Angelschnur und versetzte ihr einen Ruck. Ein wilder Ruck vom anderen Ende antwortete mir, als risse ein scheuendes Pferd an den Zügeln. Das Garn schlüpfte mir aus der Hand und zerrte am Felsen, an dem es festsaß, gespannt und vibrierend, begierig, ins Meer zu entkommen. Ich packte die Schnur mit beiden Händen, stemmte mich gegen einen Vorsprung des Felsens und zog an. Plötzlich hörte der Fisch auf zu ziehen, die Schnur erschlaffte, und ich taumelte zurück. Ehe ich wieder festen Fuß gefaßt hatte, hatte sich das lebendige Wesen am Haken dort draußen ins offene Meer gewandt. Überm Abwickeln zerriß die flüchtende Leine meine Hände und machte sich noch einmal los. Der zornige Wirbel im Meer wuchs ins Maßlose. Sollte ich aufgeben? Lieber warten, bis der Fisch ermüdet oder die Schnur reißt, oder nichts als eine blutige Kieme am Haken hängt oder der Felsblock vornüber stürzt und ins Wasser rollt? Ich stand da und beobachtete die schäumende Spur, das Beben der Angelschnur und das Klingeln der kleinen cholerischen Schelle.

Ein Fisch, der um seine Freiheit kämpft, ist gewiß eines der großartigsten Wesen innerhalb der ganzen Schöpfung, wenn auch keiner von uns seine Tapferkeit ermessen kann. Hier ist er, ein einziger glatter Muskel, Kraft sammelnd aus dem Widerstand des Wassers, wo der härteste Schlag einer Männerfaust versagt, geladen mit der wütenden Energie eines gestellten Wildebers oder einer von Hunden angegriffenen Katze. Ein stählerner Haken hat sich tief in die gekrümmte Kinnlade eingegraben. Die Schnur erschlaffen zu lassen, den Widerstand aufzugeben, würde Erleichterung bringen von dem wütenden Schmerz, der das zerfetzte Fleisch, den splitternden Knorpel martert. Aber auch der kleinste Fisch windet sich und springt, schnellt aus dem Wasser oder rast in die Tiefe, immer zerrend, rastlos zerrend, um den Preis irrsinnigen Schmerzes – nur um freizukommen.

Ich versuchte nochmals, die Schnur einzuziehen. Das wilde Gehirn, das den mächtigsten Muskel beseelte, fühlte jede Bewegung meiner Hände durch die Wunde in seinem Fleisch und kämpfte in unermüdlicher Wut dagegen an. Wieder und wieder wurde die Angelschnur aus meinem Griff gerissen und hinterließ eine feuchte, sehrende Spur auf meinen Handflächen. Bei einem meiner Rucke vermochte ich das Garn einmal um den Felsen herumzuwickeln und so die Schnurlänge um etwa einen halben Meter zu verkürzen. Minutenlang zerrte der Fisch in kochendem Zorn an ihr; die Leine stöhnte derart, daß ich sie jeden Augenblick zerrissen wähnte. Der Fisch war sich dessen bewußt, daß ihm einige Zentimeter Freiheit geraubt worden waren.

Nach mehr als einstündigem Kampf wurde mir klar, daß ich nie imstande sein würde, das Tier zu überwältigen. Zwei Arbeiter kamen gerade auf der Straße hinter mir vorbei. Sie trugen Päckchen mit ihrem Mundvorrat in den Händen und hatten die weißen Blusen über die Schultern gehängt. Sie warfen die Blusen auf die Felsen und schauten mir mit spöttischer Miene zu: Die leise Verachtung gegenüber dem schmächtigen Feldwebel, der fischen wollte, ohne es zu können, war unverkennbar. Einer von ihnen begann die Schnur einzuziehen, dann griff der andere zu, und schließlich tat ich mit, so daß wir nun zu dritt zogen, keuchend und schwitzend, mit gegen den Felsblock gestemmten Armen und Beinen. Und so wanden wir die Schnur in langsam wachsenden Schlingen um die Felsnadel.

»Was zum Teufel ist das für ein Ungetüm?« knurrte einer der Männer, und wir drei rasteten eine Weile, ohne den Blick von dem Strudel aus Wasser und Schaum zu wenden, der nun kaum noch zwanzig Meter vor uns war. Ein scharfes Flitzen des Schwanzes brachte einen langen, schwärzlichen, silbrig gefleckten Rücken zum Vorschein.

»Eine Muräne!« rief einer der Arbeiter erregt. »Die werden wir nie zu fassen kriegen.«

Die Muräne ist eine Art Seeaal, gewöhnlich nicht mehr als einen Meter lang und eine Hand breit, mit einem platten Kopf und mächtigen, von dreieckigen Zähnen strotzenden Kiefern. Sie attackiert und verschlingt Fische, die viel größer als sie selbst sind, zerstört Fischnetze und Angelzeug, greift sogar Menschen an, und die klaffenden Bißwunden, die sie zufügt, sind wie der saubere Schnitt einer Amputation. Der Schwanz einer Muräne kann mehrere Stunden, nachdem ihr Kopf abgehackt worden ist, einen Mannesarm brechen, und viele Bewohner der Küste weigern sich, sie zu essen, weil sie sich an Menschenfleisch gemästet haben könnte.

Die Muräne an meinem Haken schien fast zwei Meter lang und so dick wie ein Oberschenkel zu sein.

Einer der Leute ging zu einer Schenke an der Straße und kam, von einigen Neugierigen begleitet, mit einem Bootshaken zurück. Alle zusammen holten wir die Schnur ein, bis sich die Muräne innerhalb des Brunnenschachtes vor den Felsen befand. Unglaublicherweise schlug sie sich an der Steilwand nicht selbst in Stücke. Auch als wir sie bereits zu Füßen hatten, waren wir überzeugt, die Schnur würde reißen und das Biest schließlich entkommen. Der Mann mit dem Bootshaken versuchte den Kopf zu entern, während wir anderen ihn am Rand der Steilwand festhielten. Mit wütenden Schwanzschlägen wandte sich der Fisch gegen die neue Waffe und schnappte danach. Und da sahen wir, daß er die Kiefer nicht schließen konnte. Die Schnur lief frei aus dem roten blutenden Loch der Kehle zwischen den Zahnreihen hindurch, die sich vergeblich zuzubeißen bemühten.

Schließlich trieb der Mann den Haken in eines der Augen des Tieres, und ein Fleck wie ein Schleiernebel zerfloß auf dem Wasser. Der Fisch bewegte sich nur noch in krampfhaften Zuckungen. Wir zogen an. Er fiel auf die Klippe, zog sich in wahnsinnigem Zorn zusammen, beschmierte den Stein mit zähem Schleim, starrte uns aus seinem einzigen Auge an und wand den weißlichen Bauch hin und her auf der Suche nach einem Opfer. Wir gingen hinter den Steinblöcken in Deckung und bewarfen ihn von dort aus mit Felsbrocken. Wir schleuderten unsere Steine nach dem scheußlichen platten Kopf, um ihn zu töten und uns vom Anblick dieser haßerfüllten Fratze zu befreien. Ein Stein traf den Kopf und verwandelte ihn in eine grauweiße schlammbefleckte Masse. Der Körper verkrampfte sich heftig und blieb dann ausgestreckt liegen.

Zu dritt trugen wir ihn weg. Die beiden Arbeiter erboten sich eifrig, mit mir und meinem Fang zur Kaserne zu gehen, wir könnten dort eine Flasche Wein trinken. Der Kantinenwirt Antonio würde den Fisch in Scheiben schneiden und für uns braten.

Er wog volle hundert Pfund, und unser Tempo war entsprechend langsam. Mit uns kam ein Rudel von Zuschauern und Gassenbuben, die, um ihren Wagemut zu beweisen, den Körper der Muräne mit den Fingern betasteten. Wo der Kopf gewesen war, hing nur noch so etwas wie ein schmutziger Lappen herab, von dem Tropfen fielen.

Plötzlich zog sich der Körper in einem zähen Krampf zusammen und entschlüpfte unseren Händen, im Straßenstaub aufschnellend, eine lebendige Masse von Schleim und Schlamm. Der Mann, der das Schwanzende getragen hatte, brüllte einen Fluch und krümmte sich. Der Schwanz hatte ihm einen Hieb in die Rippen versetzt. Er gab der Masse, die im Staub rollte, einen Tritt, und der kopflose Körper wand sich noch einmal und streckte sich dann in plötzlicher Reglosigkeit. Wir hoben ihn auf und zogen weiter, mit klebrigem Schlamm beschmiert. Noch zweimal entwischte er uns. Die Buben kreischten und lachten. Wir müssen einen traurigen Anblick geboten haben; schmutziger Schleim sickerte uns von Gesicht und Händen, und wir klammerten uns an diese Masse lebenden Schlammes, die in Krämpfen zuckte und uns von Zeit zu Zeit zwang stehenzubleiben.

Als wir die Kaserne erreichten, warfen wir das Tier in den Pferdetrog, wo es, wie in einer elektrischen Entladung, das Wasser peitschte. Der blinde Leib warf sich mit all seiner unvergänglichen Lebenskraft gegen die Zementwände.

Soldaten kamen durch den Hof gelaufen; der Kantinenwirt Antonio schlenderte heran, warf einen Blick auf den Trog und ging zur Kantine davon. Mit einem großen Schinkenmesser kehrte er zurück. »Packt ihn, ihr da«, sagte er, »und haltet ihn hier auf dem Rand fest!«

Zwanzig Hände preßten den nun metallisch glänzenden Körper gegen den Trogrand. Antonio begann ihn in Scheiben zu schneiden, die ins Wasser zurückglitten, jede mit einem roten Blutfleck in der Mitte, der sich langsam auflöste.

Von Antonio bekam ich für den Fisch dreißig Pesetas.

3.
DIE KASERNE

Als ich mit den Schiffen zu tun bekam, die Rekruten nach Afrika brachten, lernte ich alle Stämme Spaniens kennen. Das war für uns im Kommando die bewegteste Zeit. Zunächst bekamen wir eine Liste der grünen Rekruten, die von den Rekrutierungsstellen im Lande den technischen Truppen zugeteilt worden waren. Dann begannen die Schiffe mit den »Schafen«, wie sie im Kasernenjargon hießen, einzulaufen. Die Rekruten trafen in Gruppen von fünfhundert bis zu tausend ein. Ein Feldwebel und ein paar Korporäle des Militärergänzungsbezirks, zu dem sie gehörten, führten sie. Bei der Ankunft im Hafen wurden sie von Feldwebeln verschiedener Einheiten übernommen und nach ihrer speziellen Verwendung aufgeteilt.

Das Schiff legte an, die Gangplanke wurde befestigt, und sie begannen aus dem Boot zu strömen. Es waren zumeist Landarbeiter und Taglöhner. Die Feldwebel begannen nun, das bunte Gewimmel der Rekruten durch laute Rufe aufzugliedern: »Ceuta-Regiment! Afrika-Regiment! Jäger! Intendanz! Technische Truppen . . .«

Einige der Ankömmlinge begriffen die Bedeutung der Rufe sofort und stellten sich in einer Doppelreihe neben ihrem Feldwebel auf. Aber die große Mehrheit war von dem Anblick fremder Städte und nach der ersten Seereise zermürbt und befand sich, zumal sie auch noch die Angst vor der Armee in den Knochen fühlte, im Zustand grenzenloser Verwirrung. Sie irrten hin und her, hilflos und bestürzt, so daß wir sie an den Ärmeln fassen und einfangen mußten wie erschreckte Schafe.

»He, du da, wo gehörst du hin?«

Aus blöden Augen starrte der Tölpel einen angsterfüllt an.
»Weiß nicht!«

»Was bist du, Infanterie oder Kavallerie oder was?«

»Weiß nicht. Man hat mir gesagt, ich werde Artillerie sein. Ich weiß nicht.«

Man rief nach dem Feldwebel von der Artillerie. »He, du, da ist noch einer von den deinigen.«

So schoben wir die Leute hin und her, bis keiner mehr auf der Mole stand außer den drei oder vier Einfältigsten, aus denen wir geduldig ihre eigenen Namen und die Namen ihrer Dörfer herausholen mußten, um sie schließlich in unseren Listen auffinden zu können. Und am Ende pflegten immer noch einer oder zwei zu fehlen. Wir würden sie in einem dunklen Winkel des Schiffes entdecken, wo sie, eingenickt vor Angst und Müdigkeit oder monoton vor sich hinstöhnend, im eigenen Schmutz lagen.

General Álvarez del Manzano, der Kommandeur von Ceuta, hatte es sich zur Regel gemacht, stets, wenn große Truppentransporte aus Katalonien oder dem Norden eintrafen, selbst auf der Mole zu erscheinen. Er war ein schwerblütiger, väterlicher Mensch und liebte es, die verschrecktesten Rekruten anzusprechen und ihnen sanfte Schläge auf den Rücken zu verabreichen. Eines Tages befaßte er sich mit einem Bauern aus Galicien, den wir im fernsten Winkel des Schiffes aufgespürt und herausgeschleppt hatten: Er war verängstigt wie ein verprügelter Hund.

»Wie heißt du, mein Junge?«

»Juan. . .Juan.«

»Sehr gut. Hab keine Angst! Wo kommst du her?« Und der General klopfte ihm auf die Schulter.

Der Bauer fuhr herum wie ein aufgescheuchtes Tier.

»Rührt mich nicht an, zum Teufel auch!«

»Warum? Was ist denn los mit dir, mein Junge?«

»Rührt mich nicht an! Das habe ich geschworen, bei diesem da« – er küßte seine gekreuzten Daumen -, »daß ich dem ersten Hurensohn von einem Feldwebel, der Hand an mich legt, den Schädel einschlagen werde!«

»Aber Kerl, es hat dich doch niemand geschlagen. Niemand wird dich schlagen.«

»Niemand, he? Und alle die Tritte, die mein Vater und mein Großvater abbekommen haben? Ich hab's ihnen gesagt. Habe gesagt, wenn jemand mich anrührt, bring ich ihn um.«

»Nun hör mal her: Ich bin hier der General. Wenn dich jemand schlagen sollte, dann kommst du direkt zu mir und sagst es mir.«

»Ha, der General! Das ist ein guter Witz, Teufel auch! Glaubst du denn, ich wäre eins von den blöden Schafen da?«

Nachdem wir sie in die Kaserne gebracht hatten, ließen wir einen nach dem andern in die Kanzlei kommen, um die notwendigen Eintragungen zu erledigen.

»Wie heißt du?«

»Wie ich heiße? Der Hase.«

»Ja das ist ganz recht für dein Dorf. Sie nennen dich dort den Hasen, nicht wahr?«

»Natürlich. Jeder hat einen Namen. Meine Großmutter hatte zwanzig Kinder und wurde ‚die Häsin‘ genannt, und unsere ganze Familie nennen sie nun die Hasen. Das ist jetzt unser Name.«

»Schön! Aber du hast doch auch einen Vornamen, nicht wahr? Antonio oder Juan oder Pedro?«

»Ja, Herr, Antonio.«

»Und außerdem hast du auch einen Familiennamen, Pérez oder Fernández?«

»Ja, Herr, Martinez.«

»Siehst du, jetzt hätten wir's. Niemand wird dich hier den Hasen nennen. Hier bist du der Antonio Martinez, und wenn sie beim Verlesen der Standesliste ‚Antonio Martinez‘ rufen, mußt du antworten: ‚Hier.‘ Verstehst du? Du heißt Antonio Martinez. Und dein Vater und deine Mutter?«

»Oh, denen geht's gut, danke schön, Herr Feldwebel! Und Ihre werte Familie?«

Nachdem sie alle in die Liste eingetragen waren, bekamen sie ihre erste Mahlzeit in der Kaserne. Die technischen Truppen erhielten bevorzugte Kost, unsere Küche versorgte uns mit reichlichen und nahrhaften Mahlzeiten. Viele der Rekruten hatten im ganzen Leben noch nie so gut gegessen.

Einmal weigerte sich ein eben eingetroffener Rekrut, der aus einem der ärmsten Bezirke der Provinz Cáceres kam, zu essen.

»Warum ißt du denn nicht?« fragte ich ihn.

»Ich rühre Kasernenfraß nicht an.«

»Warum nicht?« Ich kannte den tief eingewurzelten Widerstand, der von den Redereien herkam, die über das Essen in spanischen Kasernen im Volke umliefen, Essen, das in der Zeit vor dem Ersten Weltkrieg tatsächlich häufig aus ekelerregendem Abfall bestanden hatte.

»Weil es eine dreckige Schweinerei ist.«

»Na, schau her, irgend etwas mußt du ja essen! Nimm das Zeug und versuch es einmal! Wenn du's nicht magst, wegschütten kannst du's immer noch. Aber du mußt deinen Teil nehmen und wenigstens etwas davon kosten. Hier in der Kaserne kannst du nicht einfach sagen: ,Ich will nicht.'«

Der Rekrut füllte seine Eßschale. Es gab in Reis gekochtes Hammelfleisch. Er kostete, und sein Gesicht verwandelte sich.

»Na, siehst du! Wenn du mehr willst, geh zum Kessel dort drüben, und man wird dir die Schale noch einmal füllen. Iß, soviel du magst!«

Nach dem Essen gingen die Rekruten im Hof herum und warteten darauf, zum Depot gerufen zu werden und dort Uniform und Ausrüstung in Empfang zu nehmen. Mein Rekrut schlängelte sich an mich heran, etwas ängstlich, aber entschlossen. Es war ganz deutlich zu spüren, daß er mit mir sprechen wollte. Ich sprach ihn an:

»Willst du was?«

Er riß sich die fettige Mütze vom Kopf und drehte und wendete sie in den Händen. »Ja, Herr . . . ich wollte fragen, ob wir alle Tage ein Essen bekommen werden wie das da.«

»Ja, alle Tage, und manchmal wird es noch besser sein als heute. An Sonntagen gibt's oft Rippchen und Bratkartoffeln. Und zum Abendessen gibt's Keule mit gekochten Bohnen. Und zu Mittag habt ihr gewöhnlich einen Cocido mit Fleisch und Wurst und Nudeln in der Brühe. Du wirst schon sehen.«

»Sie machen sich einen Narren aus mir, Herr.«

»O nein, Junge, du wirst's ja selbst erleben.«

Die Mütze kreiste nun noch schneller in seinen Händen. Mit dem Kinn auf der Brust stand er da und dachte angestrengt nach. Plötzlich streckte er sich und sagte: »Ja, wenn wir solches Essen bekommen, dann werde ich nie mehr weggehen.«

»Was hast du denn in deinem Dorf für Essen gehabt?«

»Ja, im Sommer war's in Ordnung, denn da hatten wir Tomaten und Kopfsalat und Zwiebeln. Am besten ging's uns im Herbst, wenn wir in den Eichenwäldern die Eicheln für die Schweine herunterschlugen; von denen ließ man uns essen, soviel wir wollten.* Aber im Winter hatten wir nichts. Gerade noch ein Stück trockenes Brot, mit Knoblauch eingerieben, und Zwiebeln.«

»Aber habt ihr denn keinen Cocido bekommen?«

»Nein, Herr, niemals! Wenn wir mit dem Eichelnsammeln etwas verdient hatten, kochte die Mutter uns zum Abendessen einen Brei mit einem Stück Speck darin. Aber wenn wir keine Arbeit hatten . . . Ja, ich will Ihnen die Wahrheit sagen, wir stellten Fallen für Kaninchen auf, und manchmal fingen wir eines, und wir stahlen den Schweinen die Eicheln. Aber das war gefährlich, denn wenn die Zivilgarde einen dabei griff,

---

* Diese eßbaren Eicheln schmecken ähnlich wie Haselnüsse und sind sehr schmackhaft. Sie gelten in Spanien als die beste Schweinemast, werden aber auch als eine Art von Nüssen verkauft.

setzte es Prügel. Mich haben sie zweimal geprügelt, aber es hat keinen Schaden hinterlassen. Mutter Curras Sohn wurde zum Krüppel geschlagen. Der Doktor in Cáceres sagt, sie haben ihm eine Rippe gebrochen, und die hat sich in einer anderen verfangen, und jetzt kann er sie nie mehr geradebiegen. Dabei hat er Glück gehabt, denn nun ist er nicht einberufen worden. Tja, vielleicht doch kein großes Glück! Wenn er wüßte, wie wir hier gefüttert werden, würde er wie der Blitz daherkommen, trotz des krummen Rückens und aller Beschwerden.«

Unter den Leuten gewisser Bezirke waren achtzig von hundert vollständige Analphabeten. Von den übrigen konnten einige, wenn auch schlecht, lesen und schreiben, viele von ihnen aber brachten es gerade noch zuwege, Gedrucktes, Buchstaben um Buchstaben zu entziffern und die Buchstaben ihrer eigenen Unterschrift aufzumalen. Die Vollanalphabeten wurden gewöhnlich zu den Jägern gesteckt, der Rest wurde gewissenhaft überprüft, um Leute für Spezialaufgaben auszusuchen. Wir hatten Glück, wenn wir in einer Gruppe von vierhundert Rekruten, die als Ersatz für ausgediente Soldaten geschickt worden waren, wenigstens zwanzig fanden, die ohne weiteres in die Signalschule eintreten konnten, um Morsezeichen zu lernen, und fünfzig, die nach einem sehr gründlichen Lehrgang in Lesen und Schreiben zum Signalisieren ausgebildet werden konnten. Wir fanden kaum jemals mehr als zwei oder drei für Kanzleiarbeit brauchbare Leute, entdeckten aber gewöhnlich eine Anzahl Facharbeiter, die zu den verschiedenen Einheiten als Friseure, Schuster, Maurer, Zimmerleute und Hufschmiede eingeteilt werden konnten. Im Grunde herrschte ein ständiger Mangel an Personal für jeden Dienst, der mehr als die elementarste Schulung erforderte.

Dieser Stand der Dinge sollte für mich schon bald nach meiner Berufung in die Regimentskanzlei ernste Schwierigkeiten zur Folge haben.

Im Jahre 1922 steckte die Radiotelegraphie noch in den Kinderschuhen. In einem kleinen Zimmer des Pavillons gegenüber unserer Kaserne gab es einen Marconisender ältesten

Modells, mit einem Oszillator zwischen Elektroden, einem Helm mit Kopfhörern zum Empfang durch Laut und einer Kohlenfadenlampe zum Empfang mittels Sicht. Beim Abhorchen bekam man gelegentlich einen elektrischen Schlag ins Ohr. Die Station wurde von einem Feldwebel, zwei Korporälen und einer Anzahl Soldaten in Gang gehalten, die im Senden und Abhören von Morsezeichen ausgebildet worden waren. Der einzige Mensch, der wirklich etwas von der Anlage verstand, war der Hauptmann der Fernmeldekompanie.

Während der kurzen Besuche des Hauptmanns Sancho in unserer Kanzlei und gelegentlicher Gespräche mit ihm war ich mir einer gegenseitigen Sympathie bewußt geworden. Einmal kam er nach Ceuta, um Reparaturen in der Radiostation durchzuführen, und ich ließ durchblicken, daß ich sie mir gern einmal ansehen würde. Er lud mich ein mitzukommen, und wir kamen in eine Unterhaltung über die Anlage. Kaum hatte er bemerkt, daß ich seinen Problemen nicht ganz unwissend gegenüberstand, fing er an, mir mit Fragen zuzusetzen. Rasch waren wir in ein technisches Gespräch verwickelt, und schließlich fragte er: »Beherrschen Sie das Morsealphabet?«

»Nein, Herr Hauptmann.«

»Welch ein Jammer! Aber Sie würden es ja in knapp zwei Wochen erlernen. Ich werde mit Don José darüber reden. Ich möchte Sie bei mir haben.«

»Ich glaube nicht, daß die Versetzung so leicht durchzuführen sein wird.«

»Das werden wir sehen. Ich brauche Leute, die diese Dinge verstehen, aber solche Leute gibt's einfach nicht. Schreiber für Kanzleiarbeiten sind dagegen ganz leicht zu finden.«

Hautmann Sancho sprach mit dem Major und holte sich eine glatte Abfuhr. Kurz darauf nahm er mich ins Büro des Obersten mit. Der Oberst war ein gütiger alter Herr, der sein Kommando nur im Zuge der Altersvorrückung erreicht hatte.

Hauptmann Sancho ging direkt auf den Kern der Sache los. »Herr Oberst, hier ist der Feldwebel, von dem ich Ihnen erzählt habe. Die Wichtigkeit der Radiostation ist Ihnen ja klar. Einige Leute unterstehen meinem Befehl, die zwar Morsezeichen übermitteln können, aber sie verstehen nicht einen Deut von der Anlage. Sie wissen ja, daß jedes Mal, wenn etwas schiefgeht, ich selbst nach Ceuta herunterkommen muß, und das bedeutet, daß ich dann die Fernmeldekompanie und die Feldstationen verlassen muß. Und wenn wir in Kampfhandlungen verwickelt werden, ist die Station hier, sobald einmal mit dem Apparat etwas schiefgeht, tagelang völlig außer Betrieb.«

»Caramba! Sagen Sie bloß nicht, daß es sich um Barea handelt! Haben Sie schon mit Major Tabasco gesprochen?«

»Natürlich, Herr Oberst, aber er verweigert die Zustimmung, sonst hätte ich Sie doch gar nicht bemüht.«

Der alte Herr wurde ganz blaß. »Wollen Sie etwa sagen, daß Sie es nicht für nötig gehalten hätten, mich zu informieren, wenn der Major zu Ihrer Anregung ja gesagt hätte? Meine Herren, Sie haben sich zur Gewohnheit gemacht, zu tun, was Ihnen paßt, ohne mit dem Kommandeur zu rechnen. Schluß jetzt!«

»Herr Oberst …«

»Verzeihen Sie, ich bin noch nicht fertig – und ich habe es nicht gern, unterbrochen zu werden.«

Er drückte auf den Klingelknopf und befahl der Ordonnanz, den Major zu rufen.

»Ich glaube, Sie wissen, was der Hauptmann wünscht. Was halten Sie davon?«

»Was ich davon halte?« Der Major zögerte. »Es liegt an Barea. Wenn er uns verlassen will …«

So stand ich nun zwischen den dreien. Hauptmann Sancho warf mir einen Blick zu und sagte lächelnd: »Was haben Sie dazu zu sagen, Barea?«

»Ich? … Ich möchte hier in der Kanzlei bleiben, Herr Hauptmann.«

Hauptmann Sancho trat auf mich zu, ergriff meine Hand und drückte sie fest.

»Ich verstehe. Sie sind klug. Ich nehme an, Sie werden nicht so dumm sein, nach Ablauf Ihrer Dienstzeit in der Kaserne zu bleiben.« Er stellte sich stramm vor den Alten: »Irgendwelche Befehle, Herr Oberst?« Dann machte er eine Wendung und stand stramm vor Tabasco: »Irgendwelche Befehle für mich, Herr Major?«

Der Oberst hinter seinem Schreibtisch erstarrte, und sein Gesicht lief rot an. »Was soll diese Haltung bedeuten, Herr Hauptmann?«

»Nichts, Herr Oberst! Wir tragen die Rangabzeichen an unseren Ärmeln, aber die Abzeichen unserer Begabung an anderer Stelle. Die einen sind sichtbar und man respektiert sie aus Zwang, die anderen sind unsichtbar und man erweist ihnen Respekt nur aus Überzeugung.«

»Ich begreife diese ganze Rhetorik nicht.«

»Ganz richtig, Herr Oberst, und ich glaube, daß ich sie eigentlich nicht erklären sollte. Sie stellten den Feldwebel vor die Alternative, sich entweder Sie beide oder mich zum Feinde zu machen, aber Sie gaben ihm keine Gelegenheit zu wählen, was er für das beste hält. Er ist intelligent, aber schließlich nur ein Feldwebel, und natürlich zieht er es vor, sich mich zum Feinde zu machen. Bloß, ich nehme es nicht übel. Ich schüttle ihm die Hand, weil ich seine Zwangslage verstehe, und aus dem gleichen Grund sagte ich ihm, ich hoffe, er werde auch weiterhin intelligent genug sein und nicht hier bleiben, um zu verkommen.«

»Erweisen Sie mir den Gefallen, sich zurückzuziehen. Das ist ja eine Unverschämtheit!«

Der Hauptmann* verließ das Zimmer. Ich blieb zurück, Angesicht zu Angesicht mit den beiden Herren und Meistern des Regiments.

»So, so. Ein schöner Auftritt. Wirklich schön. Wie kommt es, daß Sie um Versetzung angesucht haben?«

---

* Viele Jahre später wurde Hauptmann Sancho zu einem Opfer der faschistisch-reaktionären Bewegung in Spanien. Sein Name gehört, als der eines ihrer Helden, in die Geschichte der Spanischen Republik.

»Ich habe nicht um Versetzung angesucht, Herr Oberst.«

Ich erklärte, wie die Sache verlaufen war, und der Oberst sagte zum Major: »Es ist immer die gleiche Geschichte. Der Mann stiehlt uns die besten Leute, weil Fernmeldung eine technische Einheit ist.«

»Ich kann begreifen, daß er die Leute mit der besten Erziehung haben möchte, aber – Teufel noch mal! – in diesem Fall ging's um den Feldwebel der Regimentskanzlei!«

»Ganz meine Meinung! Aber machen Sie sich nichts draus, die Sache ist jetzt erledigt.«

Der Major verzog sich, und ich folgte. Plötzlich rief der Oberst: »Warten Sie einen Augenblick, Feldwebel.«

Als er mit mir allein war, ließ der Oberst die starre Strenge fallen. »Sie verstehen also etwas von Radiotelegraphie?«

»Nicht viel, Herr Oberst, aber immerhin etwas.«

»Sie hätten also gern auf der Station Dienst gemacht, wie?«

Er sagte das mit einem so väterlichen Lächeln, daß ich mich zur Wahrheit verpflichtet fühlte. »Jawohl, Herr Oberst … Offen gesprochen, ich würde das der Kanzleiarbeit vorziehen.«

Er wurde sofort wieder maßlos zornig. »Ihr seid ein undankbares Pack, ihr alle miteinander. Wir holen euch aus der Front heraus, bieten euch einen Posten, der Sicherheit für eure ganze Zukunft bedeutet, und das ist dann der Dank! Verschwinden Sie! Aber schnell!«

Die Rekrutenausbildung dauerte normalerweise vier bis fünf Monate. In diesem Jahr aber wurde an der Front dringend Ersatz gebraucht. Deshalb wurden die Rekruten nur oberflächlich ausgebildet, beschleunigt ins Feld geschickt und dort in die Reihen erfahrener Soldaten eingeteilt. Und diese dumpfe Masse von Analphabeten und Bauernburschen, die unter dem Befehl unverantwortlicher Offiziere standen, bildete das Rückgrat der Feldarmeen Spaniens in Marokko. Sogenannte Expeditionsregimenter waren von der Halbinsel herübergeschickt worden. Mit patriotischen Reden und Musik hatte man sie drüben verabschiedet, und mit ähnlichen Reden und der gleichen Musik waren sie in den drei Zonen Marokkos empfangen worden. Sie hatten ausgiebig Material für die Titelseiten und die Rubrik »Aus der Gesellschaft« der gesamten Presse beigesteuert; viele Söhne aus guten Familien befanden sich unter den Gemeinen und Söhne der vornehmsten Geschlechter des Königreichs in den Reihen der »Hilfsoffiziere«. Aber diese Truppen stellten nichts weiter als eine grobe Belastung dar, und fragwürdige Geschichten, die im Regierungskommando über sie erzählt wurden, gab es in Fülle.

Ein Infanterieregiment aus Madrid war inmitten einer Operation in wilder Unordnung auseinandergelaufen und hatte auf diese Weise die Flanke einer Kompanie des Tercio entblößt; in derselben Nacht gingen in einer Kantine am Strande von Tiguisas Soldaten des Tercio und des Madrider Regiments mit Bajonetten aufeinander los.

Es kam zu einer ständig anwachsenden allgemeinen Unzufriedenheit, nicht bloß unter den Soldaten, sondern auch unter den Offizieren, weil die ursprünglich losgekauften Männer, die nachher doch hatten einrücken müssen, ihrerseits gegenüber den einfachen Infanteristen Vorrechte forderten. Es gab unter den Ankömmlingen junge Leute mit Empfehlungsbriefen von Abgeordneten und Bischöfen, sogar von Kardinälen.

In dem Saal, den die Regimentsfahne schmückte, überboten sich Offiziere darin, den Sohn des einen oder anderen Granden zu umschwärmen und zu feiern. Und dieser erwies sich für die ihm gewährte Gunst – man gestattete ihm, den Sekt zu bezahlen, und bewahrte ihn vorm Fronteinsatz – dadurch erkenntlich, daß er seinem Vater eine Vorschlagliste derer schickte, die für Tapferkeit vor dem Feinde Beförderung oder doch zumindest eine Auszeichnung erwarteten.

Die Stammtruppe der alten Afrikaner war am übelsten dran. Die Männer fühlten das und nahmen es übel. Sie wußten genau, daß seit der Ankunft der Verstärkungen ihr eigener Anteil an Arbeit, Gewaltmärschen und gefährlichen

Operationen nur noch größer geworden war. Sogar im Tercio machten sich Anzeichen von Insubordination bemerkbar, und eines Tages weigerte sich eine Kompanie des Tercio, den Schlangenfraß der Feldküche zu essen. Der erste Mann in der Reihe rief beim Essensempfang:»Diese Hurensöhne der Expeditionstruppen bekommen in der Offiziersmesse gebratene Hühner und Sekt, und wir sollen Scheißdreck fressen.« Und er schüttete den Inhalt seines Eßnapfes in den Kessel zurück. Der Offizier vom Dienst schoß ihn kaltblütig nieder. Aber auch der nächste Mann lehnte die gefüllte Eßschale ab. Der Offizier erschoß auch ihn. Der dritte Mann schwankte, trug seine Eßschale etliche Meter weit weg und schüttete den Inhalt auf die Erde. Der Offizier erschoß auch ihn. Die anderen aßen ihre Rationen. Aber ein paar Tage später wurden drei Offiziere dieser Kompanie in einem Gefecht bei Akarrat durch Schüsse in den Rücken erledigt.

Immerhin blieb diese Art heftiger Reaktion selten. Im allgemeinen begnügten sich die Leute mit passiver Resistenz, Drückebergerei und Teilnahmslosigkeit, so daß die Behandlung der Truppen im Fronteinsatz immer schwieriger wurde. Versuche der Offiziere, sich mit strengerer Disziplin durchzusetzen, machten die Sache noch schlimmer. Die Rekruten litten unter dem Druck von oben und dem Druck der eigenen Kameraden noch mehr als alle anderen: Sie wurden entweder auf Dauer eingeschüchtert oder entwickelten sich zu undisziplinierten, ruhelosen, zu jeder Art von Aufruhr bereiten Soldaten. Und diese Leute des Jahrgangs 1900, dessen Ausbildung in Ceuta ich damals mit ansehen mußte, sollten im Jahre 1924 die ganze Last des Rückzugs zu tragen haben, bei dem es sich um eine ungleich größere Katastrophe handelte als jene von Melilla im Jahre 1921.

Die Angriffe der aufständischen Kabylen wurden immer heftiger. Es war die Periode der Siege Abd-el-Krims; selbst die Zone von Ceuta stand unter dem Schatten seiner drohenden Attacke. Alle felddienstfähigen Männer standen an der Front, mit Ausnahme der »unentbehrlichen Dienste«. Nicht mehr als unser dreißig blieben in Ceuta stationiert. Nachts war die Kaserne der technischen Truppen nahezu leer. Tagsüber bezog ein Korporal mit vier Mann die Wache, bei Nacht übernahm einer von uns vier Feldwebeln das Wachkommando und schlief in der Wachstube. Der Major lebte in einem kleinen Hause, das nur hundert Meter von der Kaserne entfernt war, damit er im Notfall leicht herbeigeholt werden konnte. Wer von uns nicht zum Wachdienst eingeteilt war, besaß einen Paß, der das Ausbleiben über Nacht oder das Schlafen außerhalb der Kaserne erlaubte. Auch die anderen Regimenter hatten solche Maßnahmen getroffen, und auf diese Weise kannten wir alle einander und wußten Bescheid, wo der einzelne zu finden war. Die Kaserne bildete zusammen mit ihren regulären Insassen einen geschlossenen Stamm, dessen Sympathien und Antipathien für alle Zeit feststanden. Bezog eine der Feldkompanien für eine Woche Rast die Garnison, dann bekamen wir von deren Leuten wenig zu sehen. Die Kompanie wurde in einer der großen Hallen einquartiert; die Offiziere verschwanden sofort nach dem Eintreffen, die Feldwebel folgten ihnen nach, und wir schlossen beide Augen, um das Tun und Treiben der Soldaten nicht zu bemerken. Eine Woche lang genossen sie unbändig ihre kurz bemessene Freiheit und versuchten sich auf bestmögliche Art zu unterhalten und auszutoben. Unsere eigene kleine Welt wahrte den Schein, in der alten Weise unverändert dahinzuleben, und kümmerte sich nicht um den Kampf und Trubel.

Es gab einen Aufruhr, als unser Oberst die Altersgrenze erreicht hatte und in den Ruhestand trat. Der neue Oberst kam aus Valencia vom 30. Sappeurregiment. Kaum hatte er das feste Land betreten, tauchte er auch schon – zu höchst ungewöhnlicher Stunde, um halb zehn Uhr morgens – in der Kaserne auf.

Am Tor stieß er auf den Küchenunteroffizier, einen kurzbeinigen, aufgeschwemmten jungen Mann, dessen Uniform Dutzende von Fettflecken, Spuren der Küchenarbeit, zeigte, und zwei nicht weniger schmutzige Soldaten.

»Wo steckt der Offizier vom Wachdienst?« fuhr der neue Oberst sie an.

»Es ist kein Offizier auf Wache, Herr Oberst!«

»Was, kein Offizier? Sofort holen! Warum seid ihr alle so verdreckt? Und warum seid ihr bloß zwei? Wo sind die anderen Wachmannschaften? Vermutlich in der Kantine, wie?«

»Herr Oberst, wir sind allein . . .«

»Halts Maul! Ihr alle seid unter Arrest! Wartet, einer von euch soll mir folgen!«

Der Korporal brachte ihn zur Kanzlei, in der ich ganz allein über einem Haufen von Rechnungen arbeitete.

»Sie, was treiben Sie hier?«

»Ich bin der Feldwebel der Regimentskanzlei, Herr Oberst!«

»Ich nehme an, daß Sie etwas sind, sonst wären Sie wohl nicht hier. Ich bin kein Trottel, verstehen Sie! Wo ist der dienstälteste Major?«

»Wahrscheinlich bei sich zu Hause, Herr Oberst! Er kommt gewöhnlich gegen elf.«

»Und es ist jetzt kein Offizier hier?«

»Nein, Herr Oberst!«

»Wenn der Major kommt, schicken Sie ihn gleich zu mir! Warum ist Ihre Jacke aufgeknöpft?«

»Weil ich allein hier war, Herr Oberst! Und es ist hier so heiß, daß die meisten von uns immer in Hemdärmeln arbeiten.«

»So, das werden wir abstellen! Sie stehen unter Arrest! Das wird Ihnen eine Lehre sein, wie man vor einen Vorgesetzten tritt.«

Als der Major kam, hatte er hinter geschlossener Türe ein langes Gespräch mit dem neuen Oberst, aber bis hinunter zu den Kanzleiordonnanzen fand jeder von uns eine strategische Position zum Lauschen. Die Lage des Oberstenzimmers erlaubte es. Und wir hörten den Obersten brüllen: »Das ist eine Schande! Kein Offizier im Dienst, ein speckiger Korporal und zwei noch dreckigere Soldaten am Tor! Kein einziger Offizier in der Kaserne! Und Sie haben wohl die ganze Zeit über geschlafen? Das muß ein Ende haben, alles das! Verstanden?«

Eine Pause folgte, aber es war unmöglich zu hören, was der Major antwortete. Dann tobte wieder Gebrüll: »Aha! Sie sind hier alle gewöhnt, so viel zu ergaunern wie nur möglich! Schluß damit! Von heute an gehen sämtliche Rechnungen durch meine Hände. Und ich will keinen verdreckten Soldaten mehr sehen!«

Als der Major aus dem Zimmer des Obersten herauskam, war er rot bis über die Ohren. Am Nachmittag standen beinahe alle zur Kaserne Gehörigen unter Arrest.

An diesem Abend traf die Erste Sappeurkompanie ein, die nach einem vollen Jahr Felddienst in die Garnison zurückkehrte. Nicht einer von ihnen hatte ahnen können, daß ein neuer Kommandeur eingetroffen war, und binnen einer Stunde nach der Ankunft waren sie alle in den Schenken und Bordellen der Stadt verstreut. Ich aß bei Chuchin zu Abend und kehrte gegen elf Uhr in die Kaserne zurück, um den Dienst der Nachtwache zu übernehmen. Aber ich kam fünf Minuten nach elf an. Der Korporal vom Stalldienst kam mir entgegen: »Keine Vorkommnisse. Nur daß Hauptmann Jiménez« – der Chef der Ersten Sappeurkompanie – »im Fahnensaal ist und Sie sich bei ihm zu melden haben.«

Daß der Hauptmann sich im Fahnensaal befand, war nichts Ungewöhnliches. Dieser Saal diente Offizieren auf der Durchreise durch Ceuta oft als Quartier, weil es da drei Schlafstätten gab und dahinter ein Badezimmer. Es war auch ganz normal, daß ein fremder Offizier den wachthabenden Feldwebel dorthin rief und nach dem einen oder anderen fragte. Ich klopfte und trat ein.

»Melde mich gehorsamst zur Stelle, Herr Hauptmann.«

»Wissen Sie, wie spät es ist?«

»Fünf nach elf, Herr Hauptmann!«

»Schweigen Sie! Wenn ein Vorgesetzter zu Ihnen spricht, haben Sie zu schweigen. Um welche Tageszeit hat der Feldwebel da zu sein? Sie sind unter Arrest!«

»Aber . . .«

»Maulhalten, habe ich Ihnen gesagt! Und schauen Sie, daß Sie weiterkommen!«

»Herr Hauptmann . . .«

»Maul halten!« Er sprang vom Stuhl auf wie ein Besessener und machte den Eindruck, als ob er sich auf mich stürzen wollte. Ich verlor meine Selbstbeherrschung.

»Sie haben zu schweigen. Ich bin es, der hier das Kommando der Wache führt. Und solange ich das Kommando führe, dulde ich keine solche Behandlung.«

Die Absurdität der Situation muß ihn gelähmt haben. Er setzte sich.

»Sie haben also das Kommando der Wache? Das müssen wir klären. Dann sind Sie nämlich genau so Wachkommandant wie ich, ohne daß ich es gewußt hätte. Woher sind Sie gerade gekommen?«

»Von meinem Abendessen. Ich habe einen Paß zum Auswärtsschlafen – sämtliche Feldwebel in der Kaserne wechseln im Nachtwachdienst ab, von elf Uhr an.«

»Ich begreife immer weniger und weniger . . . aber schön! Sie sind unter Arrest. Übernehmen Sie nun den Wachdienst, und morgen werden wir das Durcheinander aufklären! Nebenbei, ich hab's vergessen, Ihnen zu sagen: Ich bin der Hauptmann, der die Wache kommandiert.«

Diese Nacht wurden wir Feldwebel alle vier unter Arrest gesetzt, desgleichen außer einem knappen Dutzend sämtliche Soldaten der Ersten Sappeurkompanie, die verspätet in der Kaserne eintrafen und Mann für Mann in den Kotter geschickt wurden, und ebenso alle, die einen Sonderdienst in der Kaserne zu versehen hatten. Tagwache wurde um sieben Uhr morgens geblasen. Fünf Minuten vor sieben erschien der Oberst. Zum Glück war ich wach; der Wachthabende hat nämlich die Ausgabe des Morgenkaffees zu überwachen und die Meldung für das Kommando zu schreiben, die um acht Uhr vorgelegt wird. Hauptmann Jiménez lag in tiefstem Schlaf auf seinem Bett, er war splitternackt; wahrscheinlich hatte er seinen Wachdienst völlig vergessen. In einem wirklichen Bett mit einer wirklichen Matratze zu schlafen – dem konnte man nach einem Jahr Frontdienst einfach nicht widerstehen. Mir blieb keine Zeit mehr, ihn zu wecken, und ich mußte dem Oberst selbst Meldung erstatten.

»Wo ist der Hauptmann vom Wachdienst?«

»Ich glaube, er schläft, Herr Oberst.«

Der Oberst sauste wie aus der Pistole geschossen in den Fahnensaal. Fünf Minuten später trat er heraus, zusammen mit dem Hauptmann, der ein noch schlaftrunkenes Gesicht zeigte und unbeholfen an seinen Knöpfen herumfingerte. Das Signal zur Frühstücksausgabe ertönte, aber nur etwa ein Dutzend Soldaten tauchte auf, was den Oberst zu einem weiteren Wutausbruch veranlaßte: »Wo sind alle diese Schurken? Die schlafen wohl? Deswegen bin ich ja hergekommen. Das ist eine Schande!« Er marschierte zu einem der Schlafsäle, der Hauptmann hinterher, ich ihnen nach. Der Schlafsaal war leer. Der Oberst stand da in der Mitte des ungeheuren Raumes und starrte verblüfft alle die Ausrüstungsstücke an, die auf den Betten lagen.

»Wo sind die Leute alle?«

Der Hauptmann schluckte.

»Unter Arrest, Herr Oberst! Im Arrestantenzimmer.«

Lange Erklärungen folgten. Als der Hauptmann damit am Ende war, setzte der Oberst auch ihn unter Arrest. Wir Feldwebel beschlossen, für die Dauer des Arrestes in unserem Zimmer zu bleiben und nicht in die Schreibstuben zu gehen, wo unsere Arbeit wartete. Am späten Vormittag wurden wir geholt. Unser Arrest war aufgehoben. Aber von diesem Morgen an gab es zwischen dem Obersten und dem Regiment offenen Krieg. Die wichtigsten Rollen in diesem Kampfe fielen dem Major und mir zu. Die Schärfe strenger Militärdisziplin kann das Leben des Untergebenen völlig unerträglich machen, aber ganz genau so kann diese Disziplin, wenn sie von einem ganzen Regiment angewendet wird, einem Obersten das Leben zur Hölle machen. Ab und zu machte mir dieser Guerillakrieg Vergnügen.

Aber ich hatte eine weitere Lektion gelernt. Ich hatte nun die Grenzen der Kasernenordnung durchschaut. Ein Feldwebel blieb eben ein Feldwebel. Die kranke Leber des ersten besten Offiziers konnte ihn von einem Tag zum anderen in einen Gemeinen zurückverwandeln, nach drei Dienstjahren oder nach zwanzig, das spielte keine Rolle.

ABSCHIED VOM HEER

Major Tabasco rief mich in sein Zimmer und reichte mir ein Bündel handbeschriebener Blätter.

»Bitte, klopf das für mich auf der Maschine ab, mit möglichst viel Durchschlägen! Es ist vertraulich. Am besten wird es sein, du tust das abends.«

Ich tippte lange Listen von »Mitgliedern« und »Anwärtern auf die Mitgliedschaft«, von Anträgen und Entschließungen. Es brauchte einige Zeit, bis mir klar wurde, daß Don José eine Art Generalsekretär der Offiziersjunta von Ceuta war. Anscheinend war für die zweite Hälfte des Jahres 1923 ein großes Treffen aller Militärjuntas Spaniens in Madrid geplant, »außer im Falle unvorhergesehener Ereignisse«, und Don José sollte als Delegierter teilnehmen. Es würde nicht schwerfallen, die Konferenz während der sommerlichen Urlaubszeit zu organisieren und dabei Abgesandte aller Waffengattungen, Einheiten und militärischen Zonen zusammenzurufen:

»Wir können unsere Augen gegenüber der Entwicklung der Geschicke unseres Landes nicht länger geschlossen halten. Als Angehörige der Armee sind wir verpflichtet, mit allen Kräften der Nation zu dienen. Das Land darf den Weg des Unheils nicht weiter verfolgen. Wir befinden uns in den Händen von Revolutionären. Wie könnte es sonst geschehen, daß der oberste Führer der Nation vom Parlament offen angegriffen wird oder daß ein Teil des Landes Vorbereitungen trifft, um seine Unabhängigkeit zu erklären? Es ist unsere eindeutige Pflicht, einer solchen Entwicklung entgegenzutreten.« Und so weiter.

Ich hatte bereits von den Juntas gehört – welcher Spanier hätte das nicht -, aber ich war meines Wissens noch nie einem ihrer Mitglieder begegnet. Begierig, mehr herauszubekommen, fragte ich den Major so unbefangen wie möglich: »Die Juntas werden doch von der Regierung organisiert, Don José?«

»Das könnte der Regierung so passen! Nein, die Juntas sind unabhängig. Sie bilden den Grundstein der Nation.« Er bemerkte mein sprachlos dummes Erstaunen und lachte. »Du hast offenbar keine blasse Ahnung von dem, was um dich herum vorgeht. Paß mal auf, Junge! Spanien hat schon einmal im Jahre 1917, während des Weltkriegs, am Rande des Verderbens gestanden. Damals paßte den Franzosen und den Engländern unsere Neutralität nicht, und sie strengten sich mächtig an, uns in den Krieg hineinzuziehen. Zu diesem Zweck schlossen sie Freundschaft mit allen Gegnern und Feinden des Volkes, den Anarchisten, den Sozialisten, den Republikanern und sogar mit den Liberalen. Es gelang ihnen, den Grafen Romanones auf ihre Seite zu bringen, der damals Ministerpräsident war. Die Sozialisten und die Anarchisten organisierten einen Generalstreik . . . aber daran mußt du dich doch selbst erinnern können, du warst damals schon alt genug.«

»Freilich erinnere ich mich, Herr Major, aber der Generalstreik geschah doch wegen der allgemeinen Teuerung und weil die Leute sagten, daß alle lebenswichtigen Erzeugnisse des Landes ins Ausland verschickt würden. Die Arbeiter forderten entweder eine Herabsetzung des Brotpreises oder eine Erhöhung der Löhne.«

»Aber das ist doch bloß ein Vorwand gewesen. In Wahrheit wollten sie das Land in eine ähnliche Revolution treiben, wie sie damals gerade in Rußland begonnen hatte.«

»Aber Herr Major, die Alliierten waren doch durchaus gegen die russische Revolution!«

»Du verstehst wahrhaftig kein Wort von alledem. Die Alliierten haben sich erst später gegen die russische Revolution gewandt, erst als die Russen sich weigerten, weiterhin auf Seiten der Alliierten zu kämpfen. Und es geschah ihnen recht dabei, denn die Engländer und Franzosen sind es ja gewesen, die die Revolution angezettelt haben. Was sich da vollzog. war einfach dies, daß ihr Kind sich als Wechselbalg entpuppte. Erinnere dich nur daran, wie die Alliierten die deutsche Revolution in Gang gebracht haben . . .«

»Sie glauben also, daß die Alliierten auch die deutsche Revolution vorbereitet haben?«

»Aber natürlich! Wer denn sonst, Junge? Ganz gewiß nicht die Deutschen. Den armen Teufeln ging es ja viel zu schlecht, als daß sie sich selber in neue Schwierigkeiten hätten stürzen können. Die Alliierten steckten dahinter mit der Absicht, Deutschland ein für allemal zu zerstören. Aber laß das jetzt, es ist eine andere Geschichte! Jedenfalls wollte Romanones unser Land in den Krieg hineintreiben, und weil er dazu allein zu schwach war, hetzten er und seine Freunde die Republikaner und die Arbeiter auf, um dann sagen zu können, das ganze Volk dränge danach, den Alliierten zu helfen. Es kam darauf an, diesem Gesindel zu zeigen, daß es die Rechnung ohne den Wirt gemacht hatte. Ein großer Patriot rief deshalb alle Offiziere zusammen, die noch Ehre im Leibe hatten, und die Regierung bekam rückhaltlos offene Worte zu hören. Sie wurde aufgefordert, alle diese Machenschaften unverzüglich einzustellen, da andernfalls die Armee marschieren würde. Zum Glück erwies sich das als überflüssig. Aber die Juntas blieben bestehen. Schließlich hatten wir ja gerade ein krasses Beispiel davon erlebt, zu welcher Teufelei spanische Gangster fähig sind, und beim nächsten Male wollten wir nicht unvorbereitet überrascht werden.«

»Ich glaube mich aber zu erinnern, daß im Jahre 1917 die Armee doch nicht ganz einig gewesen ist, Herr Major. War nicht Millán Astray gegen die Juntas?«

»Freilich, er wollte uns sogar alle erschießen lassen! Aber Millán Astray ist kein Soldat, er ist ein Besessener. Kennst du seine Geschichte?«

»Nein, Herr Major!«

»Also, seinerzeit in den Neunzigerjahren war sein Vater Direktor des Mustergefängnisses von Madrid. Wenn dort die Gefangenen Lust hatten, auf den Bummel zu gehen, verabreichten sie dem Direktor ein Trinkgeld, und er ließ sie während der ganzen Nacht in Madrid frei herumlaufen. Und eines Nachts ging so ein Häftling namens Varela aus, schlug seiner Mutter den Kopf ein und stahl unter Beihilfe eines Dienstmädchens alles, was die Alte besaß. Nachdem die Polizei festgestellt hatte, wie der Mord vor sich gegangen war, kam Vater Millán Astray selber in eine Zelle. Und sein Sohn, der damals noch ein halbes Kind war, schnappte über. Er erklärte, sein Vater sei unschuldig, und er selbst betrachte es als seine Pflicht, die Ehre der Familie wiederherzustellen. Er nahm am Philippinischen Krieg teil und hat sich dort durch Tapferkeit ausgezeichnet. Er wurde befördert und sein Vater freigelassen; aber geheilt hat das den Sohn keineswegs. Im Jahre 1917 hat er mit Maschinengewehren auf die Streikenden schießen lassen, und am liebsten hätte er uns wohl alle abgeknallt.«

»Und jetzt wollen die Juntas also verhindern, daß Millán Astray sich abermals erhebt?«

»Ach was, mit solchem Kleinkram geben sich die Juntas nicht ab! Was wir wollen, ist: verhindern, daß die Dinge so weiterrollen, wie sie jetzt laufen. Wir stehen unmittelbar vor einer Revolution. Der Pöbel hat es fertiggebracht, die Verantwortung für alles, was in Marokko schiefgegangen ist, dem König zuzuschieben. Sie beabsichtigen, die Republik auszurufen, sie wollen uns zwingen, das Protektorat über Marokko aufzugeben. Den Engländern würde das trefflich in ihren Kram passen. Sie könnten sich dann selbst in Ceuta einrichten und ihren Landsleuten drüben in Gibraltar übers Wasser hin zuwinken. Aber so einfach wird das alles doch nicht gehen.«

»Glauben Sie denn, Herr Major, daß der General Picasso* mit allen diesen Leuten unter einer Decke steckt?«

»General Picasso ist ein armer alter Trottel, der nur so weit schauen kann, wie seine Nasenspitze reicht. Sie haben ihm

Sand in die Augen gestreut, und er nimmt alles, was ihm vorgeredet wird, für bare Münze. Als ob jemand Papiere der Art, wie er sie angeblich in Silvestres Schreibtisch gefunden hat – vorausgesetzt, daß sie überhaupt existieren! –, je so herumliegen lassen würde, daß jeder Beliebige seine Nase hineinstekken kann! So geht es bestimmt nicht, und alle diese Machenschaften werden ihnen nicht helfen, denn vor allem einmal sind wir jetzt da! Und wenn ein Aufstand nötig werden sollte, werden wir ihn machen.«

Ich vermochte nicht klar zu begreifen, was er eigentlich im Sinne hatte. Eine Militärrevolte? Gegen wen gerichtet? Zu welchem Ziele? Für eine Wiederkehr der Zeiten Ferdinands VII. oder Isabellas II., als die Generäle das Land beherrschten?

Ich unterhielt mich darüber mit Sanchiz. Er lachte laut.

»Diese Leute mögen daherreden, was immer sie wollen; aber sie haben bei all ihren Berechnungen nicht an Franco gedacht – und an uns auch nicht. Alles wird genau so laufen, wie die Legion es will; du wirst sehen!«

Ich fühlte mich danach nur noch verwirrter und beunruhigter als zuvor.

Mittlerweile rückte der Tag heran, an dem meine Dienstpflicht zu Ende sein und ich das Recht haben würde, meine Entlassung aus der Armee zu verlangen. Finanziell hatte sich die Lage meiner Familie inzwischen verschlechtert. Mein Bruder Rafael war seit dem Abschluß der Liquidation der Brotfabrik arbeitslos. Seine Briefe berichteten von der völligen Aussichtslosigkeit, eine Stellung zu finden; nicht genug, daß es nur sehr wenige offene Stellen gab, das Vorhandensein so vieler erwerbsloser Angestellten hatte auch die Höhe der Gehäl-

---

* Der Auditor des Obersten Heeres- und Marinerates, der mit der Untersuchung der Katastrophe von Melilla betraut war und 1922/25 das »Memorandum Picasso" vorbereitete, eine dokumentarisch belegte Anklageschrift, in der die Schuld des Königs festgestellt wurde. Anm. des Autors.

ter merkbar heruntergedrückt. Die bestbezahlten Angestellten verdienten nicht mehr als hundertfünfundzwanzig Pesetas im Monat. Meine Mutter, meine Schwester und er lebten von den geringen Ersparnissen und dem schmalen Ertrag des Gemüsegeschäftes. Aber wenn es so weiter liefe wie bisher, schrieben sie, würden sie den Laden noch schließen müssen.

Es stand eindeutig fest, daß ich mir nicht erlauben durfte, als zusätzliche Belastung zu ihnen zu kommen. Und doch war ich mir durchaus im klaren, daß ich die Armee verlassen müßte. Der Entschluß dazu hatte in mir feste Gestalt angenommen oder war vielmehr schon immer dagewesen. Ich fand die Kasernenluft unerträglich – jetzt, da sie mit Spannung geladen war, sogar noch unerträglicher als zuvor. Und ich fühlte, daß ich meine zweideutige Stellung kaum länger würde aufrechterhalten können, daß ich nicht weiter seiltanzen konnte, ohne mir die Glieder zu brechen. Bis jetzt war ich imstande gewesen, mich von allen schmutzigen Geschäften fernzuhalten, ohne mir dadurch die Feindseligkeit der anderen zuzuziehen, weil Cárdenas mit der Liquidierung der monatlichen Verrechnungen fortfuhr. Er hatte es als lästig empfunden, das Nebeneinkommen aus der Regimentskanzlei plötzlich zu verlieren, und hatte Belege und Papiere unterschrieben wie zuvor, zuerst mit der Begründung, er müsse die Dinge im Fluß halten, bis ich eingearbeitet sei, und dann mit der Entschuldigung, der neue Oberst mit seiner ständigen Einmischung, seiner Umstandskrämerei und seiner Knauserei schaffe äußerst schwierige Probleme, zu deren Lösung viel Erfahrung gehöre.

Neuerdings jedoch bekehrte er sich zur Ansicht, es wäre für mich an der Zeit, selber ein Rad in der Maschine zu werden, und sagte öfters: »In Zukunft werde ich das Ganze dir überlassen, denn ich muß zugeben, daß ich dich an der vorteilhaften Gelegenheit nicht profitieren lasse.«

»Mach dir nur keine Sorgen«, gab ich ihm gewöhnlich zur Antwort. »Ich habe noch reichlich Zeit. Mir wäre es höchst unangenehm, ein Durcheinander anzurichten und mich dabei in Schwierigkeiten zu verwickeln, bloß um etwas mehr Geld einzustecken.«

Bisher hatte Cárdenas mir aus eigener Tasche fünfhundert Pesetas monatlich abgegeben. Ich erfuhr nie, wieviel er für sich behielt, noch fand ich je die hintergründigen Schliche der Buchführung heraus, die er stets mit dem Major allein erledigte. Aber obwohl es dem Major offensichtlich wider den Strich ging, den Mann zu verlieren, der acht Jahre lang sein Mitwisser gewesen war, konnte Cárdenas nicht auf ewig so fortfahren. Ich wußte genau, daß ich früher oder später eine Verrechnung oder eine Quittung würde unterschreiben müssen, hinter der sich eine dunkle Geschichte verbarg. Cárdenas sowohl als auch der Major vertrauten darauf, daß ich mich zum Weiterdienen verpflichten und an dem einträglichen Posten festhalten würde, sonst hätten sie mich nie eingestellt. Und ich hütete mich, bei ihnen Bedenken zu erregen. Aber nun steckte ich in der Sackgasse. Es gab nur die klare Alternative, die mir schon die ganze Zeit über den Kopf schwer gemacht hatte: entweder abmustern und das Risiko des Hungerns auf mich nehmen oder weiterdienen.

Ich begann Briefe zu schreiben an nahezu jedermann, den ich in Spanien kannte. Die Antworten waren höchst ermutigend: Verwandte und Freunde suchten mir klarzumachen, daß ich ein rechter Dummkopf wäre, wenn ich nicht in der Armee bliebe. Dort hätte ich meine künftige Laufbahn gesichert – was wollte ich mehr?

Ich schrieb meiner Mutter, stellte ihr meine Lage dar und bat um ihren Rat. »Tu, was du für richtig hältst«, antwortete sie. »Hier geht's schlecht, aber wo drei essen, kann ein vierter mitessen. Ich würde mich freuen, wenn du die Kaserne loswürdest. Und ich bin sicher, daß du vorwärtskommen wirst, auch wenn der Anfang schwer sein wird.«

Also faßte ich meinen Entschluß. Ich würde nach der Entlassung zunächst Geld genug haben, um drei oder vier Monate durchzuhalten, und während dieser Zeit mochte wohl allerlei geschehen. Ich zerbrach mir den Kopf, um den Weg zu entdecken, auf dem ich dem Major, der mir so wohlwollte, meine Absichten am taktvollsten mitteilen konnte; da wurde meine Verlegenheit, wie das so oft geschieht, durch einen Zufall behoben.

Ich bekam eine akute Gelenkentzündung. Die Erfahrungen von Tetuan hatten mir ausreichende Angst vor Militärlazaretten eingejagt, und ich überredete den Regimentsarzt, mich in der Kaserne zu lassen. Er war ein junger Hauptmann, freundlich und redselig, aber an seinem Beruf nicht sonderlich interessiert. Er pumpte meinen Körper mit Salizyl und Morphium voll und setzte sich eines Tages ans Kopfende meines Bettes.

»So, es geht Ihnen schon viel besser! Noch ein bißchen schwach, nicht wahr? Sie sind ja überhaupt kein Riese. Dieses dreckige Klima ist schuld. Die feuchte Hitze sagt Ihnen nicht zu. Sie sollten nach Spanien zurückgehen und dort an einem hochgelegenen, trockenen Ort leben.«

Ich griff die Gelegenheit beim Schopf. »Um die Wahrheit zu sagen, Herr Hauptmann, diese Sache hat mir einen Schrekken eingejagt. In einem Monat werde ich mich für Weiterdienen oder Entlassung zu entscheiden haben. Natürlich dachte ich ans Weiterdienen, weil mein Lebensunterhalt hier gesichert ist, aber ich muß sagen, daß mir meine Haut schließlich lieber ist. Ich frage mich bloß, was der Major dazu sagen wird.«

»Überlegen Sie sich's in Ruhe und machen Sie sich wegen des Majors keine Sorgen! Ich rate Ihnen, Ihre Entlassung zu beantragen. Ihr Herz ist an sich nicht stark, und eine solche Attacke bleibt nie ohne Rückwirkung aufs Herz und führt zu manchen Komplikationen. Es ist keineswegs ausgeschlossen, daß Sie nicht mehr dienstverwendungsfähig sein werden. Ich will mit dem Major darüber reden.«

Das tat er auch, und der Major kam mich besuchen. »Wie geht's dir denn?«

»Viel besser, Herr Major! In zwei bis drei Tagen hoffe ich das Bett verlassen zu können.«

»Gut, aber beeile dich nicht! Der Doktor sagte mir, daß du für dieses Klima nicht stark genug bist. Was gedenkst du denn zu tun?«

»Ehrlich gesagt, Herr Major, denke ich daran, jetzt um meine Entlassung nachzusuchen, denn eine Versetzung zu einer Einheit auf der Halbinsel würde mir nicht zusagen. Sie wissen ja, Herr Major, daß das Soldatsein nicht mein wahrer Beruf ist, und ein Feldwebelsold dort drüben ist weniger, als ich anderswo verdienen kann . . . Natürlich würde ich so lange hier bleiben, wie Sie mich brauchen, bis Sie einen Ersatz gefunden haben und er eingearbeitet ist.«

»Ich für meine Person lasse dich ungern ziehen, aber ich sehe ein, daß da nichts zu machen ist. Ich möchte auch nicht, daß du die Zeit deiner Dienstpflicht noch überschreiten sollst; wir haben ja schließlich Surribas, der den ganzen Kram kennt.«

Das war alles. Es war erstaunlich leicht gegangen.

Dann kam die Nacht, in der ich zum letzten Mal Wachkommandant war. Um Mitternacht klopfte jemand an die Scheibe des Wachzimmers. »Herein!« rief ich.

Hauptmann Blanco trat ein oder eher: alles was von ihm übrig geblieben war. Ein jämmerlicher kleiner Mann, der stärker schielte als je zuvor, in schmutzigen Khakihosen und schmutzigem Hemd. Ich war allein im Zimmer und ließ ihn auf meinem Stuhl, der von draußen nicht gesehen werden konnte, hinsetzen. Ich wußte, daß er von einem Ehrengerichtshof wegen Feigheit vor dem Feinde kassiert worden war und diese Austreibung ihm ein Kriegsgericht erspart hatte. Natürlich brannte ich vor Neugier auf das, was er zu erzählen hatte. Ich ließ eine Flasche Kognak kommen.

Blanco goß sich ein großes Glas voll, hielt es gegen das Licht und trank. Mit dem Handrücken wischte er sich die Lippen ab, es war eine müde Gebärde, zündete sich eine Zigarette an und tat dann erst den Mund auf: »Hallo, Barea! Hauptmann Blanco ist erledigt, mein Lieber! Was ihm geblieben ist, siehst du hier: eine alte Soldatenhose und ein dreckiges Hemd. Tut mir leid, aber ich bringe den Mut nicht auf, mir eine Kugel durch den Kopf zu jagen!«

»War bloß ein unglücklicher Zufall, der jedem hätte passieren können, Herr Hauptmann.«

»Nein, es war kein unglücklicher Zufall. Es war Angst – nackte Angst.«

Ich erinnerte mich, was ich gehört hatte. Während eines Angriffs hatte er zwei Legionäre, die einen verwundeten Kameraden auf einer Bahre trugen, halten lassen und sie ersucht, den verwundeten Mann abzuladen und statt seiner ihn auf der Bahre davonzutragen. Einige Offiziere der Legion hatten ihm eine Kugel durch den Kopf jagen wollen.

Jetzt fragte er mich: »Hast du was zum Essen hier?«

»Antonio hat die Kantine schon geschlossen, aber ich denke, er ist noch da. Ich werde ihn holen lassen.«

Ich schickte eine Ordonnanz, die mit dem Kantinenwirt zurückkam. Antonio hatte Blanco gekannt, als dieser als Leutnant in Ceuta stationiert gewesen war. Mit derber Freundlichkeit schlug er ihm auf den Rücken: »Na, wie steht's denn? Achsenbruch? Mach dir nichts draus! Wir sind alle nackt auf die Welt gekommen.«

Wurst und Brateier wurden aufgetragen. Blanco betrachtete den Teller und die halbe Falsche Wein.

»Tut mir leid, Antonio, aber bezahlen kann ich nicht.«

»Schon gut, brauchst nichts zu zahlen. Bist du so auf dem Hund?«

»Ich habe nicht so viel, als unter diesen Fingernagel geht.« Er biß sich in den rechten Daumennagel, daß es knirschte. »Sie haben mich hinausgeschmissen und mich nicht einmal mein Gepäck mitnehmen lassen. Meine feinen Herren Exkameraden sagten mir, ich sei ein Dieb und Feigling und gehörte ins Gefängnis und ich müßte froh sein, nicht erschossen zu werden. Alles haben sie mir weggenommen, sogar meine Geliebte. Die ist jetzt eine Hure in Xauen, und die Offiziere stehen Schlange, um mit ihr zu schlafen. Wißt ihr, ich glaube jetzt beinahe, daß ich alles in allem besser bin als sie alle miteinander. Wenn man's genau abwägt, habe ich für jede von mir begangene Schweinerei auf Heller und Pfennig bezahlt, sie aber – sie haben ihre Rechnung noch nicht bekommen.«

»Was wirst du nun anfangen?« fragte Antonio.

»Woher soll ich das wissen? Ich bekomme freie Überfahrt nach Algeciras, aber nicht weiter, und das bedeutet schon eine Vergünstigung, denn ich habe kein Recht auf freie Überfahrt. Aber sie wollen natürlich nicht, daß ich hier bleibe. Ich werde ja sehn, wie's geht, sobald ich in Algeciras bin.« Er grübelte eine Weile vor sich hin. »Was zum Teufel kann ich in Algeciras schon machen? Wenn's wenigstens Madrid wäre, aber dieses scheußliche kleine Nest!«

»So fahr doch nach Madrid!«

»Ja, zu Fuß und in Hemdärmeln!«

»Warte einen Augenblick, Menschenskind, es gibt noch immer einen Ausweg! Du hast ungefähr meine Größe. Ich bin natürlich dicker, aber ich bin sicher, einer meiner Röcke wird dir passen wie angegossen. Meine Frau ist eine gute Schneiderin.«

Antonio ging hinaus und kehrte mit seiner Frau zurück. Nach einer endlosen Diskussion holte ich einen meiner alten Zivilröcke. Die Ärmel waren für Blanco zu lang, aber das war leicht zu ändern. Antonios Frau setzte sich hin und begann zu nähen.

»Ich weiß nicht. Arbeiten – wo? Ich weiß nicht. Ich habe nichts gelernt, ich weiß nichts, was kann ich also tun? Ich bin durch und durch verfault. Das einzige, was ich tun könnte, wäre, mich zu erschießen. Aber ich habe den Mut nicht dazu.«

Es war völlig unmöglich, mit ihm vernünftig zu reden. Er goß Glas um Glas Kognak hinunter und wiederholte verstockt: »Ich bin verfault, verfault . . . Ich habe keine . . .«

Sein Kopf sank auf die Tischplatte, und er schlief auf den verschränkten Armen ein. Am nächsten Morgen hatte ich ihm seine Papiere auszuhändigen. Major Tabasco befahl mir, ihm fünfzig Pesetas zu geben, und ich steckte sie, mit etwas Geld von mir, in einen Briefumschlag. Ich begleitete ihn zur Mole und aufs Schiff. Ehe ich gehen mußte, übergab ich ihm den Briefumschlag: »Von Major Tabasco, damit Sie nach Madrid fahren können.«

Er hatte sich eine speckige alte Tuchmütze verschafft, die er liederlich schief über einem Ohr trug. Nun zerrte er die Mütze mit einem Ruck über die Augen und steckte den Briefumschlag in die Manteltasche, ohne ihn zu öffnen.

Ich ging mit Oliver und meinem Hund Ali zur Mole, mit einem Soldaten, der seine Zeit abgedient hatte und unter meiner Obhut nach Aranjuez reisen sollte, und meinem ehemaligen Burschen, dem Manzanares, der als zum Dienst ungeeignet entlassen worden war und auch mit nach Madrid fahren sollte; sein Name war auf meiner Marschroute eingetragen. Vor Tazarut hatte er bei den letzten Gefechten mit dem Raisuni einen Schuß durch die Lunge abbekommen. Er war dem Tode knapp entronnen und sah in den Falten der viel zu groß gewordenen Uniform aus wie ein gerupftes Huhn.

Wir drei gingen an Bord; Oliver blieb mit dem ruhelos bellenden Ali auf dem Kai. Langsam glitt das Schiff von seinem Ankerplatz, wendete und wandte seinen Bug der Hafeneinfahrt zu. Ali sprang ins Wasser. Die Passagiere des Dampfers versammelten sich an der Reling und beobachteten den Hund, der der Furche nachschwamm, die die Schraube zog. Oliver nahm ein Boot und ruderte hinter Ali her. Als wir die Einfahrt zum Hafen passierten, war das Boot nur noch ein kleiner Fleck und der Hund ein Punkt auf dem Wasser.

An Bord bildeten wir sofort einen Kreis: Manzanares, der Soldat aus Aranjuez und ich, zusammen mit einem anderen Feldwebel, der seine Zeit abgedient hatte und eine Partie entlassener Soldaten – etwa ein Dutzend – heimführte. Einer brachte eine Gitarre zum Vorschein, und wir begannen zu singen und zu trinken. Aber inmitten der Straße von Gibraltar wurde die See stark bewegt. Es blies ein »Levante«, wie die Leute hier den Südostwind nennen, der das Meer in die Bucht von Algeciras treibt und die Wasser in der Straße auftürmt.

Es war schwer, in Algeciras zu landen. Die kleinen Barkassen hoben sich und sanken ab, nahmen Wasser und schlugen gegen die Schiffswand. Wir wurden an Tauen hinuntergelassen, die unter den Achselhöhlen befestigt waren. Ein Major, dessen weißen Radmantel der Wind aufblähte, sah wie eine Marionette aus, und mir fiel eines der russischen Ballette ein, die ich in Madrid gesehen hatte. Sobald wir uns ans feste Land gewöhnt hatten, gingen wir zur Zollbaracke, wo wir ein Problem zu lösen hatten: Jeder von uns hatte einen Koffer voll Tabak. Die guten alten Zeiten, in denen wir als Helden betrachtet wurden und unser Gepäck nicht kontrolliert wurde, waren vorüber. Jetzt, so hatten wir gehört, öffneten die Zollbeamten jeden Soldatenkoffer und nahmen den Tabak weg oder belegten ihn mit einem außerordentlich hohen Zoll.

Das erste Opfer war ein Jäger. Der Zollbeamte öffnete seine Kiste und sagte: »Beschlagnahmt!«

Der Infanteriefeldwebel, zu dessen Abteilung der Mann gehörte, erstarrte: »Was denken Sie sich eigentlich, daß Sie den Tabak so einfach wegnehmen? Nein, Herr!« Er drehte sich zu seinen Leuten um: »Antreten! Stillgestanden! Doppelreihen, rechts um!« Der Feldwebel stellte sich an die Spitze der kleinen Formation: »Vorwärts – maa-arsch!«

Ein Offizier vom Zoll verstellte ihm den Weg: »»Halt! Was soll das bedeuten?«

Der Feldwebel sah ihn groß von oben bis unten an. »Verzeihen Sie, Herr Hauptmann! Diese Abteilung reist unter meinem Kommando und steht jetzt in Reih und Glied. Sie haben kein Recht, sie aufzuhalten. Wollen Sie uns, bitte, vorbeilassen? Vorwärts – maa-arsch!«

Sie marschierten im Gleichschritt weiter, mit schwingenden Koffern, während die Menge um uns herum schallend lachte. Der Zolloffizier glotzte sie an und wußte offensichtlich nicht, wie er sich verhalten sollte. Meine Gruppe bestand aus nur zwei Mann, und wir befanden uns am anderen Ende der langen Zollhalle. Aber mit großem Ernst gab ich das Kommando zum Antreten, und wir drei marschierten im Gleichschritt ab, ich voran, das Paar hinter mir. Violett vor Zorn lief der Offizier uns nach, aber die Leute fingen an, Beifall zu klatschen und riefen ihm zu: »In Ruhe lassen! In Ruhe lassen!« Er tat schließlich, als ob es sich um einen Witz handelte. Wir stiegen in den Zug, ohne daß unser Gepäck angerührt worden wäre.

Sämtliche Passagiere von Algeciras nach Madrid fahren über eine der Hauptlinien Via Córdoba oder Via Sevilla. Der Staat jedoch beharrte darauf, daß alle seine abgerüsteten Soldaten, also auch diejenigen, die auf dem Weg nach Ceuta oder Larache waren, die Andalusische Linie benützten, die endlose Umwege macht und schließlich bei Espeluy in die Sevilla-Madrid-Linie einmündet. Diese kleine Bahn führt nirgends hin, verbindet aber zahllose andalusische Dörfer in vier Provinzen, wobei sie zum Überwinden einer Entfernung von ungefähr hundert Kilometern Luftlinie zwölf bis vierzehn Stunden braucht. Auf den harten Holzbänken, die mit Eisenstangen am Dach befestigt sind, sitzen, eng aneinandergedrängt, Bauern und Landarbeiter, unermüdlich essend, trinkend und rauchend. An irgendeiner winzigen Haltestelle steigen sie ein und verlassen den Zug an einer etwas größeren, oder auch umgekehrt. Oft genug kommt es vor, daß ein Fahrgast sein Wasser aus dem Fenster abschlägt oder eine Bauernfrau dasselbe in einem Winkel tut, von den weit ausgespreizten Röcken einiger anderer laut schwätzender Frauen gedeckt, so daß das Ganze wie eine Gruppe zankender Hühner aussieht.

In einem solchen Eisenbahnwaggon waren wir nun eingekeilt, unbequem und ruhelos. Ich fragte Manzanares, was er vorhabe.

»Keine Ahnung« sagte er. »Ich nehme an, ich muß mich wieder auf Brieftaschen spezialisieren. Schauen Sie, ich habe keinen Beruf gelernt und bin nicht zum Zuhälter geboren. Ich kann wohl eine Frau erobern, aber dann bin ich für anständiges Vorgehen, und am Ende heirate ich sie. Dreimal ist es mir schon so ergangen. Aber machen Sie sich keine Sorgen um mich, solange noch ein Spielchen erlaubt ist, werde ich nicht Hungers sterben!«

Ich hatte den Manzanares bei seinen Tricks beobachtet. Er war imstande, ein vollkommen neues, von einem Fremden gemischtes Paket Karten zu nehmen und die Karten eine nach der andern zu benennen, nachdem er sie mit seinen höchst sensiblen Fingerspitzen »angesehen« hatte. Auch war er ein ausgezeichneter Plauderer, der es verstand, seine Zuhörer im Bann zu halten. Kaum hatte er alle die Kartenspiele der Marokkaner, die eingefleischte Spielratten sind, erlernt, als er sich auch schon in unseren Lagern mit ihnen abzugeben begann, wobei er den Dummen spielte, der leicht gerupft werden kann. Und dann räumte er ihnen die Taschen aus.

»Aber wenn du wieder deine alten Kniffe anwendest, wirst du bald wieder im Kotter landen«, sagte ich.

»Ja, jedes Geschäft hat sein Risiko, aber es ist gar nicht so schlecht im Kittchen, solange man Geld bei sich hat. Für die Leute allerdings, die ohne Weiber keinen Tag existieren können, ist es natürlich scheußlich, aber ich bin in dieser Hinsicht gut daran. Ich kann ein ganzes Jahr leben, ohne mit einer Frau zu schlafen und ohne es zu vermissen, solange mir nämlich keine in die Nähe kommt. Jedenfalls kann ich mir nicht helfen: Wenn ich in einem Kaffeehaus so einen Burschen sehe, wie er seine mit Banknoten vollgepfropfte Brieftasche prahlend hervorholt, sie wieder in die Brusttasche steckt und sich sorgfältig zuknöpft, dann kann ich einfach nicht widerstehen. Sobald ich sie ihm weggenommen habe, interessiert sie mich eigentlich gar nicht mehr, und ich könnte sie ihm ebenso gut zurückgeben. Es ist die Aufregung, auf die es ankommt. Aber was immer geschehen mag, nach Marokko gehe ich nicht zurück, und wenn sie mich anbinden.«

»Na, gar so schlimm war dein Pech ja nun schließlich nicht. Hast einen Heimatschuß abbekommen, eine Auszeichnung, die mit einem Ruhegehalt verbunden ist, und deine Entlassung dazu, bevor sie fällig war.«

»Heimatschuß? Einen Dreck! Der wird mich in ein paar Jahren begraben. Und das Ruhegehalt ist auch soso: siebenundeinhalb Pesetas im Monat für den Rest meines Lebens. Gerade genug für zwei Brötchen am Tag und einen Centimo darüber. Das heißt, wenn's je bezahlt wird. Ich kenne ein paar Veteranen, die noch vom Krieg in Kuba übrig sind und noch keinen Groschen von ihren Ruhegehältern zu sehen bekamen, nicht einen. Und wenn einer schließlich das Bargeld kriegt, steckt erst der Agent, der die Regelung durchgedrückt hat, die Hälfte davon ein. Sie werden ja sehen, was Sie von dem Ruhegehalt zu sehen bekommen, das mit Ihrer schönen Medaille verbunden sein soll.«

Ich bedauerte, die Sache zur Sprache gebracht zu haben. Manzanares hatte für seine Verwundung ein »Kriegskreuz« bekommen, das mit einem lebenslänglichen Ruhegehalt verbunden war. Um seine sieben Pesetas fünfzig monatlich zu bekommen, würde er zuerst zwei Pesetas in Stempeln bezahlen und tagelang im Vorzimmer der Stadtkanzlei herumsitzen müssen, um eine Bescheinigung vom Bürgermeisteramt zu erhalten, daß er noch lebe. Mit dieser Bescheinigung würde er zum Finanzministerium gehen und eine Eingabe um Auszahlung seiner Pension einreichen. Er würde eine laufende Aktennummer erhalten und warten müssen, bis diese Nummer im Amtsblatt veröffentlich wurde, worauf er dann das Ruhegehalt für einen einzigen Monat abheben durfte. Diese lächerlich kleinen Ruhegehälter kosteten so viele Wege und Ausgaben, daß sie zumeist Rechte auf dem Papier blieben, ein reiner Hohn für jene, denen der Staat sie schuldete.

»Wenn sie mich zum Vollinvaliden erklärt hätten«, fuhr Manzanares fort, »dann müßten sie mich für den Rest meines Lebens erhalten, und ich brauchte nicht mehr zu stehlen. Ich verstehe den Unterschied zwischen Invalidentum und Dienstuntauglichkeit überhaupt nicht. Wird einem von einer Granate ein Bein weggerissen, dann ist man ein Invalider und wird sein Leben lang erhalten. Wird einem die Lunge von einer Kugel zerfetzt wie mir, dann sagen sie einfach, man sei nicht dienstverwendungsfähig, und werden einen mit einem Loch in einem der Blasebälge auf der Straße . . . Es ist sehr einfach, einem Mann anständiges Arbeiten zu empfehlen, aber verflucht schwer ist es, anständige Arbeit zu finden. Wo soll ich denn, sagen Sie mir das, mit meiner Strafkarte und meiner halben Lunge hingehen und Arbeit verlangen? Ich möchte ja nun wirklich gern anständig arbeiten, aber ich weiß nicht, wie man das macht. Also bleiben die Brieftaschen mein einziger Ausweg. Und – Sie können's mir glauben oder auch nicht – ich möchte eine Familie haben und Vater einer ganzen kleinen Bande sein.«

Wir unterhielten uns kaum mehr während der endlosen Stunden in dem langsamen staubigen Zug. Als wir schließlich in den Zug Sevilla–Madrid umstiegen, suchte sich jeder einen bequemen Winkel, um eine Weile zu schlummern. Manzanares mit seinem Schwindsuchtgesicht und dem eingeschrumpften kleinen Körper fand leicht Platz, aber ich war zwischen zwei nach Madrid reisenden Männern eingekeilt und mußte steif aufrecht sitzen.

Die Reisenden schliefen und schnarchten. Nur ein alter Mann am Fenster blieb wach; schweigend und regungslos saß er da und rauchte ununterbrochen. Ich versuchte bei dem schwachen Licht der Petroleumlampe zu lesen, aber nach ein paar Minuten verschwammen die Zeilen vor meinen Augen; also begann ich zu grübeln.

Alle Beziehungen der Welt, in der ich die letzten vier Jahre zugebracht hatte, waren abgebrochen, und wenn ich jetzt in die mir vorher bekannt gewesene Welt zurückkehrte, würde ich nach diesen vielen Jahren ein Fremder sein und neue Verbindungen zu ihr schmieden müssen. Der junge Mann mir gegenüber hatte ein Paar breite, mächtige Schultern. Der konnte sich in Madrid immer sein Brot verdienen, weil er im schlimmsten Falle Koffer zum Bahnhof tragen oder Säcke abladen konnte. Er war gegen nackten Hunger besser gewappnet als ich, denn ich konnte nur Büroarbeiten verrichten, mit steif geplättetem Kragen und leerem Magen.

Der Zug durcheilte die kastilische Ebene, und sein metallenes Geripppe ratterte eintönig. Das Glimmen der Zigarette des Alten, der wach in seinem Winkel saß, erfüllte das Abteil mit einer Stille, die fein und durchdringend war wie der in der Luft schwebende blaue Tabakdunst. Ich hätte gerne den Alten gefragt, worüber er nachdachte.

Ich selber dachte an das Leben und an Gott. Wort für Wort dachte ich mir einen Dialog aus, den ein in Afrika gefallener kastilischer Bauer mit dem lieben Gott führen würde, wenn er ihn um Gerechtigkeit, strenge Gerechtigkeit bäte. Ich fühlte mich wie er eingeschlossen, eingesperrt im Käfig eines Lebens, das wir nicht geschaffen und erwählt haben, und ich war aufrührerisch und zugleich verängstigt wie ein gefangener Vogel.

Als wir uns Aranjuez näherten, dämmerte es. Es war ein kaltes Morgengrauen, das sich durch unsere afrikanischen Uniformen biß und uns bis in die Knochen frieren ließ. Der Tabakdunst lastete nun grau und schwer und machte uns husten. Manzanares und ich verabschiedeten uns von dem Soldaten, der zu seinem Dorf umsteigen mußte; er hatte mit uns nichts gesprochen, sondern hatte nur schlafend und schnarchend dagesessen, die schweren Hände auf den Knien. Wir tranken eine Tasse Kaffee und ein Glas Kognak im Bahnhofrestaurant. Der Kaffee war schwarz und dick, aber wohltätig heiß; der Kognak schmeckte nach Sirup und Vitriol und fiel wie eine Masse Quecksilber in den Magen, begann aber dann zu brennen und rüttelte uns wach. Wir nahmen ein gewaltiges Frühstück mit in den Waggon: eine kalte Tortilla, Lammkoteletten und zwei Flaschen Wein. In etwa zwei Stunden würden wir in Madrid sein.

Als wir mit dem Essen fertig waren, hatte Manzanares etwas Farbe in seinen Wangen. Er durchforschte seine Taschen und zählte sein Geld: Er kam auf nicht ganz hundert Pesetas.

»Dreckscheiße«, sagte er, »was soll ich damit anfangen? Zuerst müßte ich mir einen Zivilanzug kaufen und ein Nachtlager finden, bis ich mich zurechtfinde.«

Er starrte das Geld in seiner Hand an.

»Ich nehme an, Sie dachten, daß ich schliefe. Aber ich schlief nicht, meine Wunde weckte mich. Wenn ich still sitze, tut's mir drinnen immer weh, und ich habe das Gefühl, daß ich ersticke. Der Doktor sagt, die Lunge sei schuld, die ans Rippenfell angewachsen ist. Vielleicht verstehen Sie, was er meint; ich versteh's nicht. Ich weiß nur, daß es mich nicht in Frieden schlafen läßt. Und ich dachte an das da ... an das Geld, das mir übriggeblieben ist ... und wie man mit neunzig Pesetas und einer eingeschrumpften Lunge ein anständiger Mensch bleiben kann. Und ich dachte daran, wie einfach es ist, eine Brieftasche zu stehlen, wenn man in Uniform ist. Wer wird schon einen Soldaten verdächtigen?«

»Sei kein Idiot! Du bist nicht aus Afrika herausgekommen, um im Kotter zu landen.«

»Nein, ich bin kein Idiot, aber ich bin in einer Sackgasse. Ich darf jetzt nicht mehr in der Uniform herumziehen, aber wenn ich Zivilkleider anziehe, werde ich nichts zu essen haben.«

»Aber du hast doch sicher Freunde, die dir etwas Geld leihen können?«

»Ja, Freunde habe ich wohl, aber alle von der gleichen Sorte. Kaum komme ich ihnen in die Nähe, bin ich verloren. Dann muß ich stehlen, und was schlimmer ist, in ein paar Stunden weiß die Polizei, daß ich wieder in Madrid bin. Na, ich weiß schon, was ich zu tun habe.«

Sein Lausbubengesicht war von zwei tiefen Falten zerschnitten, die von den Nasenflügeln zu den Mundwinkeln hinabliefen. Es war eine harte und zynische Grimasse, die seine Unterlippe vorschob.

Mürrisch schweigend kamen wir in Madrid an. Mutter, Schwester und Bruder standen auf dem Bahnsteig. Alles war, wie ich's erwartet hatte: viele Umarmungen und dazu die Tränen der Mutter (aber nun hatte ich schon begonnen, sie Großmütterchen zu nennen). Ich stellte ihnen den Manzanares vor und lud ihn ein, auf ein Gläschen zur Puerta de Atocha mitzukommen.

»Nein, Herr Feldwebel, danke schön! Sie haben Ihre Leute gefunden, und wir werden uns hier verabschieden. Viel Glück! Ich glaube, wir werden uns nicht wieder treffen. Sie haben Ihren Weg und ich den meinen, und die führen nicht zusammen.«

Wir schüttelten einander die Hände, und er verschwand. Auch wir stiegen die Rampe hinauf, und Rafael schlug eine Tasse Kaffee in der Cascorro-Schenke vor. Nachher saßen wir dort um einen runden Tisch herum; die andern frühstückten und überhäuften mich dabei mit Fragen, sagten, wie froh sie seien, daß ich aus der Armee heraus sei, und versicherten mir, daß ich nach ein paar Ruhetagen leicht Arbeit finden würde. Plötzlich gab es einen Tumult unter den Menschen, die das Lokal füllten. An jedem Eingang stand ein Polizist, während zwei Detektive von Tisch zu Tisch gingen und von allen Männern Ausweispapiere verlangten oder den Schankburschen über die Anwesenden ausfragten.

»Wie lange ist der Mann da schon hier?« fragte einer der Detektive und wies auf einen Menschen, den ein Polizist am Arm festhielt.

»Eine halbe Stunde. Was ist denn los, Don Luis?«

»Ist es bestimmt schon eine halbe Stunde? Na schön, dann ist's nichts mit dem da. Eine Brieftasche mit viertausend Pesetas ist auf dem Bahnhof gestohlen worden.«

Als der Detektiv an unseren Tisch kam, warf er einen Blick auf meine Koffer und dann auf mich: »Ihre Dienstzeit zu Ende, Feldwebel?«

»Ja, ich habe meine Zeit in Afrika abgedient.«

»Herzlichen Glückwunsch dazu, daß Sie heil und gesund heraus sind! Wir suchen einen Lumpen, der gerade einem Reisenden aus dem Zug, mit dem Sie gekommen sind, eine Brieftasche gestohlen hat. Aber es kann keiner unserer alten Kunden sein, denn die haben wir alle schon festgestellt.«

Rafael hatte seine Brieftasche hervorgeholt, um seine Identitätskarte vorzuweisen. Der Detektiv winkte ab.

»Brauche ich in diesem Fall nicht! Sie beide können nicht leugnen, daß Sie Brüder sind, und die Uniform da genügt mir. Keiner, der gerade aus Marokko zurück ist, würde Brieftaschen stehlen.«

Die Polizei zog ab, und die Schenke fiel ins übliche lärmende Gespräch zurück, mit einem neuen Thema zur Belebung. Dann kam Manzanares zum Eingang herein, ging zum Schanktisch und verlangte ein Glas Kognak. Er winkte mir mit der Hand herzlich zu, und der Kellner kam an unseren Tisch: »Mit einem freundlichen Gruß von dem Soldaten da drüben am Schanktisch. Ich soll fragen, was Sie gern trinken möchten.«

Manzanares wandte mir sein kindliches Jungengesicht und seine quicken Mausäuglein zu, aber diese Augen funkelten nun, und er lächelte heiter und gelöst. Ich nahm die Einladung an und hob ihm mein Glas zu. Als er durch die Türe hinausging und sich in der Menge des großen Platzes verlor, sah ich ihn zum letzten Mal im Leben.

5.
STAATSSTREICH

Ich war bei meinem alten Schneider gewesen, hatte einen dunklen Stoff gewählt und mir Maß für einen neuen Anzug nehmen lassen. Ehe ich nicht diese Zivilkleidung an Stelle meiner Armeeuniform trug, konnte ich nichts beginnen. Ich spazierte zur Puerta del Sol hinüber, aus keinem andern Grund, als um einen Blick auf den Platz zu werfen und vielleicht einen Bekannten zu treffen. Früher oder später kommt ja schließlich jeder in Madrid durch die Puerta del Sol. So traf ich Don Agustín Ungría – und er nahm mich sofort in sein Büro mit.

Am Tage meiner Rückkehr nach Madrid trat ich mithin als Beamter in die Firma Ungría ein.

Auf der Plaza de Encarnación hatte Don Agustín ein Büro mit über fünfzig Angestellten, die in zwei Riesensälen mit Eisenpfeilern und einem Labyrinth von Tischen und Stühlen jeder Sorte untergebracht waren. Die Firma war seit dreißig Jahren in diesem Lokal und hatte mit sechs Schreibern angefangen. Für jeden neuen Angestellten, bis die volle Zahl von fünfzig erreicht war, wurden in einem Trödelladen ein Tisch und irgendeine Sitzgelegenheit gekauft.

Das Personal war wie die Möbel, alles Trödelware. Nur von vier der Beamten erwartete man, daß sie mehr verstünden, als was zum Ausfüllen von Formularen und Addieren von Zahlen erforderlich war. Die Gehälter waren jämmerlich. Es gab einen festen Stock alter Angestellter, die keine andere Stellung gefunden hätten und sich verschnupft und hustend an ihren alten Tisch und Stuhl klammerten. Daneben existierte eine Gruppe junger Leute, lärmendes und ungebärdiges Volk, die von einem Tag zum andern verschwanden, um durch andere gleichen Schlages ersetzt zu werden. Man nahm eine Stellung in dieser Firma nur an, um die Zeit, bis man eine bessere fand, nicht zu vergeuden. Unter den Madrider Angestellten hatte sie den Spitznamen »Das Nachtasyl«.

Die Geschäfte der Firma waren ebenso bunt wie ihre Möbel und ihr Personal. Don Agustín Ungría war Agent. Er lieferte Geschäftsauskünfte, trieb von Privatleuten und vom Staat Schulden ein, registrierte Patente, beriet bei Privatprozessen und unternahm kurz gesagt jegliche Sache, bei der es darauf ankam, mit Akten und Formularen im Labyrinth der öffentlichen Ämter fertig zu werden.

Don Agustín selbst, der Chef des Hauses, war fünfundsechzig Jahre alt und sah aus wie ein Bildnis von El Greco. Schlohweißes Haar umrahmte als lockige Mähne eine hohe, offene Stirne; sein langes Gesicht mit der wächsernen Haut wurde von einem kleinen Spitzbart noch verlängert, der so weiß wie sein Haar und sein Schnurrbart war. Aber der Bogen der Brauen über den lebhaft funkelnden Augen war schwer und hart, der breite Mund war sinnlich und die Nase groß und hoffärtig gekrümmt. Sein Körper schien einem anderen Menschen anzugehören, einem Mann von mächtigem Knochenbau ohne jede Spur Fett. Es war der Körper eines Bauern aus Aragonien. Er war immer noch imstande, ohne Ruhepause dreißig Stunden durchzuarbeiten, als Nachtisch zu einem Mahl von drei Gängen ein Brathuhn zu verzehren und dabei ein halbes Dutzend Flaschen Wein zu leeren. Niemand kannte die genaue Anzahl seiner unehelichen Kinder.

Im Alter von zwanzig Jahren war er aus einem aragonischen Dorf nach Valencia gekommen. Bis dahin hatte er auf den Feldern gearbeitet. In der Stadt lernte er lesen und schreiben. Er arbeitete als Taglöhner und wohnte unter den Hafenleuten. Man erzählte sich, er habe sein erstes kleines Kapital bei Geschäften mit geschmuggelter Seide und Tabak verdient. Wie dem auch sei, er steckte seine Ersparnisse in den Orangenhandel, indem er sein Geld an kleine Orangenzüchter verlieh, denen die üblichen Zahlungsverzögerungen große

Schwierigkeiten bereiteten. Er gründete ein kleines Büro in Valencia. Im Zuge seiner Geschäfte mit den Orangenhändlern war ihm aufgefallen, daß die ausländischen Exporteure immer auf der Jagd nach Geschäftsauskünften waren; er verwandelte sein Büro in ein Auskunftsbüro, wobei ihm seine intime Kenntnis der Leute am Ort sehr dienlich war. Später erlegte er die notwendige Kaution, die Voraussetzung für eine konzessionierte Geschäftsagentur war. Er hatte nur wenige Konkurrenten. Don Agustíns Geschäft gedieh, und er übersiedelte nach Madrid.

Er behandelte seine Familie und sein Personal wie ein despotischer Patriarch, verlor aber bei allem materiellen Erfolg nie die Wertmaßstäbe seiner Jugend im Dorf bei Saragossa, wo eine Silbermünze Reichtum bedeutet. Ehren und Auszeichnungen zogen ihn unwiderstehlich an. Für einen während der Herrschaft Alfons' XII. dem Staate erwiesenen besonderen Dienst war er mit dem Isabellenorden ausgezeichnet worden, und es bereitete ihm das größte Vergnügen, der strengen Etikette gemäß gekleidet zu jedem großen Bankett zu gehen, immer natürlich mit dem Orden am Bratenrock. Dieser Orden bestand aus einem von kleinen Diamanten bedeckten Emailstück und wurde vom Personal nur »das Ochsenauge« genannt.

Er war nicht knauserig. Wenn er elende Gehälter bezahlte, so geschah das deshalb, weil er immer noch die Instinkte eines armen Bauern hatte, für den hundert Pesetas einen außerordentlichen Betrag darstellten. »In Ihrem Alter«, schrie er einen seiner Angestellten an, »verdiente ich ganze drei Pesetas täglich, hatte eine Frau und Kinder und eine Geliebte und legte obendrein noch Geld beiseite!« Und dann lieh er dem Mann, um ihm aus seiner Verlegenheit herauszuhelfen, hundert Pesetas und kassierte die Schuld nie ein. Einmal zeigte er mir ein altes Saldenkonto: »Hast du eine Ahnung, wie viel Schulden meine Angestellten bei mir haben, die sie nie zurückzahlten, seit ich vor vierzig Jahren angefangen habe, Beamte anzustellen? Mehr als hunderttausend Pesetas! Ist alles hier verbucht. Und doch sind sie ständig unzufrieden! Jeden Tag sehe ich neue Gesichter im Büro. Die einzigen, die bleiben, sind die alten Beamten, die zu nichts anderem mehr taugen. Aber ich kann sie ja schließlich nicht auf die Straße setzen.«

Ich selbst war vor vielen Jahren ein paar Monate in seinem Büro tätig gewesen und hatte mich mit dem alten Herrn recht gut vertragen. Jetzt bot er mir eine Vertrauensstellung an. Ich sollte mit seinem Sohn Alfonso arbeiten, der »Ideen im Kopf hatte«, wie der Vater sagte, und ein Patentanwaltsbüro für ausländische Firmen aufbauen wollte. Einen englischen Sekretär hatte er schon, und mich wollte er haben, weil ich etwas Französisch konnte und imstande sein würde, mit spanischen Kunden technische Fragen zu besprechen. Der junge Ungría selbst hatte eine merkwürdig beschränkte Art von Intelligenz. Er lernte spielend leicht und erinnerte sich an alles Gelernte, war ein Rechtsanwalt der alle Paragraphen auswendig wußte, war jedoch zu der kleinsten schöpferischen oder organisatorischen Anstrengung unfähig.

Das war meine Chance. Ich hatte die Stellung als bloßes Sprungbrett angenommen, fand mich aber sehr bald in die Probleme von Industriepatenten vertieft. Sie führten mich zur Mechanik zurück. Die spanischen Patentgesetze begnügen sich mit einer einfachen Registrierung, aber die Firma begann mit dem Ausland Geschäfte zu machen, wo Patentierungen eine peinlich genaue technische und juristische Vorbereitung erforderten. Niemand in Ungrías Büro war für solche Art Arbeit qualifiziert. Zu meinem Privatvergnügen begann ich, die technische und theoretische Seite eines jeden Patents zu studieren, das durch unsere Hände ging. Sehr bald war ich darauf spezialisiert. Mein Gehalt war klein – hundertfünfzig Pesetas monatlich –, aber da Patentübersetzungen nach der Wortzahl honoriert wurden, gab es Monate, in denen ich mein Gehalt verdoppelte und verdreifachte, wenn auch um den Preis von fünfzehn und mehr Arbeitsstunden am Tag.

Das machte mich finanziell und in meiner Arbeit unabhängig, und ich errang mir so das Vertrauen auch der ältesten Angestellten.

Señor Laguna – alt oder vielmehr vorzeitig gealtert, mager, mit lose um die Schienbeine hängenden Hosen, vorspringenden Backenknochen und dünnem Haar, der für siebzig Pesetas monatlich täglich acht Stunden lang seine stille untergeordnete Arbeit verrichtete – sprach mich eines Tages an, als wir das Büro verließen: »Haben Sie vielleicht ein bißchen Zeit für mich?«

Wir liefen nebeneinander her, doch es verging eine geraume Weile, ohne daß er etwas gesagt hätte. Plötzlich blieb er stehen: »Glauben Sie, daß mir Don Agustín hundert Pesetas leihen würde?«

»Ja, das hängt wohl von seiner Laune ab. Wahrscheinlich wird er zunächst nein sagen, aber wenn Sie beharrlich sind, wird es wohl schließlich ein Ja werden.«

Nach einem weiteren langen Schweigen blieb er wieder stehen: »Glauben Sie, er würde meinen Jungen ins Büro nehmen? Das wäre unsere Rettung.«

»Das ist wieder dasselbe. Zuerst wird er nein sagen und am Ende wird er ja sagen. Besonders wenn Sie an seine Güte appellieren. Geht's denn so schlecht, Laguna?«

Er seufzte tief und setzte sich wieder in Bewegung, aber ich begann seiner langen Pausen im Reden, seines langsamen Tempos und seiner nachdenklichen Miene müde zu werden.

»Gehen wir auf ein Gläschen. Kommen Sie mit mir!«

Wir traten in eine Schenke ein und ließen uns zwei Glas Bier und Brot servieren. Als Laguna die erste Scheibe Brot ergriff, sah ich, daß er hungrig war. Ein zweites Bier und ein Schinkenbrot halfen ihm seine Schüchternheit überwinden.

»Sie können das nicht wissen«, sagte er, »aber wir sind unser fünf im Haus: meine Frau, die zwei Mädchen, der Junge und ich selber. Und ich bin der einzige Verdiener. Stellen Sie sich das bloß vor!«

»Ihre Mädchen sind wohl noch zu jung, um zur Arbeit zu gehen?«

»Nein, aber sehr zart sind sie, die armen Dinger. Unser Zimmer ist so feucht. Es ist natürlich billig: fünfzehn Pesetas monatlich. Aber es liegt zwei Meter unter dem Straßenniveau . . .Und wir können ihnen nicht viel zu essen geben, und dabei sind sie noch im Wachsen.«

Er jammerte mich so, daß ich am nächsten Tag mit Don Agustín sprach. Er gab dem Jungen einen Schreiberposten und erhöhte das Gehalt des Vaters auf hundert Pesetas, weil es unschicklich gewesen wäre, wenn der Sohn fast so viel verdient hätte wie der Vater. Ein Anfangsgehalt von fünfzig Pesetas, so daß die beiden nun zusammen hundertfünfzig Pesetas verdienten. Laguna brachte mir die dickste und längste Zigarre, die in den Tabakläden Madrids zu finden war.

Pepito Laguna hatte riesige fiebrige Augen in einem kleinen, blassen, hageren Gesicht, Lockenhaar, einen dünnen Hals, der aus einem zu großen Hemd und wattierten Schultern emportauchte wie der Draht eines Kleiderhakens aus einem dicken Wintermantel. Seine zu weiten und zu langen Hosen fielen auf Schuhe herab, in denen seine kleinen Füße Raum zum Tanzen gehabt haben müssen.

Márquez, der Buchhalter, warf einen Blick auf den Jungen, brachte von irgendwoher ein dünnes Bambusstöckchen zum Vorschein und überreichte es ihm mit tiefem Ernst: »Hier ist dein Stock, Charlie!«

Der Junge errötete heftig, und seine Augen füllten sich mit Tränen. Da stand er nun, vom allgemeinen Gelächter umgeben, und balancierte das Stöckchen zwischen den Fingern. Márquez kicherte und trieb seinen Triumph auf die Spitze: »Schaut ihn euch an, Burschen! Charlie Chaplin in Person!«

Kurze Zeit später lud Laguna mich einmal zum Mittagessen ein. Sie wohnten in der Calle de Embajadores, in einem großen, drei Jahrhunderte alten steinernen Bau. Aus dem mit Steinplatten gepflasterten Torweg mußte ich mich eine enge, schmale Treppe wie zu einem mittelalterlichen Verlies hinuntertasten. Hier im Souterrain gab es einen viereckigen Raum mit zementierten Wänden: zwei eiserne Bettgestelle hinter einem Vorhang mit ausgeblichenen Blumen auf gelbem Grund; ein Tisch mit einer zerschlissenen Wachsleinwand und drum herum ein halbes Dutzend schadhafter Stühle; eine alte Kommode und ein lederüberzogener, wurmstichiger Holzkoffer; eine gipserne Madonna und ein Strauß Papierblumen auf der Kommode. Der ganze Raum roch wie Sauermilch.

»Glücklicherweise können wir draußen im Hof kochen«, sagte Laguna. »Da ist noch ein Kämmerchen mit einem Küchenherd. Nur hat es keine Tür, und im Winter würde meine Frau einfach erfrieren, wenn sie dort kochen wollte.«

Über uns wurden Schritte hörbar. Durch das Eisengitter des etwa dreißig Zentimeter hohen und dreimal so breiten Fensters, durch das gerade noch das Gehsteigpflaster zu erkennen war, sahen wir die Schatten der Vorübergehenden und die knappe Hälfte ihrer Beine.

Der Aufenthalt in diesem Zimmer tat mir einfach weh.

Charlie überdauerte alles in allem nur einige Monate. Er erkältete sich und starb. Laguna wurde noch ein wenig nachdenklicher und schweigsamer. Manchmal sagte er zu mir: »Gerade jetzt, wo wir uns jeden Tag eine Mahlzeit leisten konnten . . .« und verstummte dann. Charlie war an Hunger gestorben.

Einmal traf ich meinen alten Kollegen Antonio Calzada. Er war hager und bleich, seine Jacke an den Manschetten sorgfältig geflickt. Was er mir über sich erzählte, war die alte Geschichte von Kriegskonjunktur und Nachkriegskrise. Während des Weltkriegs hatte er den aussichtsreichen Posten als Leiter der neugegründeten Zweigstelle der Banco Hispano in Puente des Vallecas bekommen. Sein Gehalt betrug bloß zweihundertfünfzig Pesetas, aber er hatte eine Dienstwohnung mit Licht und Heizung auf dem Stockwerk über den Büroräumen. Er heiratete und hatte drei Kinder. Die Zweigstelle machte gute Geschäfte; er verfügte bald über einen Buchhalter, zwei Beamte und einen Laufburschen, ein Stahlsafe und die Prokura. Wenn sein Geschäft weiter blühte, konnte er mit der Versetzung in eine größere und wichtigere Zweigstelle in

der Hauptstadt rechnen, was zugleich Beförderung bedeutete. Dann ging der Krieg zu Ende, und die Bank begann das
Personal zu entlassen. Nur der Laufbursche wurde in seiner
Zweigstelle belassen, dann verschwand auch er. Calzada blieb
als Leiter, Schreiber und Botenjunge in einer Person und lebte
in dauernder Furcht vor plötzlicher Entlassung.

Alle Bankbeamten, berichtete er, schienen in der gleichen
Angst zu leben und versuchten sich zusammenzuschließen,
um sich einen kollektiven Widerstand leisten zu können. Zuerst warfen die Banken alle auf die Straße, von denen man
wußte, daß sie Gewerkschaftsmitglieder waren. Dann tauchte der »Freie Verband der Bank- und Börsenangestellten« auf
der Bildfläche auf. Seine Organisatoren kamen aus Barcelona und genossen den Ruf, alle sozialen Fragen durch direkte
Aktion zu lösen; sie würden die Probleme der Angestellten
lösen, wenn nötig, indem sie mit Maschinengewehren gegen
die Direktoren losgingen. »Ich dachte, wir wären Burschen
anderen Kalibers als eure alten Umstandskrämer vom Allgemeinen Gewerkschaftsbund, und damals glaubte ich einfach
nicht, daß Martínez Anido und seine Knüppelschergen und
die Banken hinter ihnen standen, und so wurde auch ich Mitglied«, sagte Calzada. Tausende Bankbeamte waren Mitglieder der Organisation geworden, die damals die Einstellung
der Entlassungen und die Festsetzung von Mindestgehältern
forderte. Sie traten in den Streik, der Streik ging verloren. Die
Organisatoren des »Freien Verbandes« ließen die Streikenden
im Stich; viele Hunderte wurden entlassen. Calzada war einer
von ihnen. »Bisher habe ich mit den Ersparnissen gewirtschaf-
tet, soweit welche da waren, und indem ich alles, was noch
irgendeinen Wert besaß, zum Pfandleiher trug. Aber jetzt bin
ich am Ende meiner Weisheit angelangt. Ich besitze gerade
das, was ich am Leibe trage; ich bin zwei Monate Miete schuldig . . . und Gott allein weiß, wie wir zu unseren Mahlzeiten
kommen sollen.«

Don Agustín nahm ihn mit hundert Pesetas Monatslohn
auf, und so war er einer der Privilegierten unter den Tausen-

den armer Teufel, die in jenem Sommer 1923 nach Arbeit suchten. Um diese Zeit kam es in Madrid zu Überfällen, Räuberei und Morden, wie sie Barcelona bereits in viel größerem Ausmaß erfahren hatte. Regierungen kamen und gingen, und das Chaos schien immer noch schlimmer werden zu wollen. Eines Tages begegnete ich auf der Straße zufällig dem Major Tabasco. Er begrüßte mich sehr herzlich und wollte alles über mein derzeitiges Leben erfahren. Ich wußte, warum er nach Madrid gekommen war, aber eine direkte Anspielung darauf wäre unverschämt gewesen.

»Machen Sie hier Ferien, Don José?« fragte ich.

»Ja, Ferien – du bist ein Heimlicher wie eh und je! Ein Jammer, daß du nicht in der Armee geblieben bist, denn du wärest uns sehr nützlich gewesen. Du weißt ganz gut, wozu ich hier bin. Wärest du jetzt in Ceuta gewesen, ich hätte dich mitgenommen. Ich bin totgerackert und könnte einen Sekretär brauchen.«

»Aber es geht doch alles gut, nicht wahr?«

»O ja, alles ist geregelt. Innerhalb von zwei oder drei Monaten wird es eine vollkommene Umwälzung geben. Mit allen ihren Intrigen sitzen sie in einer Sackgasse. Wir müssen dem Gelichter zeigen, daß es noch ein Vaterland gibt und daß Spanien nicht einfach eine fremde Kolonie ist. Schau doch, was in Italien passiert ist«, – Mussolini hatte sich dort gerade in den Sattel gesetzt – »und dann überlege dir: Wir befinden uns in genau der gleichen Lage! Entweder wir lassen die Dinge treiben, und dann wird's hier eine russische Revolution geben – oder die Spanier, die wirklichen Spanier, nehmen die Zügel in die Hand. Es ist höchste Zeit.«

»Offen gesprochen, ich kann mir keinen Reim darauf machen, was in der Politik vorgeht. In den wenigen Monaten, seit ich Marokko verlassen habe, habe ich gearbeitet und gearbeitet und sonst nichts, außerdem unterscheidet sich das Leben hier von dem in der Kaserne vollständig. Ich kann nicht behaupten, daß ich mir über alle Probleme Rechenschaft gegeben hätte. Man findet hier keine zwei Menschen, die gleicher Meinung wären. Und mir scheint, daß es auch in Marokko nicht gerade sehr gut steht.«

Don José fing an sich aufzuregen: »Wie kann's gut gehen, zum Teufel auch, wenn man die Armee nicht Ordnung schaffen läßt? Zivilisten schickt man uns zum Verhandeln mit Abd-el-Krim ... Was wissen denn die von Marokko? Dieser Lump will eine unabhängige, von den französischen Kommunen und unseren eigenen Roten des Volkshauses unterstützte Republik! Weißt du, was nottut? Ein paar hundert von ihnen müßten wir einfach erschießen und das ganze Rif dem Erdboden gleichmachen. Ach ja, wird ja auch alles zu seiner Zeit kommen, und vermutlich früher, als die Leute glauben wollen!«

An diesem Abend hatte ich den Wunsch, unter Menschen zu sein und zu reden. Ich ging in die kleine Schenke der Calle de Preciados (eine deutsche Bombe hat sie im November 1936 vernichtet), in der sich Beamte aus den zahllosen Büros rund um die Puerta del Sol nach Büroschluß trafen. Ich setzte mich zu einigen meiner Kumpane und erzählte ihnen das Wesentliche meines Gesprächs mit dem Major.

»Was wir brauchen, ist eine Republik«, explodierte Antonio, ein kleiner kränklicher Junge, dessen Taschen immer von anarchistischen und kommunistischen Broschüren überquollen.

»Aber nein, was wir hier brauchen, ist ein Mann mit genug Schneid, um allen diesen Schuften Disziplin beizubringen«, widersprach Señor Padras, ein kurzsichtiger Buchhalter, auf dessen Nasenrücken eine Brille mit dicken Linsen balancierte.

»Ganz richtig«, applaudierte Manuel, der erfolgreiche erste Verkäufer eines großen Warenhauses.

»Ich habe nichts dagegen«, sagte Antonio, »solange der Mann Schneid hat und Sozialist ist ... ein richtiger Sozialist ... ein Lenin. Ja, das brauchen wir, einen Lenin und eine Revolution.«

Señor Padras stützte beide Ellbogen auf den Tisch. »Aber Sie sind doch einfach verrückt, Menschenskind! Na ja, nicht verrückt, sondern ein Wickelkind. Das Unglück dieses Landes ist, daß wir keinen zweiten Espartero haben, einen General, der ein ebenso großer Kämpfer ist, wie er gewesen ist, und die Politiker zu Paaren treibt. Wir brauchen einen großartigen Kerl, der geradewegs in die Cortes geht, mit der Faust auf den Tisch schlägt und sie alle auf die Straße hinauswirft. Ich bin sonst nicht fürs Umbringen, aber das kann ich euch sagen: ein paar Dutzend Hinrichtungen, und alles wäre in schönster Ordnung. Und was die Sozialisten betrifft – eine Kugel für Prieto und Besteiro und Kompanie, das allein täte ihnen gut.«

Antonio, dem alles Blut aus dem Gesicht gewichen war, erhob sich: »Ein dreckiges Schwein sind Sie und ein Hurensohn!«

In der kleinen Schenke konnte man kein privates Gespräch führen. Eine halbe Minute später schrieen hundert in einem Zimmer von knapp zwanzig Quadratmetern zusammengedrängte Menschen aufeinander los und schüttelten die Fäuste. Fünf Minuten später fiel der erste Hieb, und kurz darauf marschierten Antonio und viele andere zwischen zwei Polizisten aufs Revier. Auf dem Fußboden gab's Glasscherben und vergossenen Wein, und Miguelillo, der hellste der Schankburschen, badete die abgeschürfte Glatze eines Stammgastes in Schnaps. Señor Padras aber, rot im Gesicht und die Augen wie blind hinter den dicken Linsen, dozierte:»Anarchisten, meine Herren, Anarchisten, das sind sie! Und alles bloß deshalb, weil einer die Courage hat, als anständiger Mensch die Wahrheit zu sagen. Ich bin ein anständiger Mensch. Vierzig Jahre habe ich wie ein Biber gearbeitet, und jetzt will der Rotzbub da mir Belehrungen erteilen! Was wir hier brauchen, ist ein Mann wie General Espartero, ein Mann mit Schneid, um jedermann das Maulhalten beizubringen. Lang lebe Spanien!«

Ein beginnender zweiter Raufhandel wurde im Wein ertränkt. Der Schankwirt, ein energischer Mensch mit der praktischen Philosophie seines Berufs, schnitt die Diskussion glatt ab:»Schon gut, meine Herren, Schluß damit! Keine Politik mehr! Wenn jemand über Politik reden will, draußen auf der Straße kann er's tun. Hier kommen die Leute her, um zu trinken und sich zu unterhalten. Miguelillo, bring jedem dieser Herren ein Glas Wein – sie sind unsere Gäste.«

Ich hatte keine Lust mehr, jemals zu dieser Stammrunde zurückzukehren.

General Picasso hatte seine Untersuchung der Katastrophe von Melilla im Jahre 1921 beendet. Sein Bericht war in den Händen des parlamentarischen Ausschusses: Die Ankündigung des Tages der Debatte in den Cortes wurde täglich erwartet. Die sozialistische Minderheit hatte den Bericht kopiert und drucken lassen, einige Exemplare zirkulierten bereits in Madrid. Unter den Papieren im Hauptquartier des Generals Silvestre hatte General Picasso eine Anzahl von Dokumenten gefunden, aus denen das persönliche Eingreifen Alfons' XIII. in den Lauf der militärischen Operationen hervorging. Aber keine der Eintagsregierungen jener Zeit wagte es, diese Frage in den Cortes anzuschneiden. Die Opposition bildete einen geschlossenen Block und verlangte mit zunehmender Energie eine öffentliche Untersuchung der Verantwortlichkeit für die marokkanische Katastrophe. Es hing etwas in der Luft.

Wenn man ein Huhn hypnotisieren will, dann stellt man es auf einen mit schwarzem Tuch bedeckten Tisch und drückt seinen Schnabel hinunter, bis er die schwarze Fläche berührt. Dann legt man ein Stück weiße Kreide unmittelbar vor den Schnabel des Huhns, knapp vor seine Augen. Im richtigen Augenblick zieht man die Kreide langsam weg und zeichnet eine weiße Linie auf das schwarze Tuch. Dann lockert man den Griff. Und der Vogel wird reglos dastehen, unsicher und komisch auf seinen beiden Beinen und dem Schnabel balancieren und dem ständigen Längerwerden des weißen Strichs mit schielenden Augen folgen.

Ich glaube, uns ist in jenen Septembertagen 1923 etwas ganz Ähnliches widerfahren, als General Primo de Rivera sich durch einen Staatsstreich zum Diktator Spaniens machte.

Wir alle warteten darauf, daß etwas geschehe, etwas sehr Ernstes und Gewaltsames: der Sturz des Königs – eine Erhebung der Armee – ein Aufstand der Sozialisten oder der Anarchisten – so oder so eine Revolution. Etwas mußte geschehen, weil das Leben der Nation in einer Sackgasse zum Stillstand gekommen war.

In der Nacht vom 12. auf den 13. September saß ich im Café Negresco. Mein alter Freund Cabanillas pflegte nach der Arbeit in der Redaktion von El Liberal dort hinzukommen. Ich hatte mich diesem Kreis von Journalisten und Schriftstelleraspiranten angeschlossen, weil ich dort die letzten Nachrichten hören wollte. Er erschien gegen zwei Uhr morgens, erregt und bleich, das Haar in wilder Unordnung.

»Bist du in einer Premiere gewesen? Was ist los mit dir?«

»Nichts ist los mit mir. Aber wißt ihr das Neueste?«

»Was?«

»Die Garnison von Barcelona hat revoltiert, mit Miguel Primo de Rivera an deren Spitze.«

»Alfredito; du bist nicht ganz bei Trost«, rief jemand. »Führ dir einen Kognak zu Gemüte!«

»Aber ich sage euch, es stimmt. Primo hat in Barcelona den Belagerungszustand proklamiert und in der Stadt die Macht ergriffen. Und es heißt, daß er der Regierung jetzt ein Ultimatum gestellt hat.«

Die Neuigkeit verbreitete sich im Café, wie sie sich in allen überfüllten Kaffeehäusern Madrids um die gleiche Zeit verbreitet haben muß. Als wir aufbrachen, glich die Puerta del Sol einem Ameisenhaufen. Die Menschen fragten einander: »Was wird geschehen?«

Nichts geschah. Mein Bruder und ich blieben auf der Puerta del Sol und beteiligten uns an den lauten Diskussionen, bis die erste Straßenbahn mit Früharbeitern vom Stadtrand heranfuhr und die Straßenreiniger begannen, den Platz zu fegen und mit Wasser zu besprengen. Auch als dann die Zeitungen herauskamen, mit ungeheuren Schlagzeilen über die Proklamation des Generals und mit der Mitteilung, daß ihn der König zu sich berufen habe, geschah nichts. Die meisten Zeitungen hießen die Militärdiktatur willkommen, einige wenige behielten sich ihr Urteil vor. Die beiden wichtigsten Tageszeitungen der Linken, El Sol und El Liberal, lavierten geschickt, indem sie den Griff nach der Macht weder kritisierten noch guthießen. Der Mann auf der Straße glotzte die Tatsachen an, wie das hypnotisierte Huhn das Stück Kreide anglotzt, und als er sich zu fassen versuchte, waren die Ereignisse bereits über ihn hinweggegangen.

Die Regierung hatte demissioniert, einige ihrer Mitglieder waren ins Ausland geflohen, der König hatte zur vollendeten Tatsache ja gesagt, und Spanien hatte eine neue Regierung, Direktorium genannt, die alle verfassungsmäßigen Rechte aufhob.

»Hallo, Luis, wie geht's?«
Plás Schweinsäuglein versuchten mich irgendwo in der Richtung meiner Stimme zu finden.
»Setz dich, trink etwas mit mir!«
»Bist du noch in der Bank? Wie habt ihr den Streik überstanden?«
»Junge, hab ich Glück gehabt! Zwei Wochen vor dem Streik bekam ich eine Lungenentzündung, und als ich zur Arbeit zurückkehrte, war alles vorüber. Sonst wäre ich entlassen worden, kein Zweifel. Ich bin nicht für diese Lumpen vom ,Freien Verband', aber ich wäre doch mit den anderen in den Streik getreten. Wie die Dinge stehen, haben sie mir das Gehalt erhöht. Zweihundertfünfzig Pesetas kriege ich jetzt. Ist ja wahr, in bin beinahe fünfundzwanzig Jahre in der Bank …«
»Übertreibe nicht!«
»Na, schön, seit 1906, was siebzehn Jahre macht. Jedenfalls mein ganzes Leben lang.«
»Sag mir, was du von Primo hältst?«
»Um die Wahrheit zu sagen, ich mag den Kerl. Er hat Schneid und Humor. Es ist sehr spanisch, dem Volk zu sagen, er stehe dort, wo er steht, durch seine ,männlichen Attribute'. Ich mag ihn. Natürlich kann ich mir nicht recht vorstellen, wie das alles weitergehen soll. Anscheinend will er mit jedermann

zusammenarbeiten, sogar mit den Sozialisten. Er hat Largo Caballero und ein paar andere eingeladen, um die Regelung der Arbeiterprobleme zu erörtern. Und die Revolverhelden in Barcelona pfeifen jetzt eine völlig neue Melodie. Er hat erklärt, er werde den ersten, den er zu fassen kriegt, erschießen, sogar wenn's einer von Martínez Anidos Bande ist.«

Ein Haufen von Zeitungsjungen kam schreiend die Straße entlang. Zwei von ihnen traten in die Schenke und riefen: »Überfall auf den Postzug in Andalusien!«

Jeder Gast kaufte eine Zeitung. Balkenlettern verkündeten den letzten Mord und Raubüberfall; der Postwagen der Strekke Madrid – Sevilla war überfallen, der Postbeamte ermordet, die Postsäcke geraubt worden.

Primo wird's nicht leicht haben, wenn man alles bedenkt. Da hat er sie, die Revolverhelden, wieder, springlebendig, und er dachte, er hätte sie fertig gemacht!

»Es sind die Anarchisten«, sagte jemand.

»Du wirst sehen, diese Burschen sind nicht zu fassen«, brummte Plá.

Das Verbrechen bedeutete eine ernste Belastungsprobe für Primo de Rivera. Die Spanier neigen dazu, sich über jeden Angriff auf das bestehende Regime zu amüsieren und dem Schauspiel mit einer gewissen Sympathie für den Rebellen zuzuschauen. Bewaffnete Raubüberfälle hatten zu jener Zeit nahezu aufgehört, und das Gefühl ständiger Gefahr und Unsicherheit als Nachwirkung der Attentatswelle war geschwunden. Nun erweckte der neue Anschlag zwar den natürlichen Widerwillen gegen brutalen Mord, lieferte aber zugleich das Spannungselement einer Herausforderung an den neuen Diktator.

Die Presse der Rechten nützte die Gelegenheit zu einem hemmungslosen Feldzug gegen die entfesselten Kräfte der Freimaurerei, des Bolschewismus, Anarchismus, Sozialismus und so weiter, die noch immer in diesem christkatholischen Lande wucherten, das von einem patriotischen General regiert wurde. Jetzt sei die Zeit gekommen, ein Exempel zu statuieren und mit den Schuldigen kurzen Prozeß zu machen, um Ruhe und Ordnung im Lande wiederherzustellen!

Die Eisenbahnräuber wurden gefangengenommen. Es stellte sich heraus, daß die Mörder zwei junge Männer aus reichen Mittelstandsfamilien waren, lasterhafte Lumpen, mit einem Homosexuellen von der weibischen Art als Komplizen. Die beiden Mörder wurden gehenkt, ihr Kumpan zu lebenslänglicher Zwangsarbeit verurteilt. Nach dem intensiven Propagandafeldzug, der geführt worden war, solange man annahm, die Verbrecher gehörten zu einer politischen Gruppe, wäre es unmöglich gewesen, sie vor der Todesstrafe zu bewahren. Aber obgleich dieser Mythos wie eine Seifenblase explodiert war, wandte sich die volle Schärfe der Diktatur jetzt gegen alle linksstehenden Verbände. Einige Gruppen wurden aufgelöst, andere strenger Kontrolle und Einschränkung unterworfen; das Streikrecht der Arbeiter wurde aufgehoben. Gleichzeitig wurden Sondertribunale errichtet, um die sozialen Konflikte zu regeln. Das Direktorium begann auch öffentliche Arbeiten in größtem Ausmaß. Die Zahl der Erwerbslosen nahm schnell ab. An der inneren Front schien sich das neue Regime zu konsolidieren.

Aber der Kampf um Marokko ging weiter.

Seit meine Schwester geheiratet und sich ihr eigenes Heim eingerichtet hatte, lebten mein Bruder und ich allein mit der Mutter. Mochten Rafael und ich über Gegenwart und Zukunft des Landes noch so heftig diskutieren, die Mutter zeigte weder Aufregung noch Besorgnis. Sie hatte auch keine gezeigt, als sie von Primo de Riveras Staatsstreich hörte.

»Es mußte so kommen«, sagte sie. »Es ist genau wie in meiner Kindheit und später, als ich als junges Mädel Dienstmädchen im Hause des Herzogs von Montpensier war. Da gab's Leute, die den Herzog an Stelle Isabellas II. zum König von Spanien machen wollten. Das war alles vor der Republik, und General Prim kam selbst den ganzen langen Weg von England nach Cadiz, um sich an die Seite des Herzogs zu stellen. Ich war damals noch ein Kind, aber ich erinnere mich, daß es jeden Tag Meutereien gab, bis die Königin entthront war und die Republik kam. Aber dann hatten die Generäle nichts mehr zu tun und begannen überall nach einem König zu suchen. Irgend jemand wollte den Herzog wieder zum König machen. In jenen Tagen machte immer der eine oder andere General mit zwei oder drei Regimentern einen Aufstand, und dann wurde er entweder erschossen oder zum Regierungspräsidenten ernannt. Als ich dort war, steckte der Palast des Herzogs immer voller Generäle, und einer von ihnen war der Vater oder Onkel dieses Primo de Rivera, ein Mann, der einmal die Karlisten bekämpfte, ein andermal auf der Suche nach einem König war, um die Republikaner loszuwerden. Schließlich bekamen sie Alfonso XII. in die Hand und verheirateten ihn mit der Tochter des Herzogs. Schade, daß sie im gleichen Sommer starb. Und von da an bis jetzt hat's immer einen General gegeben, der aus Protest gegen irgend etwas einen Aufstand machte, aber keiner von ihnen hat je Ordnung ins Land gebracht. Und dieser da wird's auch nicht tun.«

»Wer also, Mutter, kann in Spanien Ordnung schaffen?« fragte ich sie.

»Was weiß denn ich? Ich verstehe diese Dinge ja nicht. Wäre dein Vater am Leben, er könnte es dir besser erklären als ich. Er war sein ganzes Leben lang Republikaner, und ich glaube, er hatte recht.«

Ich kannte die geheime Schwäche meiner Mutter für den einzigen historischen Zwischenfall im Leben meines Vaters. »Bitte, bitte, erzähl uns die Geschichte noch einmal!« sagte ich.

»Ja, es geschah im Jahre 83, als sie die Republik wieder haben wollten, bevor Alfonso XIII. König wurde. Und dein Vater rettete seine Haut bloß, weil er immerzu schlief wie ein Stein. In Badajoz hatten die Feldwebel eine Junta gegründet, und dein Vater war ihr Sekretär. Bei Morgengrauen wollten sie die Truppen auf die Straße führen. Und dein Vater legte sich im Feldwebelzimmer schlafen und sagte den anderen, sie sollten ihn wecken. Ich weiß nicht, ob sie's vergaßen oder ob er sie nicht hörte. Aber General Martínez Campos, der damals an der Macht war, hatte von der Sache Wind bekommen, und als sie die Kasernentore öffneten, um die Mannschaft auf die Straße zu führen, wurden sämtliche Feldwebel gefangengenommen, kamen vors Standgericht und wurden erschossen. Und dein Vater schlief selig wie ein Kind in seinem Bett weiter. Nichts geschah ihm, weil seine Kameraden ihn nicht verrieten. Der General aber, der an der Spitze der Erhebung stand, wurde gehängt . . . Ich glaube, dein Vater machte sich zu viele Illusionen über alle diese Dinge, denn auch wenn es gut gegangen wäre, es wäre doch eine Generalsrepublik geworden, und da hätten sie ebensogut beim König bleiben können.«

Es ging uns gut in diesen Tagen. Ich verdiente, und auch Rafael hatte einen Posten als Buchhalter bei einem katalanischen Bauunternehmer gefunden, der nach Madrid gekommen war, um sich einen Teil der Kontrakte für die geplanten öffentlichen Arbeiten zu sichern. Ein paar Straßenbauaufträge hatte sein Chef schon bekommen, aber er fischte nach fetten Kontrakten für den Bau billiger Wohnkolonien, die für die Vororte Madrids vorgesehen waren.

Dann kam Rafael eines Tages von der Arbeit mit der Neuigkeit heim, daß sein Chef den Auftrag bekommen habe, zwei dieser Wohnkolonien zu bauen.

»Wenn alle Geschäfte mit dem Direktorium von derselben Art sind, wird der Fisch wohl bald stinken. Mein Chef, müßt ihr wissen, hat Freunde im Ministerium, die ihn über die anderen Offerten informieren. Im letzten Augenblick sagten sie ihm ganz offen, er könne die Aufträge haben, aber nur, wenn er ein Trinkgeld von einer Million Pesetas in bar auf den Tisch lege. Natürlich steht ihm eine Million so einfach nicht zur Verfügung; er arbeitet mit den Krediten, die er von der Urquijo-Bank bekommt. Also lief er zu seinen Bankiers, erstens um die Sache mit der Million zu regeln, und zweitens um herauszufinden, ob sie ihm für die Arbeit ein Darlehen geben würden, bis ihn der Staat bezahlt. Und alles ist in Butter. Jetzt hat er die zwei Aufträge, und die Bank hat ihm das Darlehen für die gesamten Auslagen gegeben, unter der Bedingung, daß die Kontrakte von einem Treuhänder der Bank übernommen werden, wenn er das Darlehen und die Zinsen nicht zurückzahlt. Das Ganze ist eine Kleinigkeit – zehn Millionen Pesetas.«

»Aber es ist doch schließlich eine gute Sache, daß die armen Leute Wohnungen bekommen, auch wenn's einen Haufen Geld kostet« sagte die Mutter.

Rafael warf ihr einen mitleidigen Blick zu. »Glaubst du denn, daß diese sogenannten billigen Häuser für arme Leute gebaut werden? Man wird zwei Wohnkolonien mit kleinen Häusern bauen, jedes mit einem Garten, und wird sie zu hundertfünfzig bis dreihundertfünfzig Pesetas monatlich vermieten. Die billigste Miete wird gerade so viel kosten, wie ich im Monat verdiene.«

»Schade, daß es wieder ein Schwindel ist! Weißt du, daß unsere alte Mansarde, für die wir neun Pesetas monatlich zahlten, jetzt für fünfundzwanzig vermietet wird? Habe ich nicht gesagt, daß bei Generälen nie was Gutes herauskommt?«

Sie machte eine Pause und fuhr dann fort: »Wenn der Mann wenigstens den Krieg in Marokko beendete! Aber wie kann man von einem General erwarten, daß er mit dem Kriegführen Schluß macht!«

6.
VILLA ROSA

Das Jahr 1924 bildet eine tiefe Zäsur in meinem Leben. Hätte die weitere Entwicklung meines Landes auf mich nicht die gleiche zersetzende Wirkung ausgeübt wie auf zwanzig Millionen anderer Spanier, dann wäre möglicherweise die Richtlinie meiner inneren und äußeren Existenz damals für immer festgelegt worden.

In diesem Jahr heiratete ich und änderte meine soziale Stellung.

Meine Familie, und vor allem meine Mutter, war fest überzeugt, ich würde eine Frau finden, mit sämtlichen Eigenschaften, die zu einer sogenannten »guten Partie« gehörten. Ich hatte eine kleine Freundin wie eben jeder junge Mann meines Alters in Spanien, weil es demütigend gewesen wäre, keine zu haben. Meine Familie erwartete nicht, daß dieses Mädchen meine Frau werden würde, und auch ich erwartete es nicht; ich hatte noch nicht ernstlich an Ehe gedacht. Andere Beziehungen befriedigten meine sexuellen Bedürfnisse, und »mein Mädchen« bedeutete einfach ein Zurschaustellen meiner Männlichkeit. Den Gedanken an Ehe schob ich weit von mir, verschob ihn auf die Zeit einer besseren finanziellen Lage. Anscheinend waren aber andere Menschen der Meinung, ich hätte das heiratsfähige Alter erreicht.

Der alte Ungría rief mich in sein Zimmer, während seine Tochter, ein anziehendes Mädchen von etwa dreiundzwanzig Jahren, bei ihm war. Er begann mir ein paar Briefe zu diktieren, und sie ging aus dem Zimmer. Als wir fertig waren, nahm er die Brille von der Nase und fragte: »Wie gefällt dir Conchita?«

»Sehr nett ist sie – und sehr hübsch.« Ich sagte, was ich mir dachte, und er war klug genug, es zu merken.

»Sie ist ein Mädchen von der Art, aus der gute Hausfrauen werden, und sie sollte einen braven Mann bekommen. Aber sie hat sich noch keinen erwählt.«

»Ist sie denn nicht verlobt?«

»Sie hat genug Verehrer, ja – lauter feine junge Herrchen. Aber ich will einen Mann für sie, der weiß, was arbeiten heißt, und womöglich einen, der unser Geschäft versteht. Ich werde alt – grinse nicht, ich habe immer noch zwanzig Jahre vor mir – oder vielleicht auch nicht. Nun, jedenfalls wäre das beste für Conchita ein Gatte wie du. Hast du eine Braut?«

»Ja.«

»Erzähle mir, wer sie ist! Aus guter Familie?«

»Wenn Sie darunter eine reiche Familie verstehen, dann ist die Antwort nein; sie sind sehr arm. Und wenn Sie unter ‚guter Familie‘ eine distinguierte Familie meinen, so ist sie das ebensowenig.«

»Aber mein lieber Junge, dann machst du eine Dummheit. Was du brauchst, ist eine Ehe, die dir endgültig ein anständiges Lebensniveau verschafft. Du brauchst eine Frau wie Conchita. Sie hat schließlich ihre Mitgift, und als ihr Gatte hättest du eine gesicherte Zukunft in der Firma. Es dürfte dir ja klar sein, daß es keinen Einwand gegen die Aufnahme des Schwiegersohnes als Gesellschafter der Firma gibt.«

»Soll ich das als einen Vorschlag verstehen, Don Agustín?«

»Das kannst du halten, wie du willst. Wir alten Leute haben nicht mehr viel zu überlegen, aber du sollst daran denken, was das Beste für dich wäre, damit du nicht länger ein Herr Niemand bist.«

»Wie aber, wenn ich Conchita nicht gefiele?«

»Das Mädel tut, was ich ihr rate. Außerdem wissen Frauen meist gar nicht, ob sie einen Mann mögen oder nicht, ehe sie nicht mit dem ersten im Bett gelegen haben.«

Und damit war das Gespräch zu Ende. Ich habe nie feststellen können, ob die Initiative vom Vater ausging, von der Tochter oder von der Mutter, die immer eine große Vorliebe für mich zeigte.

Ich hatte jedoch in nächster Nähe ein lebendiges Beispiel der Folgen von Don Agustíns Ehestiftungswahn in der Person seines Schwiegersohns Domingo. Gewöhnlich erzählte er, sein Vater sei Lokomotivführer auf Expreßzügen, doch ging aus gelegentlichen Bemerkungen eindeutig vor, daß der Vater es nicht weiter als zum Heizer im Güterbahnhof von Albacete gebracht hatte. Sie waren eine große Familie. Domingo, der einen guten Kopf für Zahlung und eine ausgezeichnete Handschrift besaß, wurde von seinem Vater in Anbetracht dieser beiden Talente nach Madrid geschickt, damit er sich dort seinen Lebensunterhalt verdiene. Der junge Mann versuchte das eine und das andere, war immer hungrig und konnte nie den Weg zu einer Karriere finden. Er war schon nahe an dreißig, als er für Ungría zu arbeiten begann und, um dem sicheren Hunger zu entgehen, wie so viele andere ein jämmerliches Dasein hinnahm. Don Agustíns ältere Tochter fand den Schreiber anziehend und grüßte ihn oft mehr als freundlich vom Balkon ihrer Wohnung aus, von dem man die Büroräume überblickte. Sie war eine farblose alte Jungfer von beträchtlich mehr als dreißig Jahren; aber Domingo hatte sehr lange Hunger gelitten. Sie heirateten. Don Agustín richtete ihnen einen Haushalt ein, gab ihm ein Gehalt von zweihundertfünfzig Pesetas, was damals viel Geld war, und machte ihn zu seinem Stellvertreter. Das Paar war kinderreich. Don Agustín bezahlte jedes neue Enkelkind mit einer Gehaltserhöhung von fünfundzwanzig Pesetas für Domingo.

Dann pflegte er ihn in sein Zimmer zu rufen. »Du bist ein dummes Vieh. Wärest du nicht mein Sohn, würde ich dich auf der Stelle auf die Straße setzen. Danke es deiner Frau, die eine Heilige ist, und deinen Kindern, wenn ich dich überhaupt behalte! Ich werde dich Rechnungen abschreiben lassen. Du willst mein Stellvertreter und mein Sohn sein? Ein vollkommener Idiot bist du!«

Das ganze Personal hörte diese Auftritte. Don Agustín hatte seine Freude daran, sie sich in aller Öffentlichkeit abspielen zu lassen, und Don Domingo verteidigte sich, indem er ebenso öffentlich die Stunde verfluchte, in der er versucht hatte, mit Hilfe einer Ehe seinem Elend zu entrinnen.

Don Agustíns Angebot gefiel mir nicht, aber ich erzählte meiner Mutter davon.

»Und was hast du ihm geantwortet?«

»Nichts. Das Mädchen interessiert mich nicht, aber das konnte ich dem Vater nicht gut sagen. Es wäre zu grob gewesen.«

»Und was wirst du tun?«

»Nichts. Ich sagte ja, daß mich die ganze Affäre nicht im mindesten interessiert. Ich brauche ja bloß Don Domingo anzusehen, um zu wissen, wozu das führt.«

»Aber du bist intelligenter als Don Domingo.«

»Na und? Vielleicht wird der Alte mich nicht ein blödes Vieh heißen, wie er's mit Don Domingo macht, aber eines schönen Tages wird er mir erzählen, er habe mich aus dem Dreck gezogen.«

Sie dachte ein Weilchen nach und sagte dann: »Weißt du, du wirst sehr unglücklich sein, wenn du nicht aus Liebe heiratest, und das ist eine sehr seltene Sache auf der Welt.«

Wenn auch die Mutter dieses Gespräch nicht weiter verfolgte, so erzählte sie davon doch einigen Freunden und Verwandten, was zur Folge hatte, daß ich viele Tage lang wohlgemeinte Ratschläge zu hören bekam, ich möge mir die Chance nicht wie ein Narr verpatzen. Gleichzeitig wurde der allgemeine Widerstand gegen das Mädchen, mit dem ich ausging, ganz offen. Auch von ihrer Familie her war er zu spüren. Ihre Eltern und ihre Schwestern waren der Ansicht, das Mädchen vergeude bloß seine Zeit mit mir, da ich mich weder zur Ehe entschloß noch dazu, sie freizugeben. Am Ende brachte mich das alles in eine derartige Wut, daß ich eines Tages erklärte, ich würde sie heiraten. Und ich heiratete sie auch.

Fast gleichzeitig starb unerwartet einer der Chefs der bekanntesten Patentagentur Spaniens. Ich wußte, daß es schwer sein würde, einen Ersatz für ihn zu finden, weil seine Arbeit besondere Fachkenntnisse erforderte, und machte dem Direktor der Firma einen Besuch. Er kannte mich, da wir einander in dem engen Berufskreis ja alle kannten, und wir gelangten zu einem Übereinkommen. Ich würde technischer Leiter der Firma werden, mit einem Gehalt von fünfhundert Pesetas und Provision. Mein Eheleben begann so unter guten finanziellen Vorzeichen. Obwohl mir bereits klar war, daß meine Frau und ich geistig und seelisch sehr wenig gemeinsam hatten, traute ich mir zu, sie nach einiger Zeit des Zusammenlebens zu meinen Vorstellungen über die rechte Beziehung zwischen Mann und Frau zu bekehren.

Innerhalb weniger Monate hatte ich mich in meinen neuen Aufgabenkreis vollständig eingearbeitet und in meiner Ehe völlig Schiffbruch erlitten.

Mein Schwiegervater suchte mich eines Tages auf. »Ich muß ernsthaft mit dir sprechen«, sagte er. »Das Mädchen hat mir von euren Streitigkeiten erzählt. Du hast eine Menge moderner Ideen im Kopf und willst die Welt ändern, das ist alles, was los ist. Aber nun schau her! Eine Frau ist entweder verheiratet, und dann hat sie einfach das Haus sauber zu halten und den Kindern Essen zu geben, oder sie ist ein Luder und eine Straßenhure. Ein Drittes gibt es nicht, bilde dir das nicht ein! Der Mann hat Heim und Kinder zu erhalten, das ist seine Pflicht. Und wenn's dich juckt, dich zu amüsieren – schön, geh und suche dir ein Frauenzimmer und mach mit ihr, was du willst, aber ohne einen Skandal, und die Sache ist erledigt. Höre auf mich, ich bin schon alt und weiß, was ich sage! Wenn ihr so weitermacht wie jetzt, wird's ein schlimmes Ende nehmen.«

»Schön, aber ich glaube, nur ein Trottel heiratet, bloß um eine Frau im Bett zu haben. Und ich möchte, daß meine Frau mehr ist als meine Bettgenossin.«

»Das ist nichts weiter als romantisches Geschwätz. So versteh doch: Ein Mann heiratet, um ein eigenes Heim zu haben und eine Frau, die ihn pflegt, wenn er krank ist, und sich um seine Kinder kümmert. Alles andere sind moderne Flausen.«

Ich versuchte also, nicht mehr von meiner Frau zu verlangen, als sie zu geben imstande war. Unsere Ehe ging dabei in die Brüche und bestand bald nur noch aus der körperlichen Beziehung. Aber wenn die eigene Frau sich von den anderen bloß durch die Haarfarbe, den Schnitt ihres Gesichtes und die Linien ihres Körpers unterscheidet, wird sie zu einer der vielen Frauen, wie sie jeden Mann anziehen, mit dem Nachteil, die einzige zu sein, die ihm Tag und Nacht zur Hand ist, während ihre Anziehung dem ständigen Vergleich mit anderen und der erbarmungslosen Prüfung eines Genusses ohne Zärtlichkeit unterworfen ist.

»Natürlich wird Don Arturo« – jetzt war ich für sie nur noch »Don« Arturo – »mir nicht zustimmen können. Ich verstehe das vollkommen. Er ist jetzt in einer anderen Lage als wir. Er ist ein Bourgeois geworden und kann viele Dinge nicht mehr mit gleichen Augen sehen wie wir . . .«

Eines Sonntags, nach einem Stierkampf, an dem ein berühmter und viel diskutierter Torero teilgenommen hatte, saßen wir, meine Freunde und ich, in der Weinstube und unterhielten uns über seine Leistung. Einer seiner begeisterten Anhänger stellte eine Behauptung auf, der ich widersprach.

»Freilich«, rief er, »Sie haben ihn aus der Nähe beobachten können! Seit Don Arturo zu der herrschenden Klasse gehört, kann er sich einen Sitz in der ersten Reihe leisten und sieht Dinge, die wir von unseren Sitzen hinten unter dem Sonnendach nicht sehen können.«

Es war nicht zu vermeiden, daß auf diese Weise unsere Gespräche auf ein lächerliches Niveau herabsanken. Behauptete jemand, es sei kalt, und war ich anderer Meinung, dann hieß es, ich fühlte die Kälte nicht – weil ich mir natürlich einen guten Mantel leisten könne. Manchmal reagierte ich scharf, ein andermal zog ich die Sache ins Lächerliche. Und schließlich ging ich nicht mehr hin.

Ich suchte eine Zuflucht in der Schenke des »Portugiesen« in der Gesellschaft Luis Plás. Er hatte mich als Knaben und als jungen Mann gekannt, er würde mich nicht mißverstehen. Nach einigen Wochen war Plá der einzige im Kreise der Stammgäste, der mich verteidigte, und selbst seine Verteidigung war manchmal lau. Meine Mitgliedskarte des Allgemeinen Gewerkschaftsbundes war zu einer zweischneidigen Waffe geworden. Denen über mir schien es eine Schande, daß ich, Leiter einer großen Firma, mich mit dem »Mob« des »Volkshauses« abgeben sollte. Die Arbeiter, einschließlich der Stehkragenproletarier, betrachteten mich als Eindringling.

Ich vergrub mich in meiner Arbeit, und sie hatte vieles, das mich anzog. Ich war nicht imstande gewesen, Maschinenbauingenieur oder auch nur Mechaniker zu werden, aber nun war ich der Berater von Erfindern. Oft half ich, um mir selbst zu entrinnen, ihnen bei ihrer Forschungsarbeit. Ich schrieb juristische und technische Artikel für zwei Fachzeitschriften, und mein Chef ließ mich eine technische Revue als Propagandablatt für unsere Firma herausgeben. Meine Arbeit brachte mich in den inneren Bereich der Großindustrie, und meine Reisen nach den beiden Industriezentren Spaniens – Katalonien und dem Norden – wurden häufiger. Die alte Gewohnheit, mit Menschen persönlichen Kontakt aufrecht zu erhalten, ging mir mehr und mehr verloren.

Und doch weilte ich immer noch gern unter Menschen. Ich wurde Stammgast in zwei völlig verschiedenen Lokalen, in der »Villa Rosa« und in Serafíns Schenke.

Die »Villa Rosa« war eines der bekanntesten Nachtlokale Madrids, ein Colmado – ein andalusisches Weinhaus – mit weiträumigem Kellergeschoß auf der Plaza de Santa Ana. Ich pflegte als Achtzehnjähriger hinzugehen, mit Geld im Sack und einer Schwäche für andalusische Weine. Aus dieser Zeit war freilich nichts mehr übrig geblieben, das mich mit der »Villa Rosa« hätte verbinden können, als meine Freundschaft mit dem alten Kellner Manolo. Wie ein guter Onkel hatte er mich ausgescholten und aus dem Lokal hinausgeschoben, wenn ich einmal etwas mehr Wein getrunken hatte, als mir gut tat. Er hatte mir oft mit dem Schelmenhumor eines alten Liederjans Ratschläge fürs Leben gegeben, mit einer Ehrlichkeit, wie sie in Spanien selten zu finden ist, außer bei Gaunern und Zynikern, die untereinander ihren eigenen Ehrenkodex haben. Nun traf ich ihn einmal zufällig auf der Straße, und wir tauschten Erinnerungen aus. Mit seinem unendlich klugen Gesicht unterm grauen Haar sah er halb wie der würdige Majordomus eines Schlosses, halb wie ein alt und teufelsklug gewordener Possenreißer aus.

»Ich bin noch immer in der ‚Villa Rosa'. Kommen Sie doch«, sagte er, »und besuchen Sie uns einmal!«

»Morgen abend bin ich da, das verspreche ich dir, Manolo.«

Und ich ging hin. Manolo, der Kellner, führte mich ein und bürgte für mich bei den jungen und alten Lebemännern, die dort Stammgäste waren.

Ungefähr um die gleiche Zeit kam ich an der Schenke des Señor Fernando in der Calle de la Huerta vorbei. In diesem winzigen Lokal, das von den Arbeitern von Lavapiés und den Huren der Plaza de Antón Martin und ihren Zuhältern viel besucht wurde, hatte ich vor langer Zeit mein erstes Glas Wein außer Haus getrunken. Rafael und ich wurden, als wir noch Kinder waren, manchmal dorthin geschickt, um eine Flasche Wein zu holen. Damals pflegte uns der Schankwirt, Señor Fernando, ein Glas Limonade oder ein paar Groschen für Näschereien zu geben. Und wir spielten mit seinem wurstartig rundlichen Sohn Serafin, wenn er nicht gerade mit dem Waschen von Gläsern und Flaschen unter dem Wasserlauf zu beschäftigt war. Als ich jetzt vorbeiging, stand da ein feister junger Mann in Hemdärmeln und schwarz-grün gestreifter Schürze in der Tür und starrte mich an. Er machte einen Schritt auf mich zu: »Sie sind … entschuldigen Sie, sind Sie Arturo?«

»Und du bist Serafin?«

Er zerrte mich in die noch leere Schenke. Der kurze trokkene Husten Señor Fernandos klang vom Hinterzimmer herein. Ich setzte mich mit den beiden hin und erzählte ihnen aus meinem Leben. Das ihre hatte sich nicht geändert; sie hatten noch immer ihre Schenke, ihre ehemaligen, nur wenig gealterten Kunden und einige junge als Ersatz für die Verstorbenen. »Komm und besuch uns wieder«, sagte der alte Señor Fernando, »das heißt, wenn du nicht zu stolz geworden bist!«

»Ich bin noch immer der Sohn der Señora Leonor, der Wäscherin; ich werde kommen.«

Wenn ich nicht in die »Villa Rosa« ging, um mich eine Weile mit Manolo zu erheitern, hockte ich in Fernandos oder vielmehr Serafíns Schenke, denn der Vater starb, kurz nachdem wir uns wieder getroffen hatten. Dort wurde ich unbefangen als Proletarier aufgenommen, weil Serafín mit mir gespielt hatte und weil Señor Fernando meine Mutter gekannt hatte, als sie noch mit dem Wäschebündel zum Fluß hinunterzog.

Manolo kam an meinen Tisch, fuhr mit seiner Serviette darüber und fragte: »Was soll es denn heute sein? Wie gewöhnlich? Und ein kleines Glas für mich, bitte schön, denn ich habe Durst.«

»Bring ein halbes Dutzend!«

»Wir haben heute eine lustige Gesellschaft hier. Ich erzähle Ihnen später davon.«

Er stellte ein Tablett mit sechs kleinen mit Manzanilla gefüllten Gläsern auf den Tisch, hob eines und sagte: »Auf Ihre Gesundheit!« Er bückte sich zu mir: »Wissen Sie, wer im Patio ist?«

Die »Villa Rosa« hatte einen glasüberdachten Hof, die Nachahmung eines andalusischen Patios, voll von Blumentöpfen, die Wände mit farbigen Fliesen gekachelt und die fingierten »maurischen« Rundbogen der blinden Fenster mit Stuckarabesken verziert.

»Nun, wer ist es?«

»Don Miguelito.«

»Was für ein Don Miguelito?«

»Du lieber Gott, sind Sie aber vernagelt! Wen glauben Sie wohl, meine ich? Den König von Spanien! Primo de Rivera höchstselbst. Der ist heute auf dem Bummel. Er hat ‚La Caoba‘ mit und ein paar Flamencosänger. Die ganze Gesellschaft sitzt dort drinnen. Wenn die stärkste Besuchszeit vorüber ist, werden wir absperren – fürs Publikum.«

»Also deshalb stehen diese komischen Gestalten da draußen herum!«

»Natürlich, die Geheimen! Er will nicht, daß ihm die Polizei nachsteigt, aber er kann sie nicht loswerden.«

Manolo verließ mich, um sich um seine Gäste zu kümmern, war aber bald wieder da und begann sich in meiner Nähe herumzutreiben wie die Katze um den heißen Brei.

»Was sagst du zu Don Miguel, Manolo?«

»Also, was soll ich Ihnen antworten? Ich mische mich nicht in Politik. Er hat Schneid, darum mag ich ihn. Aber alle die feinen Herrschaften, die immer um ihn herum sind wie die Fliegen um den Honig, wissen Sie, die sind ein Haufen von Nichtstuern, die können nicht einmal den Wein vertragen, den sie trinken. Unter uns gesagt, es wird ein böses Ende geben. Das ganze Gelichter will ja nur seinen Vorteil aus ihm ziehen. Die ganze Zeit über geht das: ‚Don Miguel, noch ein Gläschen!' – und dann noch eines, und noch eines. Und zum Schluß, das habe ich selbst gesehen, wenn der Wein ihm ordentlich zu Kopf gestiegen ist, dann ziehen sie ihm ein Versprechen heraus, so eine Straßenkonzession für einen guten Freund oder einen Posten in einem Ministerium oder einen Empfehlungsbrief für weiß Gott wen. Und wenn die Kuh einmal keine Milch mehr gibt, wird sie zum Schlächter geschickt; Sie werden's noch erleben.«

Während er das alles vorbrachte, schnitt Manolo Gesichter und machte Gesten wie ein kluger alter Zigeuner, der die Zukunft aus der Hand liest.

»Ich möchte ihn gern aus der Nähe sehen«, sagte ich.

»Haben Sie ihn denn noch nie gesehen?«

»Nur auf Photos.«

»Dann warten Sie einen Augenblick; ich werde Sie vorstellen. Er ist ein sehr zugänglicher Mann.«

Er verschwand für eine Weile, kehrte aber bald zurück und flüsterte mir ins Ohr: »Kommen Sie mit!«

Er steckte den Kopf durch die halboffene Tür des Patio:
»Wenn Eure Exzellenz gestatten . . .«

»Komm herein, Manolo!«

»Es ist nämlich, da habe ich einen jungen Mann mit – er ist ein alter Freund von mir und möchte Eurer Exzellenz seine Aufwartung machen.«

»Laß ihn eintreten!«

Etwas erregt und verwirrt betrat ich den Patio, während die ganze Gesellschaft mich anstarrte. General Primo de Rivera lungerte in seinem Rohrstuhl und hatte eine dunkle, zigeunerhafte Frau an seiner Seite. Im Winkel gegenüber hockte eine Gruppe von Zigeunern mit Gitarren und zwei Mädchen im Zigeunerkostüm, Röcke und Ärmel dicht besetzt mit Volants. Die kleinen Tische waren aneinandergeschoben, um eine einzige große Tafel zu bilden, die mit Gläsern und Flaschen überladen war. Drum herum saßen in wirrem Haufen Männer und Frauen, die Männer in allen Lebensaltern, aber die Frauen durchwegs jung, zwei alte Weiber ausgenommen, die aussahen wie Kupplerinnen.

»Wie geht es Ihnen? Trinken Sie doch etwas!« sagte der General.

»Danke vielmals, Exzellenz!«

Es war eine peinliche Situation. Was konnte ich diesem Mann sagen, was konnte er mir sagen? Ich nahm ein Glas Wein. Was zum Teufel sollte ich sagen? Ein Hoch auf die Diktatur ausbringen, das konnte ich nicht. »Auf Ihr Wohl!« zu sagen oder etwas Ähnliches, schien mir lächerlich. Der General half mir aus der Verlegenheit heraus.

»Wenn Sie einen wirklich erstklassigen Manzanilla haben wollen, meine Herren, müssen Sie zum Montillano in Ceuta gehen. Der Mann weiß, was Wein ist.«

»Da haben Sie vollkommen recht, General«, sagte ich kühn.

»Caramba, Sie kennen den Montillano?«

»Ich war Feldwebel in Ceuta, Exzellenz, und General Serrano nahm mich ein paar Mal dorthin mit.«

»Das waren gute Zeiten! Wann haben Sie Marokko verlassen?«

»Vor etwa einem Jahr, Herr General.«

»Gut . . . gut . . . Und was ist Ihre Meinung über Marokko?«

»Das ist schwer zu sagen, Exzellenz. Ich war als Soldat dort, und ich kann mich nicht beklagen. Es ist mir nicht schlecht gegangen. Andere haben Schlimmeres mitgemacht, von denen zu schweigen, die dort unter der Erde geblieben sind.«

»Das ist nicht das, was ich gefragt habe. Ich spreche von Marokko. Sollten wir's aufgeben oder nicht?«

»Diese Dinge sind zu hoch für mich, Herr General.«

»Schön, aber ich möchte wissen, was Sie denken. Sie waren dort … Was täten Sie an meiner Stelle? Sagen Sie es ganz offen!«

»Nun denn, ehrlich gesprochen,« einen Augenblick lang ging mir die Frage durch den Kopf, ob ich durch den Wein so mutig geworden war -, »ich habe da bei der Truppe gedient und eine Menge Elend gesehen und viel Schlimmeres als Elend. Ich glaube, Herrn General, daß der Mann, der Spanien regieren will, Marokko aufgeben muß, weil es nichts ist als ein Schlachthaus.«

Im Hintergrund interpunktierte Manolo, was ich sagte, mit einem einfachen Zigeunerausruf: »Éle!«

»General Primo de Rivera ist der gleichen Ansicht, mein Junge! Und wenn er kann, wird er's tun. Und er kann, wenn's auch mit dem Teufel zugeht!«

Der General hatte sich aus seinem Rohrstuhl erhoben, aber nun sank er schwer auf die geschweifte Rücklehne zurück. Seine väterliche Miene wandelte sich zu Verdrießlichkeit. Er sagte nichts mehr.

»Verzeihung, wenn ich Sie gestört habe, meine Herren! Befehle für mich, mein General?« Plötzlich kam mir die angelernte Routine der Armee zu Hilfe. Der alte Mann in seinem Stuhl, der in diesem Augenblick geschlagen aussah, tat mir leid.

»Schon gut, mein Junge! Schönen Dank!«

Bis zur Zeit meines Eintritts in den Kreis in Serafins Schenke hatte Señor Paco dort das große Wort geführt. Dann tat ich es. Er mag mir übelgenommen haben, daß ich ihm ein Recht abnahm, das er in zwanzig Jahren politischer Diskussionen am Marmortisch in der Ecke rechts ehrlich erworben hatte. Aber bei all seinem revolutionären Auftreten war Señor Paco ein einfacher Mensch, der allem ihm Unbekannten hilflos gegenüberstand.

Was er gründlich kannte, das waren die vier Wände seiner Schreinerwerkstätte, die tausend-und-eine Sorten Holz, die es unter der Sonne gibt, die Informationen, die in den radikalen Zeitungen der Linken, vor allem in den Witzblättern, enthalten waren, die Topographie des ganzen Lavapiésviertels und schließlich der Fluß Jarama, wo er gern angelte und im Sommer auch badete.

»Heutzutage ist das Handwerk vor die Hunde gegangen. Gebt mir einen massiven Walnußtisch, nicht dieses armselige Zeug aus rohen Föhrenbrettern mit einem Überzug aus dünnen Fournierblättern, die sofort Blasen werfen, wenn man einen heißen Topf draufstellt! Oder Eiche! Eiche ist das feinste Holz in der Welt. Aber man muß sie zu bearbeiten verstehen, sonst gleiten die Werkzeuge ab, als ob's Eisen wäre. Mein Meister, der Señor Juan, bei dem ich das Handwerk gelernt hab – Gott hab ihn selig! –, ließ mich ein ganzes Jahr lang Eiche sägen. Eines Tages hatte ich genug davon, warf die Säge auf die Holzbank und sagte: ‚Ich säge nicht mehr!' Er kniff mich am Genick – damit hatte ein Lehrling und manchmal sogar ein Gehilfe damals zu rechnen – und sagte: ‚Du glaubst wohl, du hättest schon alles gelernt? Na, schön, jetzt wirst du mit dem Hobel arbeiten.' Und er gab mir einen Schropphobel und ein Eichenbrett zum Glatthobeln. Ich möchte einen von euch dabei sehen. Das verdammte Werkzeug bleibt im Holz stecken und schneidet nicht – nicht einmal, wenn man sich die Seele aus dem Leibe schwitzt. Es hat mich zwei Jahre gekostet, Eichenholz hobeln zu lernen und papierdünne Späne herauszuholen. Und jetzt – jetzt wird mit der Maschine gesägt, mit der Maschine gehobelt und mit der Maschine gefirnißt, und fertig ist der Kram!«

»Aber Señor Paco, Maschinen bedeuten doch Fortschritt. Was wollen Sie denn eigentlich? Immer reden Sie groß daher über Sozialismus und Fortschritt, und nun fluchen Sie über die Maschinen!«

»Menschenskind, ich sage ja gar nichts dagegen, aber Tatsache ist, daß es heutzutage keine richtigen Handwerker mehr gibt. Ich kann mit Holz umgehen, aber es fuchst mich, daß jetzt die Leute nicht so viel arbeiten können wie das«, und er schnippte mit dem Fingernagel. »Alles ist heutzutage mechanisch. Und was dabei herauskommt, ist, daß die Sachen in großen Mengen fabriziert werden wie Brötchen, und wenn dann die Arbeiter um eine Lohnerhöhung zum Meister kommen, sagt er: ‚Raus mit euch! Ich kann jedermann an die Säge stellen, auch Frauen!'«

»Und was ist schon dabei, wenn eine Frau an der Säge arbeitet?«

»Frauen sind zum Tellerwaschen und Kindersäugen da.«

»Und Sie nennen sich einen Sozialisten?«

Wenn ich so manchmal mit ziemlich grausamem Spott die Widersprüche in seinem Gefühlssozialismus bloßlegte, war Señor Paco völlig hilflos.

Dann kam eine Nacht, in der die Zeitungen die Nachricht brachten, Abd-el-Krim habe die Verbindung zwischen Tetuan und Xauen abgeschnitten. Sie drückten es nicht so deutlich aus, sprachen bloß von einigen Gefechten und dem Verlust gewisser Stellungen, deren Namen dem Durchschnittsleser nichts sagten, obwohl sie jene, die das Kampfterrain kannten, über die Katastrophe nicht im Zweifel ließen. Nicht nur, daß die Insurgenten Tetuan von Xauen abgeschnitten hatten, es bestand auch die Gefahr, daß sie es noch von Ceuta abschnitten. Sie hatten mehrere Punkte des Gorguesmassivs erobert, des Gebirges, das Tetuan beherrscht, und konnten von dort aus entweder die Stadt selbst angreifen oder die Eisenbahnlinie und die Straße nach Ceuta überrennen. Die Kabyla von Anyera, die über den ganzen Küstenabschnitt zwischen Ceuta und Tanger verzweigt ist, zeigte Anläufe von Insubordination. Offenbar hatte man die Stammeshäuptlinge dort aus politischen Gründen mit Waffen beliefert, und nun wollten sie, im Bunde mit Abd-el-Krim, diese Waffen zu einem Angriff auf Ceuta und Tetuan benützen.

Ich ließ die Zeitung auf dem Marmortisch in der Ecke rechts ausgebreitet liegen. Señor Paco nahm sie und las die Schlagzeilen.

»Schon wieder dieselbe alte Geschichte! Mit Marokko werden sie nie fertig werden. Dieser Pantoffelheld Primo de Rivera – immer verspricht er, daß Marokko erledigt wird, und dabei führt er uns die ganze Zeit an der Nase herum, genau so, wie wir genarrt worden sind, damals als ich dort war.«

»Diesmal ist es ernst, Paco! Abd-el-Krim ist zu weit gegangen.«

»Einen Dreck ist er! Nichts als die alten Kniffe der Generäle! Ich kenne sie auswendig. Ein Jammer, daß sie uns nicht ein für allemal von dort hinausschmeißen. Mag es zehntausend Mann kosten, wenn's nur endlich zu Ende ist! So wie's jetzt geht, ist es nichts weiter als ein langsames endloses Blutabzapfen.«

»Ich werde Ihnen etwas sagen, Paco!« Ich lehnte mich geheimnisvoll über den Tisch. Serafín schloß die Glastür. »Vor ein paar Wochen habe ich mit Primo gesprochen.«

»Den Teufel haben Sie!« schrie Señor Paco.

»Sie können's glauben oder nicht! Aber Primo will Marokko räumen.«

Der ganze Kreis wartete gespannt darauf, ob sich das wieder als einer meiner üblichen Scherze erweisen würde. Señor Paco aber wurde ernst. »Diesmal lasse ich mich nicht zum Narren halten, Don Arturo! Sie machen sich über einen Menschen lustig, weil er kein Studierter ist wie Sie, aber es gehört sich nicht, uns zu verspotten. Für weniger als das habe ich einem Mann, der ein gutes Stück größer war als Sie, zweimal ins Gesicht geschlagen. Ich bin zu alt, um mich auslachen zu lassen!«

»Was ich gesagt habe, ist ernst, Paco.«

»Und ich sage Ihnen, mit unserer Freundschaft ist's aus.«

Ich stand auf. »Schön! Ich will keinen Streit haben. Serafín, eine Runde Wein für die ganze Gesellschaft!«

Wir tranken in trotzigem Schweigen. Plötzlich knallte Señor Paco sein Glas auf den Tisch. »Primo de Rivera ist ein Hurensohn wie alle Generäle der Vergangenheit, Gegenwart und Zukunft, ab . . . Gut, Sie haben uns zum Narren gehalten, und das verzeih ich Ihnen! Aber mit Spaß oder ohne Spaß, wenn der alte Knacker Marokko wirklich räumt, wird sich Paco, der Schreiner, in die Mitte der Plaza de Antón Martin stellen und der Welt sagen, daß Primo der größte Mann ist, der in Spanien je geboren wurde. Jetzt hab ich's gesagt, und nun, Serafín, noch eine Runde! Ich habe keine Lust, heute mit einer Trauermiene abzuschließen.«

Einige Tage später begannen die Operationen zur Befreiung des belagerten Xauen. In einer Rede in Malaga kündigte General Primo de Rivera an, er beabsichtige die Armee auf die sogenannten souveränen Plätze zurückzuziehen, also auf Ceuta, Melilla und Larache, die nicht zum Marokkanischen Protektorat gehörten, sondern unter direkter spanischer Souveränität standen. Sofort revoltierte die Kabyla von Anyera, und die Verbindungslinien zwischen Ceuta, Tanger und Tetuan wurden unterbrochen. Tausende Soldaten wurden nach Marokko hineingepumpt. Die Presse brachte nichts als Kriegsnachrichten.

Señor Paco verschlang die Zeitungen und kommentierte auf seine Art: »Jetzt sehn Sie ja, wie's enden wird! Noch eine Katastrophe von Melilla und noch fünfzigtausend Tote! Und am Ende wird Abd-el-Krim Frieden schließen und einen fetten Posten und einen Haufen Geld einstecken. Und alles wird so weitergehen, bis der nächste Häuptling einen Aufstand macht.«

»Diesmal liegt's anders, Paco!«

»Was ist anders? Ich wollte, es wäre anders. Die sind allesamt Betrüger. Deshalb haben sie ja die Diktatur gemacht. Erstens, damit nicht bekannt wird, was der König getan hat ... Wo sind diese Papiere von Picasso hingeraten, ha? Und zweitens, damit sie wieder ein schmutziges Geschäft machen und Millionenprofite einstreifen können. Kanonenfutter ist billig. Wir machen die Kinder, damit sie umgebracht werden können. Gottverdammich!«

Señor Paco wischte sich die Stirne trocken – der Sommer 1924 war sehr heiß. Dann fuhr er fort: »Und erzählen Sie mir keine blöden Geschichten mehr! Marokko ist nicht erledigt worden und wird nie erledigt werden. Es ist der Fluch Spaniens, und unser ganzes Unglück wird immer dort seine Ursache haben. Sie werden's noch sehen, Sie alle!«

Primo de Rivera fuhr nach Marokko, um das Oberkommando zu übernehmen. Er führte den Rückzug durch. Es war ein strategischer Erfolg und eine Katastrophe. Sämtliche Kabylas in den Zonen von Ceuta und Tetuan hatten sich dem Aufstand angeschlossen. Primo de Riveras Taktik bestand darin, die Besatzungen isolierter Stützpunkte und Blockhäuser zu befreien, wie es eben ging, die einen im Kampfe, die anderen durch Bestechung mit Geld oder Munition. Viele Besatzungen wurden um den Preis der Übergabe ihrer Waffen an die Marokkaner gerettet, die zusätzlich ebensoviel an Waffen als Lösegeld erhielten, das heißt, sie bekamen zwei Gewehre für jeden freigesetzten Soldaten. Entwaffnet und demoralisiert strömten die spanischen Truppen im Zoco el Arbaa zusammen. Von dort mußten sie noch nach Ceuta marschieren, mitten durch feindselige Stämme, die sich gegen sie erhoben. Zwanzigtausend Mann und riesige Mengen von Kriegsmaterial gingen verloren.

Ich kannte jeden Fußbreit dieses Terrains und konnte die Katastrophe Schritt für Schritt verfolgen. Ich kaufte die Abendblätter und setzte mich in die »Villa Rosa«, um sie zu lesen. Ich fühlte mich nicht mehr imstande, die Lage mit Señor Paco zu diskutieren.

Gegen Ende 1924 war der Großteil der spanischen Truppen demobilisiert. In Ceuta, Melilla und Larache blieben starke Garnisonen zurück. Die Aufständischen hielten das gesamte spanische Protektorat in ihrer Hand, und Primo de Rivera verhängte die Blockade des Territoriums. Presse und öffentliche Meinung umjubelten ihn als den Befreier Marokkos.

7.
DIE ENDLOSE STRASSE

Am Abend des 25. Dezember 1924 erschien ein Sappeurfeldwebel in der »Villa Rosa«. Ich saß an dem kleinen Tisch in meiner Stammecke und sah, als er an der Theke lehnte, nur seinen Rücken. Aber etwas an dem Mann kam mir vertraut vor, und ich konnte den Blick nicht von ihm wenden. Ich wünschte, er möge jemand sein, den ich kannte. Ich war allein und von lauten Menschen umgeben, die von jenem Marokko, von dem ich noch immer besessen war, keine Ahnung hatten.

Der Feldwebel wandte sich zur Seite. Ich sah sein Profil. Es war Córcoles.

Die Freundschaft zwischen Männern, die zusammen im Kriege gewesen sind, ist eine seltsame Sache. Die Armee zwingt einander völlig Fremde, das gleiche Zelt zu teilen oder Kartoffeln in den gleichen Eimer zu schälen, und macht sie zu sogenannten Waffenkameraden. Das heißt, der Krieg erfaßt sie alle und verschmilzt sie in einer Solidarität nicht von Menschen, sondern eher von Tieren, die sich angesichts der gleichen Gefahr zusammenscharen; und diese Solidarität wandelt sich schließlich zu Freundschaft. Am Tage, an dem seine Wehrpflicht zu Ende ist, geht jeder der Freunde nach Hause und taucht in der anonymen Masse unter. Und jeder von ihnen wird, wenn er den Seinigen daheim Kriegsgeschichten erzählt, gelegentlich einen der anderen zurückrufen und zur sagenhaften Gestalt machen. Und mitunter wird einer mit Begeisterung ausrufen: »Das war der beste Freund, den ich je gehabt habe!« Dieser Freund aber hat sich in Luft aufgelöst, hat längst aufgehört zu existieren: im neuen Leben hier zählt er nichts. Wenn sich die zwei dann eines Tages wieder gegenübertreten, ersteht ein unvergeßliches Stück Leben blitzartig von neuem, mag man sich vorher auch noch so bemüht haben, es zu begraben.

Die beiden schlagen einander auf den Rücken, stammeln, stottern, schreien, sprechen, schwatzen – und trennen sich wieder voneinander, nun vielleicht für immer. Wie dem auch sei, jede solche Begegnung rührt den Bodensatz auf, der auf dem Grunde der Seele eines jeden Menschen ruht, der Soldat gewesen ist und sich nicht mehr daran erinnern möchte.

Córcoles und ich umarmten einander so laut und ungestüm, daß wir den Lärm des übervollen Lokales übertönten. Wir hätten das Schwatzen in jedem noch so überfüllten Café Europas zum Schweigen bringen können. Córcoles war dem Massaker entronnen, hatte den Rückzug von Xauen mitgemacht, und nun, da er auf Urlaub in Madrid war, schien jeder Nerv seines geschmeidigen Körpers entfesselt.

Mir war nie bewußt gewesen, daß ich den Kerl so gern mochte, und jetzt hätte ich am liebsten geweint. Ich schrie: »Manzanilla, Manolo, Manzanilla – eine oder zwei Flaschen, soviel du willst! Komm her und trink mit uns, wir zahlen, ich zahle! Wein, schnell, wir müssen uns betrinken! Schau dir das an; er ist mit heilen Knochen davongekommen. Eine Wildkatze ist nicht umzubringen.«

Wenn Córcoles von seinen Gefühlen übermannt wurde, begann er zu stottern, und die Vokale kamen wie Hühnergakkern heraus.

»Wei-ei-ein, A-a-alter!«

»Wer gibt hier einen Alten ab, du Gelbschnabel! Ich kann deiner Mutter immer noch ein Kind machen!«

»Manolo, sei nicht ordinär!«

»Ich schlag dem Kerl die Fresse ein, Don Arturo!«

»Im Gegenteil, du wirst dem Kerl Respekt erweisen, du Prahlhans!«

»Schon gut, schon gut! Sind Sie ein Freund Don Arturos oder sonst was?«

»Manolo, spiel nicht den Idioten! Das ist der beste Freund, den ich in Afrika hatte. Schau dir doch sein Gesicht an!«

»Na schön! Was soll dann der viele Lärm? Das ist meine Flasche, ich lade euch ein, und ihr zwei habt nichts mehr zu reden. Wein, Wein! Kommen Sie einfach und sagen Sie zu Manolo: ,Ich bin Don Arturos Freund', und, treu wie Gold, wird Manolo für Sie immer da sein. Aber kein Wort über graues Haar, kapiert? Der stärkste Bursche hier bin ich, dann kommt eine gute Weile nichts, und dann komme wieder ich. Und jetzt erlauben Sie mir eine Frage: Hat man Sie nicht in Marokko ins Jenseits befördert?«

»Was zum Teufel meinen Sie! Sehen Sie mich denn nicht? Ich denke doch, ich bin springlebendig.«

»O nein, Menschenskind, nein, mit diesen Knochen und diesen schlotternden Kleidern können Sie nur ein Gespenst sein! Ich bring Ihnen einen Imbiß, recht feine Salami, die wird Sie im Handumdrehn dicker machen.«

Manolo und Córcoles waren vom ersten Augenblick an so sehr voneinander eingenommen, daß ich beinahe eifersüchtig wurde. Manolo zeigte seine Sympathie, indem er vor Córcoles ein verlockendes Horsd'œuvre nach dem andern hinstellte, mehr als genug für eine volle Mahlzeit, statt der durchsichtigen Wurstscheiben, die sonst zum Wein serviert wurden. Mit der weißen Serviette unterm Arm stellte er sich neben ihn hin und sah ihm beim Essen zu: »Essen Sie und trinken Sie! Sie sind ja dünner als ein Faden Zwirn. Und schaun Sie mir nicht zu der Hure dort hinüber! Was Sie brauchen, sind Speise und Trank, und Ihr Öl behalten Sie im Ölschlauch.«

Und in der Tat, hätte man Córcoles den Busch widerspenstiger Locken abgeschoren, der seinen Kopf zweimal so groß machte, als er wirklich war und hätte man ihn aus der Uniform herausgeschält, nichts wäre übriggeblieben als ein von kaffeebrauner Haut überzogenes Knochengerippe. Der Adamsapfel sprang aus dem Kragen vor, die Augen lagen tief in den Höhlen, und jede Hand sah aus wie fünf glattrasierte Hundeschwänzchen. Aber sein Witz war beißender und zynischer als je. Er besaß die Unverschämtheit eines Menschen, für den der Tod keine Rätsel mehr birgt.

»Jetzt erzähl, wie geht's dir?«

»Wie du mich hier siehst – bin ich nichts als Knochen. Als wir in Ceuta ankamen, mußten sie mich stückweise ins Lazarett bringen, weil ich völlig auseinandergefallen war. Und dann sagte der Doktor: ,Zwei Monate Krankenurlaub. Wo wollen Sie hin?' Nun bin ich, wie du weißt, in Ceuta zu Hause, und du kannst dir vorstellen, daß ich auf Sommerferien dort nicht gerade begierig war. ,Nach Madrid', sagte ich. – ,Aber haben Sie nicht Ihre Familie hier?' – ,Ja, Herr Doktor', sagte ich, ,aber – von Familie und alten Sachen ist's am besten, sich davon zu machen. Oder wollen Sie, daß ich das Krankenhaus verlasse und heimgehe, um mich von Mutter und Schwester pflegen zu lassen? Die würden den ganzen Tag lang bloß sagen: ,Halt still! – Rühr dich nicht! – Halt dich warm! – und so fort.' Der Doktor mußte lachen und verschrieb mir eine Freikarte zum Baden im Manzanares.«

Er drehte sich nach einem Mädchen um.

»Ein paar verdammt feine Frauenzimmer habt ihr da! Manolo, noch etwas Schinken! Ich werde Ihnen das Trinkgeld hinaufsetzen. Ich gebe hier das halbe Geld für den Straßenbau zwischen Tetuan und Xauen aus …«

Da in der Woche zwischen Weihnachten und Neujahr kaum Geschäfte gemacht werden, nahm ich mir ein paar Tage frei und spielte den Cicerone für Córcoles, der Madrid noch nicht kannte. Und nach und nach bekam ich aus ihm heraus, was er durchgemacht hatte.

»Ja, siehst du, Alter, es war großartig in Xauen! Du konntest es ja gar nicht, wie es später war. Sogar die Luisa hatte eine Zweigstelle ihres Etablissements dort aufgemacht, und an jeder Straßenecke gab's eine Kneipe. Da gibt's einfach alles, du! Tja, es gab da alles. Denn nichts ist dort geblieben, nicht einmal die Ratten. Es war die übliche Geschichte. Die Marokkaner griffen die eine oder die andere Kolonne an und erschossen einen oder zwei Soldaten, aber in Xauen war es ruhiger als hier, mit all diesen Straßenbahnen – ich kann mich an ihr Geratter nicht gewöhnen. Und dann hörten wir eines Tages, daß sie Uad Lau angegriffen hatten, und am nächsten Tag Miscrela, und am dritten – ja, es ging eben weiter in dieser Art. Aber wir machten uns deswegen keine Sorgen. Und dann teilte man uns plötzlich mit, alles sei schief gegangen. Wir könnten nicht mehr nach Tetuan. Und da saßen wir, vielmehr wir liefen im Kreis herum wie der Esel am Brunnenrad, und die Marokkaner zeigten uns schiefe Gesichter, und auf dem Markt erschien kein Verkäufer mehr. Und dann hatten wir also nichts mehr zum Essen. Sie wollten uns keine Lebensmittel verkaufen, also nahmen wir sie ihnen weg. Wir räumten jeden Winkel in Xauen aus, mein Lieber, das kannst du mir glauben. Aber die andern waren auch nicht faul, sie pfefferten auf uns. Wir hatten eine Menge Munition, sonst wären wir nie lebendig davongekommen. Zum Schluß begannen sie mit Steinen nach uns zu werfen. Und dann kam das Tercio, und sofort hieß es: ‚Schluß, wir ziehen ab!‘ Abziehn, wohin? ‚Ja‘, hieß es, ‚wir ziehen alle nach Spanien ab, und der Krieg ist zu Ende!‘ Nun, der Krieg mochte zu Ende sein, aber nicht einmal der Teufel hätte in Xauen bleiben können. Wir wurden Tag und Nacht mit Kugeln bepflastert. Ja, die Legion blieb dort; sie bekam Verstärkung, und Franco erschien. Dann wurden die Heimattruppen evakuiert und marschierten bei hellem Tag zum Zoco el Arbaa. Unterwegs wurde ein bißchen geschossen, aber es passierte nicht viel.

Du kennst doch den Zoco. Erinnere dich, ich hab dich zuerst dort getroffen und später dorthin mitgenommen! Nun, als wir hinkamen, sah es sehr schlimm aus. Von allen Seiten her strömten die Soldaten zu Tausenden an, alle hungrig, von Läusen zerfressen, vor Durst vergehend, ohne Waffen und halb nackt. Wir sahen alle aus, als ob wir nur noch zu Straßenbettlern taugten. Und alle die großen Kanonen waren da: Millán Astray, Serrano, Marzo, Castro Girona – die ganze erste Besetzung. Niemand wußte, was tun. Die Kantinen hatten kein Wasser mehr. Und zwei Tage später marschierte um Mitternacht die Legion an.

Den ganzen Tag über hatten sie Uniformen mit Stroh ausgestopft, und dann waren sie nachts aus Xauen abgezogen und zu uns gestoßen. Die Puppen hatten sie an den Brustwehren stehen lassen, mit Stöcken daneben, als wären's Gewehre. Die Marokkaner müssen sich am nächsten Morgen die Haare ausgerissen haben vor Wut. Aber die Legionäre trieben uns an: ,Weg von hier, ehe sie's herausbekommen!'«

Córcoles trank sein Glas leer und zeichnete mit dem Finger Striche auf den Tisch. »Du mußt dich an die Lage des Zoco erinnern. Er liegt auf der Bergkuppe, und wenn man von da nach Tetuan will, kommt man zuerst zu einem Steilhang mit einem Wald zur Rechten. Erinnerst du dich an das verbrannte Lastauto, das dort lag, als du frisch zur Kompanie kamst? Die Marokkaner hatten gerade vorher einen Hinterhalt gelegt. Ja, also dieser Steilhang. Man klettert hinunter, passiert eine mit Bäumen bestandene Schlucht – dort beginnt nämlich der Wald – und klettert einen anderen Hang hinauf. Hernach führt die Straße geradeaus nach Ben-Karrick. Also, als wir den Hang hinunterkletterten, hagelte es nur so Kugeln auf uns. Die Legion stieß in die Schlucht hinunter vor, und wir andern warfen uns in die Straßengräben. Die Kabylen kriegten alle, die sich nicht schnell genug duckten. Wir brauchten vier Stunden, um die Schluchtsohle zu erreichen, und weitere zwei, um den Hang zu erklettern, der uns in offenes Gelände hinausbrachte. Es war die schlimmste Schlächterei, die ich je gesehn habe, das kannst du mir glauben. Fast alle Offiziere des Tercio fielen, General Serrano fiel, und Millán Astray wurde wieder verwundet. Und du kannst dir vorstellen, wie die einfachen Soldaten zu Hunderten fielen, wenn so was schon den großen Tieren passierte. In all dem Staub und Rauch, dem Gekreisch und Gefluche war auf dem Boden der Schlucht nichts zu sehen, und man trat fortwährend auf Leichen; da war nichts zu machen, wenn man weiterkommen wollte. In Ben-Karrick war's noch schlimmer. Tag und Nacht wurden wir von den Bergen beschossen. Ja, und dann kamen wir in Tetuan an, die Hälfte von uns oder etwas weniger als die Hälfte. Und in Tetuan beschossen uns die dreckigen Schweine Tag und Nacht vom Gorguesberg aus.« Córcoles stürzte noch ein Glas hinunter. »Ja, aber jetzt paß auf! Ich kann diese Burschen vom Tercio nicht ausstehen. Jeder von ihnen hat seinen eigenen Vater umgebracht oder sonst wo was verbrochen. Im besten Falle gehört er in ein Irrenhaus. Aber die Wahrheit ist, daß wir ohne sie nicht lebend davongekommen wären. Dieser Bursche Franco ist noch toller als die anderen; ich sah ihn in dieser Schlucht, kalt wie eine Hundeschnauze, wie er seine Befehle brüllte: ,Du dort, duck dich, du Trottel ... Zwei Mann hinter den Felsbrocken rechts ...' Ein Soldat richtete sich auf, und – bums! – da lag er auch schon. Ein Offizier kam zu Franco, um Meldung zu erstatten – bums – schon fiel er um. Aber Franco bekam nicht einmal einen Kratzer ab. Er jagte mir mehr Angst ein als die Kugeln.«

Wieder trank er ein Glas leer und wechselte das Thema. »Erinnerst du dich an das Feldlager, wo wir von den Schildkröten überfallen wurden? Als du aufwachtest, hattest du zwei kleine grüne zwischen Hemd und Jacke. Und erinnerst du dich an das Lager, das wir wegen der Flöhe räumen mußten? ...«

Und dann kam der Abend, an dem wir uns mit den politischen Problemen beschäftigten, die sich damals alle um Marokko drehten.

»Ich verstehe keinen Deut von dem Durcheinander hier«, sagte Córcoles, »aber in Marokko kocht die Suppe jetzt über.«

Wir saßen in der »Villa Rosa«. Manolo brachte ein Tablett mit kleinen Gläsern Manzanilla und blieb an einen Sessel gelehnt stehen. Córcoles schloß die Klappe wie eine Auster.

»Fahr fort«, sagte ich.

»Na schön, ich will fortfahren. In Marokko sagen die Leute, daß wir es jetzt wirklich räumen werden.«

»Und wir werden's auch räumen«, stellte Manolo fest, »und Sie werden Ihre schmutzigen Geschäfte anderswo fortsetzen müssen. Wir machen nicht mehr mit.«

»Ich dachte mir ja, daß ich den Mund halten sollte.«

»Du fahr fort«, sagte ich. »Und du, Manolo, laß ausnahmsweise einmal auch andere Leute ausreden!«

»Schön, ich sage nichts mehr. Aber ich gehe auch nicht weg.«

»Gut, Sie können bleiben«, sagte Córcoles. »Ihnen paßt das wohl nicht, was ich sage? Nun, lieber Freund, es kommt schwereres Geschütz: Marokko ist eine Schmach!«

Einige Gäste wandten sich zu uns, und Córcoles, von den Zuhörern befeuert, sprach lauter: »Ja, Herr, eine Schmach! Wir Spanier haben kein Recht, Marokko aufzugeben. Was man uns angetan hat, ist ein schäbiger Betrug. Man hat Tausende unserer Leute töten lassen, einfach weil die Politiker sich dachten, es wäre gut, Marokko loszuwerden. Aber wir in der Armee haben unsere Ehre, und so wie jetzt kann's nicht weitergehen. Und es wird auch nicht so weitergehn, sage ich euch, auch wenn Primo de Rivera höchstselbst es so wollte.«

Ein Mann erhob sich und trat zu Córcoles. »Sie sollten den Mund halten; General Primo de Rivera ist unser Staatsoberhaupt.«

Ein anderer kam hinter dem ersten her und zog ihn am Ärmel. »Sie sind derjenige, der den Mund halten sollte. Der Feldwebel da hat vollständig recht. Was soll denn das heißen – unsere Leute umbringen lassen und dann aufgeben, wofür sie mit ihrem Blut bezahlt haben? Und sind denn Verträge etwa Klosettpapier? Sie sind ein Lump!«

Manolo erstarrte. »Sie Nichtstuer, Sie Lümmel, halten Sie den Mund! Fahren Sie fort, Feldwebel!«

Ein ganzer Haufen Menschen hatte sich um den Tisch versammelt. Die meisten waren der Ansicht, Marokko sollte geräumt werden, aber eine Minderheit beharrte auf der gegenteiligen Anschauung. Plötzlich rief der Zeitungsverkäufer: »Zum Teufel! Natürlich, die feinen Herrschaften wollen nicht räumen! Es lebe die Republik!«

Der Ruf kam so lächerlich unerwartet, daß für einen Augenblick alles verstummte. Dann flogen Flaschen und Gläser und Stühle durch die Luft. Manolo packte uns beide und schob uns in den Korridor hinaus. Er öffnete die Seitentür in die Calle del Gato: »Raus von hier! Ihr habt keine Ahnung, was geschehen ist. Ich gehe zurück. Muß schauen, ob ich nicht einem der grünen Jungen dort ein paar Backpfeifen verabreichen kann.«

Die Gasse hinter der »Villa Rosa« heißt die »Katzengasse«. Sie ist eine mit alten Steinplatten gepflasterte Sackgasse, nicht mehr als drei Meter breit. Im Herzen jeder Großstadt gibt es solche engen, kurzen Gäßchen; betritt man sie, so kommt man in eine andere Welt. Kein Wagen kommt vorbei und kaum ein Mensch, das Getöse von Autos und Straßenbahn verhallt fernab, die Haustore sind versperrt und die Fensterläden geschlossen. In der Katzengasse gab es eine einzige Schenke, deren Glastür nie offenstand; es gab einen schmutzigen kleinen Laden, der Präservative verkaufte, und ein Café mit Kellnerinnen, in dem ein paar alte, von Syphilis und Schnaps aufgedunsene Huren an der Tür auf Kunden warteten, die nie kamen. Katzen spazierten frei im Gäßchen herum, paarten sich und fauchten manchmal einen Vorbeigehenden an. Einige der Straßenlampen über den Haustoren waren verloschen, aber auch die zitternde gelbliche Flamme der noch angezündeten verbreitete kein Licht, sondern füllte nur das Dunkel mit Schatten.

Córcoles und ich schoben uns eilig durch die Tür der Schenke, die uns vor der Nase lag, und tauchten in einen Dunst von Bratfisch, vergossenem Wein und schalem Tabakrauch. Wir setzten uns an einen Tisch und bestellten Fisch und Wein.

»Da habe ich ja eine schöne Suppe eingebrockt«, sagte Córcoles. »Und dabei habe ich nicht die geringste Lust, auf einem Polizeirevier zu übernachten, schon gar nicht in Uniform.«

»Na, geschehen ist geschehen! Aber jetzt sag mir endlich, was du wirklich denkst, ohne Anfälle von Patriotismus! Ich kenne dich doch.«

»Der Patriotismus war natürlich für die Galerie. Aber um die Wahrheit zu sagen, Junge – wo sollen wir armen Kerle denn schließlich hingehen? Wenn mit Marokko alles zu Ende ist, sehe ich mich mit hundertfünfzig Pesetas gestrandet, gerade jetzt, wo ich ein Mädchen habe, das ich gern heiraten möchte. Und wenn ich den Dienst quittiere, was kann ich noch tun? Es ist für uns alle dasselbe. Nimm als Beispiel einen der Obersten mit einem Gehalt von 999 Pesetas und 99 Centimos, nimm ihm seine fette Weide in Marokko weg und bring ihn hierher, mit der Frau Oberst, die gewöhnt ist, die große Dame zu spielen, was meinst du wohl, was mit ihm geschehen wird? Deinem Primo ist seine Allmacht zu Kopf gestiegen, aber ich kann dir sagen, diese Marokkoangelegenheit wird ihm noch zu schaffen geben. Mag's gut oder schlecht ausgehen, unsere Leute da draußen sind entschlossen zu rebellieren, wenn sie den Befehl bekommen, sich nach Spanien einzuschiffen.

Und die Sache hat ja noch einen weiteren Haken. Es sagt sich leicht, daß Spanien Ceuta und Melilla behalten wird, aber hast du denn eine Ahnung, wie's dort jetzt zugeht? Du kannst dort abends nicht mehr auf die Puntilla-Mole hinausgehen, weil dir da die Marokkaner von Anyera die Kehle durchschneiden, dir die Taschen ausräumen und dich ins Meer schmeißen. Wenn's so weitergeht, werden sie an dem Tage, an dem wir's am wenigsten erwarten, in Ceuta eindringen und uns ins Meer treiben. Und dein Leben ist gerade einen Schuß Pulver wert, wenn du von Ceuta nach Tanger fährst, denn wir halten nur noch den engen Streifen Straße und Eisenbahnlinie, und von beiden Seiten feuern die Marokkaner nach Belieben auf uns los. Primo möchte etwas, das einfach unmöglich ist: dort bleiben, aber nicht dort sein – einer Jungfrau Kinder machen, ohne sie zu entjungfern.«

»Schön«, sagte ich, »ich weiß nicht, wie's jetzt drüben aussieht, aber ich weiß, daß hier jedermann überzeugt ist, daß wir Marokko räumen werden. Primo hat es auf sich genommen, er hat es dem Land öffentlich versprochen.«

»Aber du bringst Weizen durch Beten allein nicht zum Wachsen. Weder die Generäle noch auch wir, die Feldwebel, wollen das Land verlassen. Wenn nötig, wird sich Sanjurjo gegen Primo erheben, und Franco mit ihm, und das Tercio und die Regulares. Und außerdem gibt's da noch einen Faktor.«

Córcoles hatte den Mund voll von Bratfisch und ließ mich warten.

»Was ist der andere Faktor? Der König?«

»Aber wo denkst du hin? Viel wichtiger als der. Schau her! In Afrika reden die Leute eine Menge zusammen und erzählen allerlei Geschichten. Die Hälfte davon ist dummes Geschwätz. Aber das eine scheint ernst zu sein: Durch unseren Rückzug haben wir die Franzosen mit dem nackten Hintern in der Luft hängen lassen. Erstens können sie den Marokkanern keine Gewehre mehr verkaufen, und zweitens haben sie jetzt eine Unmenge Scherereien mit Abd-el-Krim. Aber wenn wir Marokko tatsächlich räumen, wird das Schlimmste für sie sein, daß die Deutschen oder die Engländer oder die Italiener sich des Landes bemächtigen werden, und das kann den Franzosen natürlich nicht in den Kram passen. Mit einem Wort: Sie haben Primo wissen lassen – natürlich in aller Freundschaft –, daß er sich an die Verträge halten müsse oder die Folgen zu tragen haben wird. Und anscheinend haben sie mit Sanjurjo verhandelt. Sie haben sich mit Franco gut gestellt, seit er in Paris gewesen ist, um beim alten Herrn Pétain in die Schule zu gehen, und es sieht aus, als wäre bereits alles geregelt. So daß wir wohl in ein paar Monaten mit der Wiedereroberung beginnen werden.«

»Das Ganze hört sich an wie eine Detektivgeschichte. Wenn du wieder drüben bist, mußt du mir einen Brief mit der nächsten Fortsetzung schreiben«, sagte ich.

Wir traten auf die dunkle Gasse hinaus und waren nach hundert Schritten wieder inmitten der Lichter und des lärmenden Betriebs.

Mancherlei Dinge geschahen zwischen Januar und Juli 1925.

Die Truppen Abd-el-Krims und des Raisuni hatten sich vereinigt, um die spanische Besatzung aus Xauen hinauszuwerfen, aber als es an die Teilung der Beute ging, kam es zu Streit. Xauen gehörte zum Territorium von Dschebala, dem Herrschaftsgebiet des Raisuni, aber die Rifkrieger richteten sich dort als Herren und Meister ein. Der Raisuni, der selber wegen seiner Wassersucht in seinen Bergen von Dschebel Alam festgehalten war, sandte seine Anhänger aus; die beiden Häuptlinge führten Krieg miteinander. Aber gegen die Maschinengewehre und die Artillerie Abd-el-Krims war der Raisuni machtlos. Der Krieg war bereits nach ein paar Tagen zu Ende. Dann nahm Abd-el-Krim den »Herrn des Berges« in seinem Schloß zu Tazarut gefangen, raubte seinen mehrere Millionen schweren Schatz und führte ihn als Gefangenen nach dem Rif, wo der Raisuni noch im April desselben Jahres starb.

Während der Kabylenführer diesen Sieg errang, reiste sein Bruder Mohammed nach London, machte dort eine Reihe von offiziellen Visiten und gab sensationelle Erklärungen ab, in denen er Frieden zu halten versprach, sobald die europäischen Nationen die Unabhängigkeit des Rifs anerkannt hätten. Zur selben Zeit mehrten sich die Einfälle und Vorstöße in die französische Zone. Im April begannen aus dem Mutterland nach Marokko gesandte französische Truppen eine Offensive, im Mai unternahm Primo de Rivera den wagemutigsten Schritt seiner Karriere: Er schloß mit Abd-el-Krim einen Waffenstillstand für die Dauer von drei Monaten.

Im Frühsommer 1925 erhielt ich einen Brief vom Córcoles und las darin: »Wir können nicht wissen, was die Zukunft bringt, aber ich glaube nicht, daß Primo noch lange leben wird. Du magst gehört haben, daß Franco seine Demission als Chef der Legion angeboten hat. Alle Offiziere hier haben sich mit ihm solidarisch erklärt. Auch wir Feldwebel von den technischen Truppen schickten ihm eine Treuekundgebung, und fast alle haben sie unterzeichnet. Ich auch.«

Die Könige von Spanien waren die Erbauer einer großen Landstraße, die von Madrid nach dem Norden führt. Philipp

II. machte den Anfang, als er die ungeheure Steinmasse des Escorial errichten ließ. Seine Nachfolger bauten ihre Zufluchtstätten, La Granja und El Pardo, in größerer Nähe des Madrider Schlosses, aber dennoch immer an dieser Straße, die zu den Höhen der Sierra de Guadarrama führt. Sie wurde zur Lieblingsstraße Alfons' XIII., wenn er seine Schlösser aufsuchte oder in seinem Rennwagen zur kantabrischen Küste raste. Und es ist eine Straße für Könige. Tausendjährige Bäume stehen zur Rechten und Linken, Überlebende der Urwälder, die Madrid einst umgeben haben. Ein Stück des Weges begleiten sie die Wasser des Manzanares, mit ihren kleinen sandigen Buchten, ihrem Schilfdickicht und ihren Weidenbäumen. Auf der rechten Seite ziehen sich die Hänge einer Hügelkette hin, bestanden mit Ulmen, Pappeln, Föhren und Roßkastanien, bis nahe an den Pardo, wo der dichte, wilde Eichenforst beginnt, der einst auch dem König gehört hat.

Sonntags pflegte ich ein Buch unter den Arm zu klemmen und die Nordstraße entlang nach dem Föhrenwald zu wandern. Manchmal ging ich erst in den Wald, nachdem ich der St.-Antonius-Kapelle am Beginn der Straße einen Besuch abgestattet und einen Blick auf die von Goya gemalte Decke geworfen hatte.

Am frühen Morgen beteten dort meistens nur einige alte Frauen, die sich im Dunkel der Kapelle verloren, aber der dickliche, gemütliche Priester pflegte vor der Tür des Pfarrhauses in der Sonne zu sitzen oder auch im Schatten der mächtigen Bäume. Er wußte, daß ich nicht zum Beten hierher kam. Er faltete die Zeitung zusammen oder klappte sein Brevier zu und begrüßte mich wie einen alten Freund. Dann führte er mich gewöhnlich zum Hochaltar und schaltete die Kuppelbeleuchtung an, damit ich die Fresken sehen konnte, denen auch ein Jahrhundert Kerzenruß den Glanz nicht hatte nehmen können. Die alten Frauen wandten die Köpfe, starrten uns an und schlugen dann die Augen zum Himmel auf. Der Pfarrer und ich pflegten Einzelheiten der Gemälde in dem in Kirchen üblichen Geflüster zu erörtern. Es machte ihm Vergnügen, auf die Gestalt hinzuweisen, die »La Maja de Goy« genannt und für die Herzogin von Alba gehalten wird: jenes Mädchen im roten Gewand neben dem heiligen Eremiten.

»Lieber Freund«, pflegte er zu sagen, »das waren noch andere Zeiten. Die Könige hielten hier an, und die Kirche war überfüllt. Die einzigen Menschen, die jetzt kommen, sind die Wäscherinnen, die dem Heiligen eine Kerze anzünden, weil er eines ihrer Kinder gerettet hat, oder junge heiratslustige Mädchen, die den Heiligen auf den Knien um den dazu nötigen Segen bitten.«

Eines Sonntags bemerkte ich, als wir auf die sonnenlichtüberflutete Terrasse hinaustraten, eine auf der Steinbank ausgebreitete Zeitung. Es war El Debate. Große schwarze Balkenlettern meldeten einen Angriff auf die Rifküste in der Bucht von Alhucemas. Der Krieg in Marokko war von neuem entbrannt. Die Landung war von den Legionären mit Oberst Franco an der Spitze durchgeführt worden.

Ich wanderte in den Kiefernwald von Moncloa und warf mich auf den schlüpfrigen Nadelteppich. Ich schaute dem Treiben der sonntäglichen Menge am Fuß des Hügels zu und dachte dabei an Marokko; die Straße der Könige, die zwischen den Bäumen dahinlief, erinnerte mich an die Straße, die ich bauen geholfen hatte.

Ich sah die Trasse der Straße von Tetuan nach Xauen, sah, wie sie sich zwischen den Hügeln vorwärtswand, sah die Soldaten und die Berber, wie sie langsam den Boden aufgruben und Steine klopften.

Ich erinnerte mich an einen Zwischenfall, bevor die Trasse an den Feigenbaum herangeführt worden war, der damals noch an der Kreuzung zwischen den Bergpfaden stand, die die Kabylen auf ihrem Wege zum Markte an jedem Donnerstag benützten.

Ein blinder Marokkaner kam langsam den Hügel herab, schlug mit dem Stock gegen die Felsen und tastete sie ab, um die dünne Spur durch die Dornbüsche nicht zu verlieren. Plötzlich hörte der Fußpfad auf, und der Stock des Blinden tappte ins Leere.

Es gab keinen festen Boden vor ihm. Die Berber und die Soldaten hatten Schaufel und Krampen hingelegt und beobachteten unter Scherzreden den Blinden. Ich verließ meinen Platz unter dem Feigenbaum und nahm den Alten am Arm, um ihn den Einschnitt im Boden hinunterzuführen. Er murmelte zwischen den Zähnen etwas auf Arabisch, was ich nicht verstand.

»Gehst du zum Zoo, Alter?« fragte ich. »Wenn ja, dann komm hier entlang! Wir bauen eine Straße, und den Fußpfad gibt's nicht mehr.«

Auf meine Worte hob er sein dunkles, von der Sonne und vom Alter zerfurchtes Gesicht. Er hatte einen schmutzigen weißen Bart und rot geränderte Augenhöhlen mit tränenden, in die Höhlen zurückgefalteten Lidern.

»Eine Straße?«

»Ja, eine Straße, nach Xauen. Eine gerade, breite Straße, Großvater, auf der Ihr gehen könnt, ohne zu stolpern!«

Der Blinde brach in scharfes, krampfhaftes Lachen aus. Mit seinem Stock schlug er gegen den Erdhaufen und den Feigenbaum. Dann streckte er den Arm aus, als wollte er den weiten Horizont umreißen, und schrie: »Eine gerade Straße? Ich werde immer auf dem Pfad gehen, immer, immer! Ich will nicht, daß meine Sandalen im Blut ausgleiten, und diese Straße ist voll von Blut, die ganze Straße. Ich sehe es. Und sie wird sich wieder mit Blut füllen und wieder und hundertmal wieder!«

Der blinde, wahnsinnige Kabyle kletterte den Pfad hinauf, von dem er herabgestiegen war, und noch lange sahen wir am Berghang seine düstere Gestalt, auf der Flucht vor der unheilbringenden Straße, die sich gegen die Stadt vorschob.

Ich hatte ihn vergessen. Nun erinnerte ich mich an ihn. Zweimal bereits war diese Straße mit spanischem Blut getränkt worden.

Und in jenen Tagen bauten tausende Menschen die Trassen neuer Straßen durchs ganze spanische Land.

KAPITELÜBERSICHT

ERSTER BAND Die Rebellenschmiede

ERSTER TEIL
1. Fluß und Mansarde — 7
2. Café Español — 29
3. Die Straßen Kastiliens — 43
4. Weizenland — 53
5. Weinland — 71
6. Vorwerk von Madrid — 97
7. Madrid — 117
8. Schule — 141
9. Die Kirche — 159

ZWEITER TEIL
1. Der Tod — 181
2. Einführung ins Mannestum — 203
3. Rückkehr in die Schule — 215
4. Arbeit — 227
5. Das Testament — 243
6. Kapitalist — 269
7. Proletarier — 285
8. Rückschau auf die Jugend — 301
9. Rebell — 319

ZWEITER BAND Die endlose Straße

ERSTER TEIL
1. Das Zelt — 7
2. Die Trasse — 25
3. Tetuan — 45
4. Der Feigenbaum — 63
5. Vor der Aktion — 83
6. Aktion — 95
7. Krankenurlaub — 121

ZWEITER TEIL
1. Neues Spiel — 145
2. Angesichts des Meeres — 157
3. Die Kaserne — 177
4. Abschied vom Heer — 195
5. Staatsstreich — 217
6. Villa Rosa — 237
7. Die endlose Straße — 255

DRITTER BAND Die Stimme von Madrid

ERSTER TEIL
1. Das verlorene Dorf — 7
2. Unrast — 31
3. Die Wahlen — 55
4. Der Zündstoff — 73
5. Der Ausbruch — 89
6. Die Straße — 117
7. Menschenjagd — 133
8. Bedrohung — 157

ZWEITER TEIL
1. Madrid — 173
2. In der Telefónica — 193
3. Madrid und Valencia — 209
4. Die Front — 231
5. Schock — 253
6. Die Stimme Madrids — 275
7. Im Schacht — 299
8. Auge in Auge — 317
9. Der Kampf geht weiter — 341

Für Señora Leonor, meine Mutter,
und Ilse, meine Frau

Vom Autor autorisierte Übersetzung aus dem Spanischen von Joseph Kalmer

Die Deutsche Bibliothek – CIP-Einheitsaufnahme
Ein Titeldatensatz für diese Publikation ist bei der
Deutschen Bibliothek erhältlich.

Erstausgabe der deutschen Übersetzung Europa Verlag GmbH Wien, 1955,
in einem Band unter dem Titel »Hammer oder Amboß sein.«
Titel der spanischen Gesamtausgabe: »La Forja de un Rebelde«
© Arturo Barea and Heirs of Arturo Barea
La Forja © 1941
La Ruta © 1943
La Llama © 1946

Neuausgabe als »Spanientrilogie« in drei Bänden im Schuber
© Europa Verlag GmbH Leipzig, September 2004
Vorwort © 2001 Nigel Townson
Umschlaggestaltung: Christine Paxmann, München
DTP, Satz und Layout: Paxmann/Teutsch Buchprojekte, München
Druck und Bindung: AIT Nørhaven A/S, Viborg
ISBN 3-203-75530-0

Informationen über unser Programm erhalten Sie beim
Europa Verlag, Neuer Wall 10, 20354 Hamburg,
oder unter www.europaverlag.de.